北京市哲学社会科学重点规划项目
（项目编号：10AbJG365）

北京市产业结构优化调整路径研究

北京市哲学社会科学规划办公室　　刘　伟／主　编
北京市教育委员会　　　　　　　　黄桂田／副主编
中国都市经济研究基地　　　　　　李东军　等／著
　　　　　　　　　　　　　　　　张　辉

图书在版编目(CIP)数据

中国都市经济研究基地系列研究 2013：北京市产业结构优化调整路径研究/李东军,张辉等著.—北京:北京大学出版社,2013.9
　ISBN 978 - 7 - 301 - 22847 - 0

Ⅰ.①北…　Ⅱ.①李…②张…　Ⅲ.①产业结构调整-研究-北京市　Ⅳ.①F127.1

中国版本图书馆 CIP 数据核字(2013)第 158081 号

| 书　　　　名：中国都市经济研究基地系列研究 2013——北京市产业结构优化调整路径研究 |
| 著作责任者：李东军　张　辉　等著 |
| 责 任 编 辑：郝小楠 |
| 标 准 书 号：ISBN 978 - 7 - 301 - 22847 - 0/F·3679 |
| 出 版 发 行：北京大学出版社 |
| 地　　　　址：北京市海淀区成府路 205 号　100871 |
| 网　　　　址：http://www.pup.cn |
| 电 子 信 箱：em@pup.cn　　　　QQ:552063295 |
| 新 浪 微 博：@北京大学出版社　@北京大学出版社经管图书 |
| 电　　　　话：邮购部 62752015　发行部 62750672　编辑部 62752926 |
| 　　　　　　　出版部 62754962 |
| 印　刷　者：三河市北燕印装有限公司 |
| 经　销　者：新华书店 |
| 　　　　　　　965 毫米×1300 毫米　16 开本　14.75 印张　241 千字 |
| 　　　　　　　2013 年 9 月第 1 版　2013 年 9 月第 1 次印刷 |
| 定　　　价：38.00 元 |

未经许可,不得以任何方式复制或抄袭本书之部分或全部内容。
版权所有,侵权必究
举报电话：010 - 62752024　电子信箱：fd@pup.pku.edu.cn

课题组主要成员

（按姓氏笔画为序）

丁芬　丁匡达　李和忠　李娅鑫
李祎　李雨奇　刘航　栾惠清
尚粤宇　宋蕾　孙妍　万马
王适　曾宇

前　　言

　　2004年,为贯彻《中共中央关于进一步繁荣发展哲学社会科学的意见》,北京大学承担了北京市哲学社会科学规划办公室和北京市教委关于设立中国都市经济研究基地的任务。在北京大学哲学社会科学部的推荐和支持下,北京大学经济学院依托当时已有的十个研究所、中心和六个系的科研力量建成了中国都市经济研究基地。中国都市经济研究基地是一个开放型的研究机构,不仅包括经济学院和北京大学其他院系所和中心的科研力量,而且还广泛邀请北京市和全国乃至世界的相关科研机构、政府部门加入研究。中国都市经济研究基地首席专家为刘伟教授,负责人为黄桂田教授。从2004年基地设立以来,基地有力地带动了科研课题的增加,对课题研究起了孵化作用;有力地推进了学科建设和人才队伍建设;促进了科研基础条件和支撑条件的改善;产生了一批有影响的成果;有力地融入到北京市社会经济发展之中。

　　中国都市经济研究基地自成立以来,积极开展中国都市特别是北京市都市经济发展方面的研究。目前,基地已经完成的典型科研项目包括:(1)北京在中国及世界都市经济中的今天与未来定位;(2)北京地区水资源短缺对策研究;(3)北京2008奥运融资研究;(4)北京地方产业集群发展研究;(5)中国都市房地产宏观调控研究;(6)全球价值链下北京地方产业升级研究;(7)北京市政债券问题研究。基地当前在研的典型项目有:(1)北京市产业空间结构研究;(2)北京市"去工业化"的都市金融中心构建;(3)中小企业集群融资理论与创新设计研究;(4)中关村自生创新示范区深化发展路径研究;(5)北京市统筹城乡医疗保障制度对财政体系的影响研究;(6)北京城市公用事业价格规制及政府补贴管理研究;(7)北京市金融产业竞争力发展研究;(8)北京农产品价格形成机制研究。根据相关研究,自2005年以来,基地出版了中国都市经济系列年度研究,本研究是中国都市经济系列研究的2013年主要研究成果。

　　本书是以张辉副教授为负责人所承担的北京市哲学社会科学重点规

划项目"北京市产业结构优化调整路径研究"（项目编号：10AbJG365）的最终研究成果。该研究从 2010 年 8 月开始，严格按照研究任务书要求完成各阶段的各项任务。

课题由张辉副教授总协调，由博士后李东军具体负责，课题组经过多轮讨论统一了研究框架和研究思路。课题组主要成员有北京计算中心曾宇研究员，营口市委、营口理工学院李和忠博士，北京大学经济学院硕士研究生万马，北京大学软件与微电子学院硕士研究生王适、尚粤宇、孙妍、栾惠清、丁芬、宋蕾、李娅鑫和刘航，北京大学经济学院本科生李祎和丁匡达，北京市王府国际学校李雨奇同学还做了大量数据收集整理、文字编排等工作。

传统的经济学理论认为宏观经济有四大目标，即经济增长、充分就业、物价稳定和国际收支平衡。而由于自身的特殊情况，中国在四大目标之外有了一个新的目标——调整结构。结构主要包括两方面的问题，即区域结构问题和产业结构问题。解决好两方面的结构问题有助于促进国民经济实现又好又快的增长。本书主要研究的是北京市的产业结构，与其他城市相比，北京市在政治、经济、自然资源等方面有着与众不同的特点，导致北京市的产业结构也有其独特之处；而且作为中国的首都，北京市在国民经济中占有重要的地位。所以，研究北京市的产业结构优化调整对全国都具有重要的借鉴意义。

改革开放以来，北京市的经济发展无论是在量的层面还是在质的层面都取得了显著的成就。过去的 33 年中，北京市的产业结构高度在一个上升的大趋势下稳步前进，由于其带动的资源配置效率的显著提升，经济发展的质和量都在同步推进。尽管人均 GDP 已经达到相当高的水平，工业化也几近完成，但是本研究已经初步发现北京市产业结构高度所体现的产业结构变迁对资源配置效率的提升效应正在减弱，而在工业化将要完成的阶段中，如何进一步提升北京市经济发展的质量，如何恰当地转变北京市的经济发展方式，是本研究的核心命题。

此外，如何结合国际发达经济体和新兴工业化经济体类似城市的发展经验，判定北京市当前及未来不同发展阶段，特别是后工业化和现代化两个阶段地方经济原动力行业所在，并由此勾勒出北京市中长期增长下产业结构优化调整的产业支撑方案；如何判定北京市地方经济不同发展阶段主导产业群的前后向关联影响的主要行业变迁轨迹等；如何判定北京市地方经济主导产业群乃至三次产业内部创新变化情况和产业之间的结构效应变化情况等,这些也都是本研究的难点和突破点所在。

2005年1月,《北京城市总体规划(2004—2020年)》获国务院批复。2010年两会期间,在城市总体规划的基础上,北京市政府进一步提出力争于2050年将北京市建设成为世界性城市。至此,北京建设世界城市分三步走的战略得以明确:第一步要构建现代国际城市的基本构架,第二步到2020年全面建成现代化国际城市,第三步到2050年成为世界城市。建设世界城市并不是建设巨型城市,并非单单从世界各地吸引资本和劳动力,而是需要相关功能、产业的配套,通过产业升级来带动区域经济的发展。

2011年8月,《北京市国民经济和社会发展第十二个五年规划纲要》(以下简称《纲要》)发布,提出了强化创新推动、增强服务功能、优化空间布局、提升城市管理、推动成果共享的发展途径。《纲要》指出,为深入推进北京市产业升级,需坚持高端、高效、高辐射的产业发展方向,以提升产业素质为核心,着力打造"北京服务"、"北京创造"品牌,从而显著增强首都经济的竞争力和影响力。需在推进都市型现代农业发展、提升高技术和现代制造业发展水平、加快服务业调整升级的同时,大力发展战略性新兴产业,带动产业持续升级和竞争力提升。

因此,无论是着眼于北京市近期的发展目标,还是中长期的城市规划,产业结构的优化调整均是北京市发展路径中极其重要的一环,并将为城市的经济增长提供持续的动力。

产业结构一直是经济学界重点关注的问题,相关的文献不胜枚举。但是,已有的文献多是从单一的角度分析产业结构,对产业结构的综合分析略显不足,全面系统地分析个别地市产业结构的文献更是少之又少。本书多角度、多层次地分析了北京市产业结构的特点,为北京市产业结构的优化提出了相应的政策建议。

产业结构的演进历史表明,北京市自新中国成立以来的经济发展较国内其他地区更为快速,特别是在1978年之后,北京市产业结构调整进入了新的历史时期,第三产业比重开始快速攀升,第二产业在整体经济中的份额快速下降。改革开放以来,随着我国工业化进程的不断深入,我国工业化区域差异化也越来越明显,目前已经基本形成的三大阶梯型区域:上海、北京、天津三个直辖市的产业结构高度大于1,处于第一阶梯;广东、江苏、浙江、山东、辽宁等东部沿海地区的产业结构高度在0.5到1之间,处于第二阶梯;河北、河南、湖北、陕西、四川、贵州等中西部地区的产业结构高度则在 0 到 0.5 之间，处于第三阶梯（刘伟等，2009）。北京、天津虽然与上海一样处于全国工业化程度最高梯队，但北京、天津与上海在三次产业工业化高度上存在明显差异性，上海工业化进程明显受到第二产业支撑，而北京、天津则分别在第三产业和第二产业方面表现更加突出一些（张辉，2009）。例如，1994—2007 年为北京工业化进程加速阶段，第三产业结构高度年均提升 8.8 个百分点，第二产业结构高度年均提升 6.1 个百分点，第一产业结构高度年均提升 0.8 个百分点，可见在北京工业化加速阶段第三产业不但是引领北京市产业结构高度提升的主要力量所在，而且其结构高度的波动性也直接影响着北京总体产业结构高度的波动。由此，通过剖析改革开放以来北京市产业结构高度演化进程，不但对于深入理解我国地方产业结构高度化进程更具有代表性，而且有利于深化理解北京都市圈和环渤海经济圈区域一体化和城乡一体化进程中地区产业联动发展的特殊性和必要性。进一步来看，北京市的产业结构还存在诸多不足，产业结构现状与一些国际大都市相比还存在差距。基于这样的考虑，本书着眼于北京市产业结构优化调整的相关研究，并根据研究成果提出部分政策建议。

具体而言，本书主要研究了以下四个方面的内容。第一，从北京市产业结构的历史演变与现状入手，通过数据等描述北京市产业结构的发展脉络与现状。第二，回顾全球产业结构研究的经典文献，结合北京市产业结构现状选取最优研究方法，并对其进行解释。第三，对北京市产业结构变动与经济增长、经济波动的关系做出实证性和规范性的解释，研究北京市产业结构的可持续发展道路，并测算最优产业结构。第四，借鉴国际经验，通过具体地对比北京市与东京市、纽约市的产业结构，为北京市产业结构的优化调整提供经验借鉴。

本书主要研究的是北京市产业结构的特点，并针对研究中发现的问题和产业结构优化调整的目标提出了相关的意见和建议。北京市作为我国的首都，其产业结构与其他典型城市既有共同点，又有特殊性。本书首先回顾了北京市产业结构的历史演变，分析了北京市产业结构的现状。然后在参考了大量国内外相关文献的基础上，从产业结构与经济增长、产业结构与经济波动、产业结构与可持续发展、产业结构合理化与高度化、最优产业结构、北京与世界其他主要城市产业结构的比较等角度深入研究了北京市的产业结构，并给出了产业结构优化的建议，对北京市乃至全国的产业结构优化调整路径选择都具有一定的参考意义。

全书分为十一章，首先介绍的是北京市产业结构历史和现状以及北京市各区县产业结构的特点，分别从整体视角和区县视角，对北京市产业结构的演变和特点进行了分析。然后在总结国内外相关文献的基础上，对产业结构与经济增长的关系、产业结构与经济波动的关系、产业结构与可持续发展的关系、最优产业结构以及影响产业结构的外生变量进行了研究。

由于国民经济最重要的目标是实现经济增长，因此本书首先研究了北京市产业结构与经济增长的关系。研究分为两个方面：整体视角的北京市产业结构与经济增长的关系以及区县视角的北京市产业结构与经济增长的关系。研究发现，从整体来看，北京市产业结构与经济增长的双向影响关系并不明显，其原因是北京市产业结构红利较低而且各产业需求收入弹性相似。而从区县视角来看，北京市各区县产业结构与经济增长之间存在长期稳定的关系。基于此，本书提出了两条政策建议，即北京市产业结构调整的空间不大，应当将经济增长的动力基于劳动生产率的提高；北京市应当加强各区县之间的协调合作，在推进地方经济一体化进程中推动地方经济的持续健康快速发展。

除了实现经济增长以外，平抑经济的波动也是重要的地方经济调控目标。所以本书第五章集中研究了北京市产业结构与经济波动的关系。该章从三个角度研究了北京市经济波动和产业结构变化的关系：首先利用格兰杰因果检验定性地分析了二者之间的格兰杰因果关系；其次利用经济波动变化额分解式定量地计算出产业结构变动对经济波动的影响力度；最后深入到行业层面建立 VAR 模型并构建了格兰杰因果检验、脉冲响应函数和方差分解，分析了各行业对经济波动的不同影响。研究结果表明产业结构变动对经济波动的影响取决于市场的自由度和开放度；农业、传统商业、金融业和工业对北京市经济波动有较大贡献，而建筑业、房地产业和交通运输业对其贡献微弱。

随着经济的发展，我国对于经济发展的目标已经从单纯的高增长转移到实现可持续发展方面，所以本书第六章研究了北京市产业结构与可持续发展的关系。第一，从合理化和高度化两个角度介绍了可持续发展下的产业结构调整理论，引出了可持续发展对产业结构的要求。第二，分别从能源视角、生态视角以及科技视角三个角度对北京的可持续发展的产业结构进行评价。第三，分析了北京市产业结构对能源效率影响，同时引入了技术进步这一变量，得到了第三产业的发展和技术进步将会促进能源效率的提高的结论。第四,把北京市动态变化中的能源强度拆分为结构份额和效率份额,发现各个产业内部效率的提高才是能源效率提高的主要因素,同时也发现第二产业中的效率份额在三次产业中所占的比例是最高的。第五,研究了北京产业结构与环境污染之间的关系,首先对三次产业比重对环境的效应进行相关性分析,然后通过大气污染、水污染、固体废弃物污染三种污染分别对北京市产业结构进行协整检验,发现第二产业的发展有利于改善固体废弃物污染,而第三产业的发展有利于改善水体污染。

对于最优产业结构和影响产业结构的外生变量的研究也是不可缺少的。本书第七章在彭宜钟、李少林(2011)已有研究基础上将模型扩展到连续无穷期,首先对最优产业结构的含义做出界定;其次建立了三次产业的内生增长模型,推导出了关于各个产业产出的最优增长路径和收敛速率公式;最后对北京产业结构进行测算和实证分析。结果显示,北京市的实际产业结构同最优产业结构之间大体保持着同向变动的趋势,三次产业在不同时期存在不同差距,这清晰地反映了现实中重大事件和政策等对北京市经济发展的影响。因此,在一定程度上为北京市产业结构优化升级战略提供了参考。

本书第八章首先对北京、上海、天津、重庆等28个城市与影响产业结构的相关指标进行主成分分析,然后研究了北京市外商直接投资、高等教育和财政支出对产业结构的影响,分别得到以下的结论:外商投资对提升北京市第三产业比重有积极作用,但由于FDI对提升产值的效果在第三产业不如在第二产业明显,因此这种作用有减弱的趋势,通过刺激第三产业消费及增加第三产业就业岗位等措施将有利于吸引外商投资到第三产业从而进一步提升北京市产业结构;高等教育对第二产业的促进作用比第三产业明显,应当在高等教育领域增加对于人力资本的投入,确保研究型人才的质量,并把人力资本的投资部分交给市场进行调解,从而促进北京市产业结构的升级与优化;适当减少消费及投资从私人部门向政府部门的转移有助于产业结构的合理化调整。

第九章和第十章分别将北京市的产业结构与东京和纽约进行了对比,得到了一些对北京产业结构有益的启示。第十一章是全书的结论与启示。

总的来说,本书对北京市经济发展过程中的产业结构调整做了全面的总结和深入的分析,在相关的专著与论文中并不多见,其全面性、专业性和规范性的分析和结论定能在北京市经济历史分析中提供重要的参考和借鉴。

  本研究过程中,我们得到了北京市哲学社会科学规划办公室和北京大学社会科学部诸位领导的大力支持。在此,对所有关心和帮助过本研究完成的机构和人员表示衷心的感谢。最后,由于时间、精力和水平有限,书中难免存在缺陷甚至错误,敬请读者不吝批评指正。

李东军

2013 年 2 月

目　录

第一章　北京市产业结构历史演变和现状 …………………… 1
　第一节　北京市产业结构历史演变趋势 ………………………… 1
　第二节　北京市产业结构现状 …………………………………… 5
　第三节　钱纳里模型对北京发展的意义 ………………………… 8
　第四节　政策对产业结构的影响 ………………………………… 9
　第五节　本章小结 ………………………………………………… 11

第二章　北京市各区县产业结构特点 …………………………… 12
　第一节　北京市各区县产业结构总体分析 ……………………… 12
　第二节　北京市各区县案例分析 ………………………………… 17
　第三节　本章小结 ………………………………………………… 29

第三章　产业结构文献综述 ……………………………………… 31
　第一节　产业结构与经济增长文献综述 ………………………… 31
　第二节　产业结构与经济周期文献综述 ………………………… 42
　第三节　产业结构与资源的利用效率文献综述 ………………… 54
　第四节　最优产业结构与产业结构优化文献综述 ……………… 63

第四章　北京市产业结构与经济增长的关系 …………………… 70
　第一节　北京市产业结构与经济增长的关系
　　　　　——整体视角 …………………………………………… 70
　第二节　原因分析 ………………………………………………… 76
　第三节　北京市产业结构与经济增长的关系
　　　　　——区县视角 …………………………………………… 81
　第四节　本章小结 ………………………………………………… 85

1

第五章	北京市产业结构调整与经济波动	86
第一节	概述	86
第二节	产业结构变化调整与经济波动的度量	86
第三节	实证分析(1)	88
第四节	实证分析(2)	93
第五节	实证分析(3)	98
第六节	总结与启示	105

第六章	北京市产业结构与可持续发展	109
第一节	产业结构优化可持续发展因素调整理论	109
第二节	可持续发展下产业结构优化评价体系实证分析	110
第三节	北京市产业结构对能源效率影响的分析	115
第四节	基于结构份额与效率份额的能源强度分析	119
第五节	北京市产业结构与环境污染关系的研究	124

第七章	北京市最优产业结构测算	129
第一节	引言	129
第二节	理论模型	130
第三节	实证研究及三次产业经济增长收敛速率的测算	134

第八章	影响产业结构的外生变量研究	142
第一节	主成分分析法确定影响产业结构的重要因素	142
第二节	北京市FDI对产业结构的影响分析	151
第三节	北京市高等教育对产业结构的影响分析	160
第四节	北京市财政支出对产业结构的影响分析	171
第五节	本章小结	176

第九章	北京和东京产业结构案例分析	179
	第一节 选取东京的原因	179
	第二节 东京产业结构发展演变	180
	第三节 北京和东京总体产业结构比较	181
	第四节 北京和东京具体行业比较	184
	第五节 东京大都市圈和中国首都都市圈比较	185
	第六节 东京产业结构对北京的启示	188
第十章	北京和纽约产业结构对比分析	191
	第一节 纽约和北京概况	191
	第二节 经济发展水平对比	192
	第三节 产业结构对比	201
	第四节 纽约金融业概述及对北京的借鉴意义	204
	第五节 总结与启示	208
第十一章	结论与启示	210
参考文献		212

Table of Contents

Chapter 1	**Development Trend and Current Situation of Industrial Structure in Beijing** ⋯⋯ 1	
	1.1 Development Trend of Industrial Structure in Beijing ⋯⋯ 1	
	1.2 The Status Quo of Beijing Industrial Structure ⋯⋯ 5	
	1.3 The Significance of Chanery's Model to the Development of Beijing ⋯⋯ 8	
	1.4 The Impact of Policies on Industrial Structure ⋯⋯ 9	
	1.5 Summary ⋯⋯ 11	
Chapter 2	**Industrial Stuctural Features of Districts and Counties in Beijing** ⋯⋯ 12	
	2.1 Overall Analysis of the Industrial Stuctural Features of Districts and Counties in Beijing ⋯⋯ 12	
	2.2 Case Studies of Districts and Counties in Beijing ⋯⋯ 17	
	2.3 Summary ⋯⋯ 29	
Chapter 3	**Literature Review of Industrial Structure** ⋯⋯ 31	
	3.1 Literature Review of Industrial Structure and Economic Development ⋯⋯ 31	
	3.2 Literature Review of Industrial Structure and Economic Cycle ⋯⋯ 42	
	3.3 Literature Review of Industrial Structure and Resource Utilization Efficiency ⋯⋯ 54	

	3.4	Literature Review of the Optimal Industrial Structure and Optimization of Industrial Structure 63
Chapter 4	\multicolumn{2}{l}{The Relationship between Industrial Structure and Economic Development in Beijing .... 70}
	4.1	The Relationship between Industrial Structure and Economic Development in Beijing—from Overall Perspective 70
	4.2	Reason Analysis 76
	4.3	The Relationship between Industrial Structure and Economic Development in Beijing—from District and County Level 81
	4.4	Summary 85
Chapter 5	\multicolumn{2}{l}{Industrial Restructure and Economic Fluctuation .... 86}
	5.1	An Overview 86
	5.3	The Measurement of Industrial Structure Adjustment and Economic Fluctuation 86
	5.4	Empirical Analysis(1) 88
	5.5	Empirical Analysis(2) 93
	5.6	Empirical Analysis(3) 98
	5.7	Summary and Enlightenment 105
Chapter 6	\multicolumn{2}{l}{Industrial Structure and Sustainable Development of Beijing .... 109}
	6.1	The Adjustment Theory of Industrial Structural Optimization and Sustainable Development Factors 109
	6.2	An Empirical Analysis of the Evaluation System of Industrial Structure Optimization under Sustainable Development 110

Table of Contents

6.3 An Analysis of the Effects of Industrial Structure on Energy Efficiency ·············· 115

6.4 An Analysis of Energy Intensity Based on the Shares of Structure and Efficiency ·············· 119

6.5 Research on the Relationship between Industrial Structure and Environment Pollution in Beijing ·············· 124

Chapter 7 Calculation of Optimum Industrial Structure of Beijing ·············· 129

7.1 Introduction ·············· 129

7.2 Theoretical Model ·············· 130

7.3 Empirical Study and Measurement of Convergence Rate of Ecnomic Growth in Three Industries ·············· 134

Chapter 8 Research on Exogenous Variables influencing Industrial Structure ·············· 142

8.1 Principal Component Analysis of Identifying Important Factors influencing Industial Structure ·············· 142

8.2 An Analysis of the Influence of FDI on Industrial Structure in Beijing ·············· 151

8.3 An Analysis of the Influence of Higher Education on Industrial Structure in Beijing ·············· 160

8.4 An Analysis of the Influence of Fiscal Expenditureon Industrial Structure in Beijing ·············· 171

8.5 Summary ·············· 176

Chapter 9 A Case Study on Industrial Structure of Bejing and Tokyo ·············· 179

9.1 The Reason to Select Tokyo ·············· 179

9.2 Development and Evolution of Tokyo's Industrial Structure ·············· 180

	9.3	Comparative Research on Overall Industrial Structure of Beijing and Tokyo ················	181
	9.4	Comparative Research on Specific Industry of Beijing and Tokyo ················	184
	9.5	Comparison between Tokyo Metropolitan Circle and China's Capital Metropolitan Area ············	185
	9.6	Enlightment from Tokyo's Industrial Structure to Beijing ················	188
Chapter 10		A Comparative Analysis on Industrial Structure of Beijing and NewYork ················	191
	10.1	General Situation of Beijing and NewYork ······	191
	10.2	Comparison of Economic Development Level ···	192
	10.3	Comparison of Industrial Structure ················	201
	10.4	Introduction of Financial Industry in NewYork and Its Use for Reference to Beijing ············	204
	10.5	Summary and Enlightment ················	208
Chapter 11		Conclusion and Enlightment ················	210
Reference Literature		················	212

第一章　北京市产业结构历史演变和现状

改革开放三十多年以来,我国经济水平得到了迅猛提高。北京,作为中华人民共和国首都、中央直辖市,中国政治、经济、文化、教育和国际交流中心,同时是中国经济金融的决策中心和管理中心,新中国成立后特别是1978年以来经济建设取得了举世瞩目的成就,人民生活水平和国际影响力不断提高。伴随着经济的增长,北京市的产业结构也发生了巨大的变化。

产业结构的演进是一个从低到高的过程,其合理化在一定程度上与城市化的经济水平以及城市化的发展水平正相关。研究产业结构的演变对于掌握一个地区经济发展水平、制定经济政策以及预测该地区未来的经济发展方向具有极其重要的积极意义。由于北京在中国的特殊地位,分析北京市产业结构的发展变化史对于研究整个中国的产业结构和经济水平的发展同样具有借鉴意义。

第一节　北京市产业结构历史演变趋势

一、北京市生产总值变化趋势

图1.1为1952—2011年北京市生产总值的变化,从图中可以看出,1952年开始北京市的生产总值较为稳定,除了在三年困难时期生产总值有所下降之外,总体基本呈现稳定上升趋势,但增长趋势不明显,绝对值较低;1990年左右生产总值才有较为明显的上升,特别是进入2000年后,增长幅度明显加快,在2011年,北京的生产总值为16 251.9亿元,同比增长15个百分点;人均生产总值为81 658元,同比增长11个百分点。

图1.2显示了1952—2011年北京市第二、三产业总值的变化情况,由于第一产业生产总值的变化不明显,由1952年的1.75亿元变为2011

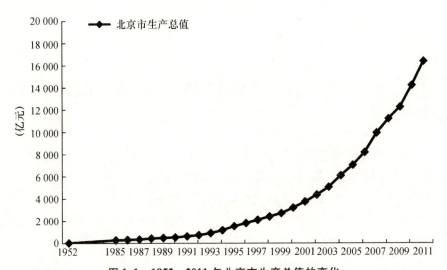

图 1.1 1952—2011 年北京市生产总值的变化

资料来源：《北京统计年鉴》，《新中国 50 年统计资料汇编》。

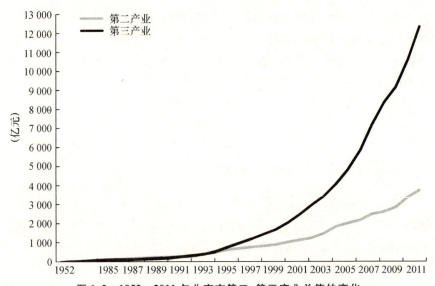

图 1.2 1952—2011 年北京市第二、第三产业总值的变化

资料来源：《北京统计年鉴》，《新中国 50 年统计资料汇编》。

年的 136.3 亿元，处于缓慢增长中，因此图中只表现第二、三产业的变化情况。图中可以看出，第二产业生产总值增长速度中等，由 1952 年的 3.05 亿元变为 2011 年的 3 752.5 亿元；第三产业增长迅速，特别是从 90

年代开始,增长速度极为明显,由1952年的3.08亿元变为2011年的12 363.1亿元。

二、北京市三大产业构成变化趋势

自1949年新中国成立至20世纪70年代末期,北京市的经济建设一直学习苏联模式,以工业特别是重工业建设为中心,1956年三大改造完成,第二产业所占比重曾一度超过70%。虽然大力发展第二产业在当时促进了城市的"工业化"进程,但是也为其后的发展带来了经济结构不合理、资源消耗过度、环境污染严重等不良问题,不利于经济的可持续发展,产业结构合理优化迫在眉睫。改革开放以来,北京市产业结构优化升级的基本思路是"三、二、一"的产业格局,在进一步大力发展第三产业的同时保持强大的工业基础,并且实现农业的现代化发展。

图1.3为1952—2011年北京市三大产业占GDP比重变化图。可以看出,第一产业在GDP中的比重除了有两个小范围的小幅度上升(1961—1968年,1982—1990年)外,总体呈现稳定下降的趋势;第二产业比重经历了先上升后下降的过程,1952年比重为38.7%,1978年所占比重达到71.1%的高峰再到2011年的23.1%;第三产业比重为先下降后上升,由1952年的39.1%下降为1978年的仅23.7%,至2011年该比重上升为76.1%;总体上第二产业比值的变化趋势和第三产业比值的变化趋势具有明显的负相关性。

具体来说,1952—2011年北京市产业结构的变动可以分为四个阶段。

第一阶段:1952—1978年,北京市产业结构初步形成时期,城市生产总值逐步增长,产业结构为"二、三、一"的模式。具体情况如下:第一产业比重虽有升有降,但比重较为稳定,占比为5%—20%,其中在1961—1968年有小幅度的上升,此阶段为中国三年困难及恢复时期,GDP有所降低或上升不明显,解决人民温饱问题是当务之急,因此农业比重上升;第二产业比重明显上升,由于新中国成立初期是学习苏联模式优先发展重工业,因此在此期间第二产业比重上升迅速,由1952年的38.7%变为1978年的71.1%,上升了42.4个百分点;第三产业比重变化与第二产业相反,其比重不断下降,由1952年的39.1%变为1978年的23.7%。

第二阶段:1978—1989年,北京市产业结构初步调整时期,产业结构逐步得到优化。具体情况如下:这一阶段第一产业比重先下降后有所上升;第二产业比重开始明显下降,由1978年的71.1%下降为1989年

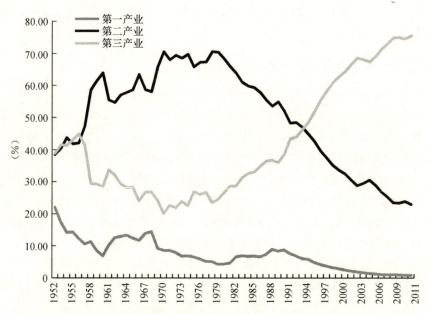

图 1.3　1952—2011 年北京市三大产业占 GDP 比重变化
资料来源:《北京统计年鉴》,《新中国 50 年统计资料汇编》。

的 55.3%,下降了 15.8 个百分点;第三产业比重开始上升,由 1978 年的 23.7% 上升为 1989 年的 36.2%,上升了 12.5 个百分点。

第三阶段:1990—2001 年,北京市产业结构大调整时期。具体情况如下:第一产业比重继续下降,由 1990 年的 8.8% 下降到 2001 年的 2.2%,下降了 6.6 个百分点;第二产业比重继续下降,第三产业比重继续上升。1995 年第三产业产值首次超过总产值比重的一半,为 52.3%。

第四阶段:2002 年至今,北京市产业结构继续优化期。具体情况如下:第一、二产业比重继续平稳下降;第三产业比重继续上升,到 2011 年,第三产业比重达到 76.1%。

三、北京市三大产业从业人员变化趋势

图 1.4 为 1974—2011 年北京市三大产业从业人员比重的变化。可以看出,总体趋势为第一产业从业人员比重逐步下降;第二产业从业人员比重先上升后下降;第三产业从业人员比重逐步上升。由 1974 年三大产业从业人员大约各占三分之一的均衡局面逐步变为 2011 年的第三产业 74%、第二产业 20.5%、第一产业 5.5% 的"三、二、一"的从业人员构成格

局。总的来说,三大产业从业人员构成的变化和三大产业产值构成的变化是正相关的。

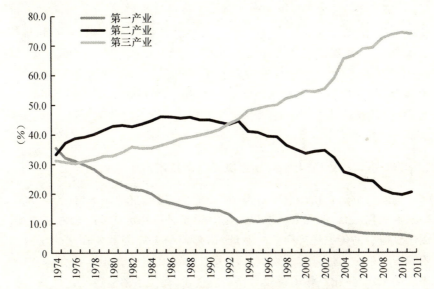

图1.4　1974—2011年北京市三大产业从业人员比重的变化
资料来源:《北京统计年鉴》,《新中国50年统计资料汇编》。

第二节　北京市产业结构现状

第一节分析描述了自新中国成立以来北京市产业结构的总体变化情况,即产业结构大致经历了由"二、三、一"向"三、二、一"的转变。同时在新的经济发展阶段,北京市产业结构现状表现出了一些新的特点,具体如下。

一、第一产业实现结构性调整,努力发展都市型现代农业

"都市农业"的概念,是20世纪五六十年代由美国的一些经济学家首先提出来的。都市农业是"以生态绿色农业、观光休闲农业、市场创汇农业、高科技现代农业为标志,以农业高科技武装的园艺化、设施化、工厂化生产为主要手段,以大都市市场需求为导向,融生产性、生活性和生态性于一体,高质高效和可持续发展相结合的现代农业"。

北京市大力发展都市农业,农业已从单一生产功能向生态功能和生

活功能扩展,农业产品以无公害和绿色产品为主。《2012 年北京统计年鉴》显示,北京市的农林牧渔业总产值由 1978 年的 11.5 亿元上升为 2011 年的 363.1 亿元,成果显著。农业科技含量进一步提高,高新技术产业进程加快,特别是加入世界贸易组织后,北京市农业坚持以科技进步和科技创新为动力,实现技术跨越,推进高新技术产业化和经济社会信息化,以信息化带动产业化,加快了农业新技术、新成果、新品种的开发和应用。2011 年,北京农业观光园达到 1 300 个,生产高峰期从业人员为 46 038 人,不仅有效推动了北京现代农业的发展力度,还在一定程度上促进了北京市的就业。

二、第二产业结构改善,积极发展高新技术产业

工业结构的优化是调整首都第二产业结构的重要组成部分,北京走新型工业化道路,加快形成以现代化的制造业和高新技术产业为主体,以优化改造后的传统优势产业为基础,以都市型工业为重要补充的新型工业结构。第一,近年来,北京对资源型工业发展的控制效果显著,关停了北京化工厂、焦化厂等污染较为严重的企业,淘汰了落后的工艺设备。特别是 2005 年,国务院批复了首钢搬迁调整规划,2011 年 1 月 13 日,首钢北京市石景山钢铁主流程停产仪式举行。首钢的搬迁为首都环境的改善带来了机遇。第二,工业结构显著改善,由传统重工业主导转向大力发展以汽车、电子为主导的高新技术产业和现代化制造业。2011 年北京市平均每天生产手机 71 万部、汽车 4 123 辆。北京在自主知识产权操作系统、信息安全、重点行业应用软件等市场占有率居国内第一,其中,以中关村为代表的北京高新技术产业发展极具活力。《2012 年北京统计年鉴》显示,2011 年,中关村国家自主创新示范区企业经营总收入为 19 646 亿元,年增长率为 23.248%,高科技产业发展迅速。

三、第三产业发展继续加快,大力发展服务业

改革开放以来,北京市第三产业不断发展,总产值由 1978 年的 25.8 亿元上升为 2011 年的 12 363.1 亿元,扩大了 479 倍;所占 GDP 比重也由 1978 年的 23.7% 增长为 2011 年的 76.1%,发展迅速。除了总产值的增长,第三产业内部的结构也在不断优化,由图 1.5 可知,在第三产业中,金融业、批发与零售业、房地产业、信息传输、计算机服务和软件业、租赁和商务服务业占较大比重。

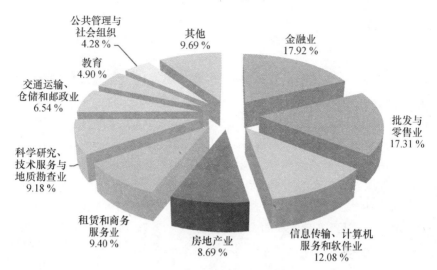

图 1.5　2011 年北京市第三产业构成

资料来源:《北京统计年鉴》。

北京是中国人民银行和全国各大金融及保险机构总部所在地。2011年全市金融机构(含外资)本外币存款余额为 75 001.9 亿元,贷款余额为 39 660.5 亿元。全市保险公司"原保险保费收入"为 820.9 亿元,证券市场的交易量达到 79 103.1 亿元。北京拥有丰富的旅游资源,2011 年,全市接待入境旅游游客为 520.4 万人次,实现旅游外汇收入 54.2 亿美元,接待国内旅游人数为 2.1 亿人次,国内旅游收入达 2 864.3 亿元。北京的房地产业近年来发展较快。2011 年,房地产业实现增加值 1 074.9 亿元,完成房地产开发投资 3 036.3 亿元。全年商品房销售面积 1 440 万平方米,其中,商品住宅销售面积 1 035 万平方米。北京市商业总体布局和商业设施按照国际化、现代化都市的要求发展,2011 年实现社会消费品零售额为 6 900.3 亿元,其中商品零售额为 6 134.4 亿元,餐饮收入为 765.9 亿元。

北京市第三产业由以传统服务业为主发展为以现代服务业为主,科技含量高,知识密集、技术密集特征凸显。文化创意产业成为新的增长点。《2012 年北京统计年鉴》显示,2011 年北京文化创意产业增加值为 1 989.9 亿元,资产总计为 12 942.6 亿元,有很大的发展潜力。

第三节 钱纳里模型对北京发展的意义

美国经济学家钱纳里的多国模型,利用第二次世界大战后发展中国家,特别是其中的9个准工业化国家(地区)1960—1980年间的历史资料,采用跨国比较法,对不同的国家(地区)的农业、工业占GDP的比重与公民生产总值之间的逻辑曲线,揭示了经济结构转变的基本规律和趋势。

钱纳里把经济结构转变的全部过程分为三个阶段(见表1.1):第一阶段为前工业化阶段,也称初级产品生产阶段,是经济结构转变的起始阶段,在这一阶段中,占统治地位的主要是农业,没有或极少有现代工业,由于技术水平落后,这一阶段的农业进步缓慢。第二阶段为工业化阶段,包括工业化初级阶段、工业化中级阶段和工业化高级阶段三个时期,是经济结构迅速变化的阶段,在这一阶段中,经济发展的重心从初级产品生产(主要为农业)向制造业生产方向转移,制造业对经济增长率的贡献高于初级产品生产的贡献。第三阶段为后工业化阶段,包括发达经济初级阶段和发达经济高级阶段两个时期,在这一阶段中,传统的农业部门完成现代化改造。钱纳里认为,随着经济的不断发展,人均收入水平的提高,工业和服务业占GDP的比重会不断升高,农业的比重会不断下降。

表1.1 工业化不同阶段特征、驱动因素和主导产业

		特征	驱动因素	主导产业
前工业化阶段		对自然资源的开发	自然资源	农业
工业化阶段	工业化初级阶段	机器工业开始代替手工劳动	劳动力	纺织工业
	工业化中级阶段	中间产品增加和生产迂回程度提高	资本积累	重化工业
	工业化高级阶段	生产效率提高	技术	加工工业
后工业化阶段		学习和创新	科技	高新技术产业和服务业

运用钱纳里多国模型对北京市的发展进行检验。前面已经提到,北京市目前为"三、二、一"的产业结构,农业和工业比重逐渐下降,第三产业比重逐渐上升,人均国民生产总值由1978年的797美元增长到2011年的12 643美元。表明钱纳里多国模型在研究北京市产业结构优化问题上存在着一定的意义。

表 1.2 为钱纳里多国模型对工业经济发展阶段的划分,详细列出了工业化不同阶段的标志值,可以根据此标志值推算出现在北京市所处的工业化阶段。以 2010 年的北京市数据为准来进行简单的推算。2010 年北京市人均 GDP 为 73 856 元,将其换算成以 2008 年为基期的不变价人均 GDP 为 70 695.68 元(换算过程如表 1.3 所示)。2008 年人民币和美元的汇率为 1 美元 = 6.945 1 元人民币,所以 2010 年人均 GDP 相对于 2008 年的不变价为 10 179.22 美元。根据表 1.2 中的数据可知,北京市目前处于钱纳里模型中的工业化阶段中的工业化高级阶段。

表 1.2 钱纳里多国模型对工业经济发展阶段的划分　　（单位:美元）

发展阶段		人均 GDP 的变动范围			时期
		1964 年美元	1970 年美元	2008 年美元	
前工业化阶段	初级产品生产阶段	100—200	140—280	819—1 638	1
工业化阶段	工业化初级阶段	200—400	280—560	1 638—3 277	2
	工业化中级阶段	400—800	560—1 120	3 277—6 553	3
	工业化高级阶段	800—1 500	1 120—2 100	6 553—12 287	4
后工业化阶段	发达经济初级阶段	1 500—2 400	2 100—3 360	12 287—19 660	5
	发达经济高级阶段	2 400—3 600	3 360—5 040	19 660—29 490	6

表 1.3 不变价人均 GDP 换算　　（单位:元）

年份	现价人均 GDP	GDP 指数（1978 = 100）	GDP 指数（2008 = 100）	不变价人均 GDP（2008 = 100）
2008	64 491	1 019.6	(1 019.6/1 019.6) × 100% = 100	100
2010	73 856	1 117.7	(1 117.7/1 019.6) × 100% = 109.6	64 491 × 109.6% = 70 695.68

第四节　政策对产业结构的影响

产业政策指的是政府选择某些特定产业进行扶植、保护、鼓励和限制等,主要包括中小企业调整政策、支柱产业支持政策、主导产业选择政策等。在经济学中,市场自由派学者认为政府的干预不利于市场经济的发展,反对产业政策的使用;而较为务实的结构学派的学者却认为经济发展较成功的国家在早期发展阶段大部分都是有过产业政策的帮助的。在东亚地区，国家进行干预的产业政策是很常见的，而东亚模式至少在目前来看是较为成功的，其成功的关键就是产业政策奖罚分明，在激励部分产业的同时，也提出了明确的规范和标准。政治与社会学者将东亚国家的这种模式称作发展型国家。笔者较为赞成结构学派学者的观点。制定和实施产业政策可以在宏观的角度把握未来经济发展的总方向，完善市场机制、纠正其缺陷、防止其破坏，从而保证市场经济的正常运行。现代经济增长方式是以产业结构的变动为核心的经济增长模式，因此产业结构政策的制定和实施对于产业结构的优化升级具有十分重要的意义。

讨论中国产业政策的文献不多。其中，Naughton（2007）通过产业政策的规划及其事实上的不足方面的分析，认为中国的产业结构虽然没有坏处，但是已经失效了。他认为，中国早期经济改革虽然较为成功，但是针对个别部门的产业政策却成效不显著。特别是在20世纪90年代末期，中国几乎已经放弃了产业政策。虽然近些年来，国家发展和改革委员会开始尝试对一些非中央直接控制的部门提出政策规范，但是他表示，中央政府缺乏政策工具和完整规划政策的机制，规划过程极易受到各个部门不同利益冲突的影响，所以，他认为中国的产业政策已经失效了。

Howell（2006）分析了中国国家的发展方向和能力的问题，他对于发展型国家概念对中国的适用性提出了质疑，认为地方的分权削弱了中央的权力，官僚制度缺乏经济规划能力，公共关系网络自主性不足，这些因素都限制了国家的政策空间，所以她认为中国不是发展型国家。

《促进产业结构调整暂行规定》于2005年12月22日正式对外发布。规定中指出："产业结构调整的方向和重点是：一是巩固和加强农业基础地位，加快传统农业向现代农业转变；二是加强能源、交通、水利和信息等基础设施建设，增强对经济社会发展的保障能力；三是以振兴装备制造业为重点发展先进制造业，发挥其对经济发展的重要支撑作用；四是加快发展高技术产业，进一步增强高技术产业对经济增长的带动作用；五是提高服务业比重，优化服务业结构，促进服务业全面快速发展；六是大力发展循环经济，建设资源节约和环境友好型社会，实现经济增长与人口资源环境相协调；七是优化产业组织结构，调整区域产业布局；八是实施互利共赢的开放战略，提高对外开放水平，促进国内产业结构升级。"

《北京市产业结构调整指导意见》根据国务院《促进产业结构调整暂行规定》制定。该意见指出："产业结构调整的方向是加快发展现代服务业，巩固和加强服务业的优势地位，促进服务业优化升级，提升城市服务能力和综合辐射力。产业结构调整的重点是：大力发展金融、文化创意、旅游会展等优势服务业；着力培育商务服务、体育休闲等新兴服务业；稳步提升物流、商贸、房地产等基础服务业；大力发展软件、研发、信息服务等高技术服务业；重点发展移动通信、计算机网络、集成电路、光电显示、生物产业等高技术制造业。"

第五节 本章小结

北京,中华人民共和国首都、中央直辖市,中国政治、经济、文化、教育和国际交流中心,同时是中国经济金融的决策中心和管理中心。新中国成立后特别是1978年以来经济建设取得了举世瞩目的成就,伴随着经济的增长,其产业结构也发生了巨大的变化。

1952年开始北京市的生产总值总体基本处于稳定上升趋势,但绝对值较低;1990年左右开始明显地上升,特别是进入2000年后,增长幅度明显加快。2011年,北京市GDP达到16 251.9亿元。1952—2011年,北京市第一产业生产总值变化不明显;第二产业生产总值增长速度中等;第三产业生产总值增长迅速,90年代后增速极为明显。

1952—2011年北京产业结构的变动分为四个阶段。第一阶段为1952—1978年,第一产业相对稳定,第二产业占GDP比重明显上升,第三产业比重下降;第二阶段为1978—1989年,第一产业GDP占比开始下降,第二产业比重下降,第三产业比重开始上升;第三阶段为1990—2001年,第一、二产业比重持续下降,第三产业比重持续上升;第四阶段为2002年至今,趋势与第三阶段相同,但增长和减缓速度加剧。与此相适应,北京市第一产业从业人员逐步下降,第二产业从业人员先上升后下降,第三产业从业人员逐步上升。根据钱纳里的产业结构理论,北京目前处于工业化阶段中的高级阶段。

第二章　北京市各区县产业结构特点

第一节　北京市各区县产业结构总体分析

2009年以前,北京市有十八个区县;在2009年以后,由于崇文、宣武区分别与东城、西城区合并,北京市只剩下十六个区县。北京市将所属的区县分为四大功能区,即首都功能核心区、城市功能拓展区、城市发展新区和生态涵养发展区。从总体来看,由于地理位置、自然资源、历史发展、功能定位不同,各区县的经济发展水平与产业结构也有明显的差异。本节将对这些差异进行描述性分析。

一、经济发展水平分析

对任何一个国家和地区来说,经济发展水平永远是最被关注的指标之一,其与产业结构等各个方面都有十分密切的联系。所以首先,研究北京市各区县的经济发展水平,选择的指标是人均GDP[①]。2011年、2006年和2002年北京市各区县的人均GDP如表2.1所示。

表2.1　北京各区县人均GDP　　　　　　　　　　（单位:元）

区县	2011年	2006年	2002年	区县	2011年	2006年	2002年
西城	190 384.10	101 187.00	30 818.54	顺义	110 928.50	40 675.53	18 951.10
东城	147 222.40	83 511.95	29 486.96	昌平	26 180.63	27 077.86	15 826.32
朝阳	89 451.90	49 803.46	23 250.25	大兴	24 551.00	18 381.77	11 405.37
丰台	38 833.23	25 606.97	17 071.55	门头沟	35 256.90	17 733.07	14 781.59
石景山	50 577.10	38 984.56	25 175.39	怀柔	45 500.70	30 115.45	10 257.00
海淀	93 468.94	56 676.06	30 023.53	平谷	32 687.94	15 171.16	16 939.60
房山	43 016.39	22 231.23	19 563.12	密云	34 403.25	18 863.07	12 894.27
通州	32 018.25	18 088.63	11 965.28	延庆	23 771.63	15 954.09	11 007.40

---

① 分母为常住人口。

第二章
北京市各区县产业结构特点

为了更直观地看出各区县之间人均 GDP 的差距,做出历年各区县人均 GDP 与全市人均 GDP 的比值,如图 2.1 所示。

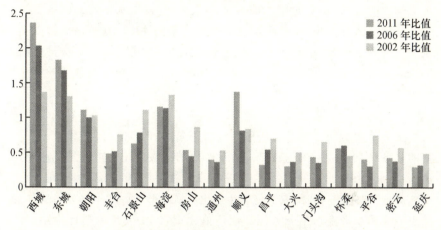

图 2.1　北京各区县与全市人均 GDP 之比

从上述的图表,可以得出以下结论:

第一,以人均 GDP 为衡量标准,北京市各区县经济发展水平相差较大。根据 2011 年的数据,经济发展水平最高的是西城和东城,而经济发展水平最低的是昌平、大兴和延庆。其中,2011 年西城的人均 GDP 是全市平均值 2 倍以上,东城的人均 GDP 也接近全市平均值的 2 倍。而昌平、大兴和延庆的人均 GDP 均不足全市平均值的 40%。

第二,从 2002 年开始,北京市各区县经济发展速度并不一致。具体来说,2002 年时,海淀的人均 GDP 是全市的 1.3 倍左右,与东城、西城类似;但是到了 2011 年,海淀的人均 GDP 下降到全市的 1.15 倍左右,不仅与东城、西城的差距越拉越大,而且被顺义所超过。类似的情况还发生在房山、昌平、平谷、延庆等区县。从绝对值上看,2002—2011 年,这些区县的经济的确实现了发展,但是由于与全市平均水平相比,发展速度较慢,因此经济发展水平的排名逐渐落后。相反,有些区县的发展速度很快,所以排名逐渐上升,其中最为典型的就是顺义,2006—2011 年,顺义实现了经济的飞速发展,人均 GDP 仅次于西城和东城,位居全市第三位。

第三,各区县经济发展水平不均衡的现象有所扩大。在 2002 年,北京市各区县之间经济发展水平虽然有差异,但是人均 GDP 最高的东城、西城也不到全市的1.5倍,人均GDP最低的大兴、延庆、通州等大约是全市水平的一半,差距约为3倍。而在2011年,经济发展水平最高的西城,其人均GDP已经接近全市平均水平的2.5倍,发展水平最低的昌平、大兴和延庆的人均GDP只有不到全市平均水平的40%,差距在6倍以上。从3倍到6倍的变化显示了北京市各区县经济发展水平不均衡性的扩大化。

二、产业结构分析

上一部分分析了北京市各区县经济发展水平的特点,本部分主要研究的是各区县产业结构的特点。衡量产业结构最常用的指标是各产业产值的比例。由于北京的第一产业基本可以忽略(2002—2011年间,全市第一产业产值占GDP比重最高的年份也不到2%),因此本部分将关注的重点放在第二产业产值与第三产业产值比重之上,选择的指标为第三产业产值与第二产业产值之比。2011年、2006年和2002年各区县第三产业产值与第二产业产值之比如表2.2所示。

表2.2 北京市各区县第三、二产业产值之比

区县	2011年	2006年	2002年	区县	2011年	2006年	2002年
西城	22.12	7.34	3.54	顺义	1.25	0.69	0.93
东城	8.81	11.33	8.44	昌平	1.06	1.03	0.85
朝阳	8.02	5.02	2.56	大兴	1.42	1.10	1.17
丰台	3.06	2.63	2.30	门头沟	0.90	0.83	1.07
石景山	1.63	0.44	0.44	怀柔	0.56	0.64	0.85
海淀	6.70	4.29	1.79	平谷	0.93	1.05	0.64
房山	0.54	0.77	0.58	密云	0.93	0.99	0.71
通州	0.92	0.84	0.93	延庆	2.21	2.42	1.18

更直观地,将各区县历年的数据做成直方图如图2.2所示(在这里将第三产业和第二产业产值之比取了对数,当比值大于1时,取对数后为正,当比值小于1时,取对数后为负)。

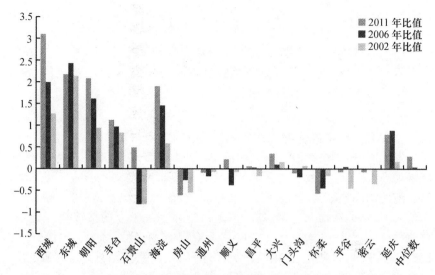

图 2.2 北京市各区县第三、二产业产值之比直方图

通过以上的图表,可以得出一系列的结论:

第一,从 2011 年的数据来看,北京市各区县产业结构相差较大。具体来说,东城、西城、朝阳和海淀的第三产业最为发达,其产值在第二产业产值的数倍以上;石景山、延庆、大兴等区域的第三产业较为发达,其产值显著大于第二产业产值;房山和怀柔的第二产业最为发达,其产值显著大于第三产业产值;其余区县的第二产业与第三产业相差不大。

第二,除少数区县(房山、怀柔)以外,北京市各区县第三产业产值与第二产业产值之比基本呈稳步上升的趋势,这与北京市 1978 年以来第二产业产值比例逐渐下降、第三产业产值比例逐步上升是一致的。其中,最为典型的是延庆。在 2002 年时,延庆的第三产业产值与第二产业产值的比例为 1.18,可以说两者在 GDP 中所占份额大致相同。而到了 2011 年,延庆的第三产业产值与第二产业产值的比例已经上升到了 2.21,第三产业在 GDP 中占到了相当大的比例。

第三,各区县的产业结构与所在区域有较为明显的关系。2011 年,第三产业产值比例最高的几个区县为西城、东城、朝阳、丰台、石景山、海淀和延庆。其中,西城和东城属于首都功能核心区,朝阳、丰台、石景山和海淀属于城市功能拓展区。由此可以得出,除了延庆以外,第三产业较为发达的区县均位于北京市较为核心的区域。

三、原因分析

以上两部分的分析显示，北京市各区县经济发展水平和产业结构相差很大。这可以从以下几个角度进行分析。

（一）地理位置和自然条件

一般来说，地理位置和自然条件会对经济体的发展产生重要的影响，世界上的大都市多数位于交通便利、地势平坦的区域，而且平原地区更有利于发展服务业等第三产业。具体反映到北京市，东城和西城等经济发展水平高、第三产业发达的区域，都是处于平原地区；而怀柔、密云、门头沟等地区的海拔较高，与东城、西城相比，在地理上处于不利的位置。比如密云，位于北京市东北部，属于燕山山地与华北平原的交接地，东、北、西三面群山环绕；怀柔位于北京市北部，地势北高南低，分为深山区、浅山区、丘陵和平原四种地形，山地面积超过80%；门头沟地处华北平原向蒙古高原过渡地带，境内总面积98.5%为山地，平原面积仅占1.5%；等等。

（二）历史因素

自从明代以来，北京市就作为我国的首都，具有悠久的历史，历史因素也是造成区域发展不平衡的重要原因。东城、西城等地，作为中央政权坐落之地，早在几百年前就是北京乃至全国的核心之地，享受一系列的优惠政策，利用各地的资源优先发展。而其他某些地区，虽然可能同样拥有悠久的历史，但是直到近几十年才并入北京，之前并非吸收周围地区的资源，而是为北京的发展服务，从而减缓了发展速度。当并入北京之后，虽然同为北京市市辖区县，但是由于东城、西城等地发展程度较高，第三产业已然较为发达，这些地区只能发展与之不同的产业结构，力争从新的角度实现经济的发展。

（三）政府政策

一个区域经济的发展方向，产业结构的特点，很大程度上受政府政策的影响。北京市对各区县发展最具影响力的政策文件之一是2002年提出的《北京市城市总体规划（2004—2020）》。在这个文件中，对各个区县的发展进行了明确的定位，从中可以为北京各区县产业结构的差异性找到依据。比如，在该规划中提出，西城区是国家政治中心的主要载体、国家金融管理中心、传统风貌重要旅游地区和国内知名的商业中心，而东城区是北京市政治中心的主要载体、全国性文化机构聚集地之一、传统文化重要旅游地区和国内知名的商业中心，这两个定位可以解释为什么西城和东城的第三产业产值远远高于第二产业。又如,该规划中提出,房山是北京面向区域发展的重要节点,引导发展现代制造业、新材料产业(石油化工、新型建材)等,这与房山第二产业发展水平高于第三产业是相符的。再如,该规划中提出,延庆是国际交往中心的重要组成部分,联系西北地区的交通枢纽,国际化旅游休闲区,旅游业的高度发达使延庆第三产业的产值高于第二产业,等等。

第二节 北京市各区县案例分析

依据钱纳里的产业结构模型,随着工业进程的不断发展,经济发展的重心逐渐由初级产品生产(主要是农业)向制造业产品生产转移,再逐渐向服务业产品转移,也即第一产业和第二产业占 GDP 的比重逐渐下降,第三产业占 GDP 的比重逐渐上升。鉴于数据的可得性、北京市各区县的分工以及背景是出于工业化进程的位置,各区县第一产业生产总值占当地 GDP 的比重均较低,同时部分区县没有第一产业数据,故设计指标第三产业生产总值/第二产业生产总值表示各区县各产业占 GDP 的相对比重。各区县的第三产业生产总值/第二产业生产总值较大时,当地第三产业占当地 GDP 比重相对较大;第三产业生产总值/第二产业生产总值较小时,第二产业占 GDP 比重相对较大。同时,随着工业化进程的不断发展,人均 GDP 也逐渐上升。图 2.3 至图 2.5 为 2011 年、2006 年和 2002 年北京市各区县第三产业生产总值/第二产业生产总值与当地人均 GDP 的趋势变化图。

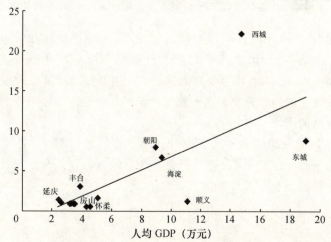

图 2.3 2011 年各区县第三产业/第二产业与当地人均 GDP 趋势变化图

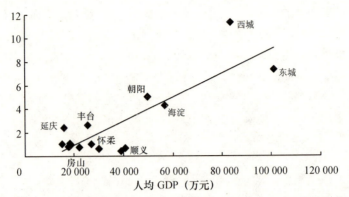

图 2.4 2006 年各区县第三产业/第二产业与当地人均 GDP 趋势变化图

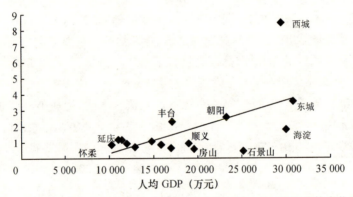

图 2.5 2002 年各区县第三产业/第二产业与当地人均 GDP 趋势变化图

人均 GDP 的计算方法为当地当年生产总值/当地常住人口。根据 2011 年的数据,拟合出第三产业/第二产业与人均 GDP 的线性关系。表现为较高的人均 GDP 对应较高的第三产业生产总值/第二产业生产总值。处在线上的地区拥有较高的第三产业/第二产业比例;处在线下的地区拥有较高的人均 GDP。

根据 2002—2011 年《北京统计年鉴》的各地区数据,各地区人均 GDP 和第三产业生产总值/第二产业生产总值排名以及与全市比较情况如表 2.3 和图 2.6、图 2.7 所示。

表 2.3 各区县 2011 年、2006 年、2002 年人均 GDP 及第三产业/第二产业排名

各区县	2011 年			2006 年			2002 年		
	人均 GDP 排名	三产/二产 排名	排名之差	人均 GDP 排名	三产/二产 排名	排名之差	人均 GDP 排名	三产/二产 排名	排名之差
西城区	1	1	0	1	2	-1	1	2	-1
东城区	2	2	0	2	1	1	3	1	2
朝阳区	5	3	2	4	3	1	5	3	2
丰台区	9	5	4	9	5	4	8	4	4
石景山区	6	7	-1	6	16	-10	4	16	-12
海淀区	4	4	0	3	4	-1	2	5	-3
房山区	8	16	-8	10	13	-3	6	15	-9
通州区	13	13	0	13	11	2	13	10	3
顺义区	3	9	-6	5	14	-9	7	9	-2
昌平区	14	10	4	8	9	-1	10	12	-2
大兴区	15	8	7	12	7	5	14	7	7
门头沟区	10	14	-4	14	12	2	11	8	3
怀柔区	7	15	-8	7	15	-8	16	11	5
平谷区	12	11	1	16	8	8	9	14	-5
密云县	11	12	-1	11	10	1	12	13	-1
延庆县	16	6	10	15	6	9	15	6	9

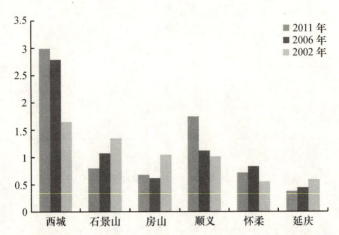

图 2.6 典型区县 2011 年、2006 年、2002 年人均 GDP 与全市平均 GDP 比值

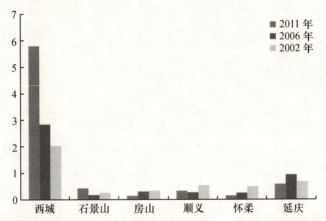

图 2.7 典型区县 2011 年、2006 年、2002 年三产总值/二产总值与全市平均值比值

从以上图表可以清晰地看出西城区的第三产业生产总值/第二产业生产总值一直最高,而房山区的第三产业生产总值/第二产业生产总值一直较低。石景山区人均 GDP 排名与第三产业生产总值/第二产业生产总值之差上升较快,即相对于人均 GDP 的增长,石景山区的第三产业生产总值/第二产业生产总值增长更快。怀柔区的排名之差下降较快,也即相对于第三产业生产总值/第二产业生产总值比例的增加,怀柔区的人均 GDP 增长更快。延庆区的人均 GDP 排名与第三产业生产总值/第二产业生产总值排名相差较大,即延庆区相对人均 GDP,有着较高的第三产业生产总值/第二产业生产总值比例。顺义区的人均 GDP 排名与第三产业生

产总值/第二产业生产总值排名相差较小,为负值,即顺义区相对第三产业生产总值/第二产业生产总值,有着较高的人均GDP。所以选择西城区、石景山区、房山区、顺义区、怀柔区和延庆县为典型的六个区县进行研究。

一、房山区和顺义区

前文研究表明,房山区在2002—2011年间表现为第三产业生产总值/第二产业生产总值一直处于较低的水平,第二产业相对第三产业占GDP的比重较大。顺义区表现为人均GDP在北京市16个区县中的排名与第三产业生产总值/第二产业生产总值排名相差较小,2002—2011年中,其名次的差值均表现为负值,也即顺义区有着相对较高的人均GDP。

根据《北京市城市总体规划(2004—2020)》所述,房山区是北京面向区域发展的重要环节,引导发展现代制造业、新材料产业(石油化工、新型建材)等功能。顺义区是北京重点发展的新城之一,引导发展现代制造业等功能。所以房山区和顺义区为北京市规划重点发展第二产业的区县,其第二产业较其他区县占当地生产总值的比重较高。

通过分析图2.8可以看出,顺义区和房山区虽然在2002—2011年间,第三产业生产总值/第二产业生产总值有所波动,但是均围绕在1的上下,也即这两个区在2002—2011年间第二产业生产总值与第三产业生产总值基本相当。同时,顺义区2002—2011年第三产业生产总值/第二产业生产总值的比重虽然有所上升,但是其绝对值很小,而且变化幅度不大,仅从2002年的0.93变为2011年的1.25。房山区2002—2011年第三产业生产总值/第二产业生产总值的比重一直持平稳变化的态势,甚至2011年该比例比2002年有所下降。这意味着在过去的9年间,房山区的第二产业比重相对第三产业有所上升。这在北京市的其他15个区中是没有的现象。

第二产业在生产总值中占比较大,其基数也较大,房山区和顺义区2011年第二产业生产总值占全部16个区县第二产业生产总值的20%。同时相对第三产业,第二产业占比减小的速度较慢甚至出现增加的状况,导致了房山区和顺义区的第二产业相对发达、第三产业相对落后的状态。前文提到,第三产业越发达,在生产总值中的比重越大,人均GDP越高。所以这两个第二产业相对发达的区县就处在图2.5中拟合线的下方。

这两个第二产业相对发达的区县的差异是什么呢?造成这种差异的

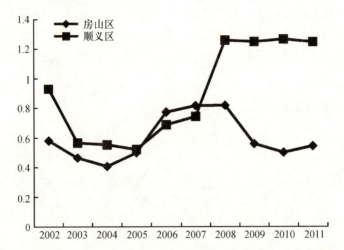

图 2.8　2002—2011 年房山区和顺义区第三产业/第二产业折线图

原因又在哪里?

前文所述,筛选房山区为典型区县的原因是它长期处于第三产业/第二产业较低的状态,而筛选顺义区不仅是因为其第二产业比较发达,同时还因为它有着相对较高的人均 GDP。造成这种现象的原因是什么?

观察图 2.9 可以看出,除了西城外,顺义的人均 GDP 增长率,无论是几何平均数还是算数平均数,都是最高的。这表明在这 9 年间,顺义区的人均 GDP 增速较快。

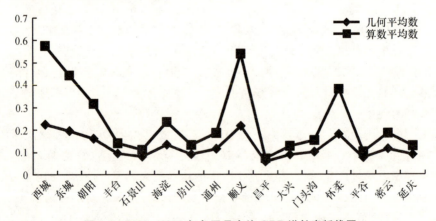

图 2.9　2002—2011 年各区县人均 GDP 增长率折线图

造成这种现象一种可能的原因为顺义区的第三产业正在逐步发展。

第二章
北京市各区县产业结构特点

虽然第二产业顺义区的第二产业相对发达,但是在2002—2011年这9年中,其第三产业/第二产业的比重在缓慢上升。这意味着第三产业发展速度在超越第二产业的发展速度。第三产业越发达,其人均GDP越高。所以顺义区的第三产业的发展为人均GDP的增加做出了贡献。

顺义是北京重点建设的新城,是临空经济高端产业功能区和现代制造业基地。其境内拥有中国最大的航空港——首都国际机场。其发展遵循的理念为"空港国际化、全区空港化、发展融合化"。其建设突出临空经济区建设。坚持"服务机场、强化功能,利用机场、发展顺义",不断培育壮大临空指向性产业,临空经济区占全区经济总量的70%,是经济发展的核心力量,已初步呈现以航空业及相关企业总部为主体、现代制造业和高端服务业加速聚集的临空产业体系。临空产业的发展趋势很大程度上影响了顺义区的产业结构。目前,在已完成基础设施建设的基础上,临空产业更加注重增加产业附加值。第三产业的发展是其发展的途径和方式。

二、石景山区、延庆县和西城区

石景山区、延庆县和西城区共同的特点为第三产业占比较大。

通过观察图2.10,我们看到西城区的第三产业生产总值与第二产业生产总值的比值一直维持在一个较高的水平,在2011年甚至达到了22倍有余。这是在本书研究的北京市其他15个区县中没有出现的。可见西城区第三产业的发达。

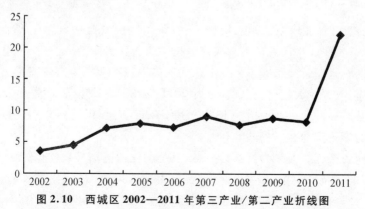

图2.10 西城区2002—2011年第三产业/第二产业折线图

根据《北京市城市总体规划(2004—2020)》所述,延庆区是国际交往中心的重要组成部分,国际化旅游休闲区,引导发展都市型旅游、休闲度假、物流等功能。石景山区因"燕都第一仙山——石经山"而得名,自古就是历史文化重镇,有着丰厚的首都娱乐休闲文化区的基础。适合发展旅游业这种第三产业。同时,石景山区也是北京城区中山林资源最丰富、绿化覆盖率最高、人均拥有公共绿地最多的地区,是一个生态良好、宜居宜商的新城区。西城区是北京市第三产业最发达的城市之一,可称万商云集之地。全区现有各类工商企业 1.7 万家,个体工商户 1 万多户,90% 以上从事第三产业。

通过观察图 2.11,我们发现,石景山区和延庆县虽然在 2002 年时,第三产业生产总值/第二产业生产总值较低,分别为 0.44 和 0.71。但是在 2002—2011 年这 9 年中,该比值存在明显的上升趋势,并且在 2011 年时达到接近和超过 1 的水平。

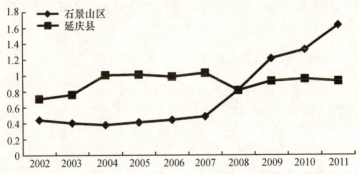

图 2.11　石景山区和延庆县 2002—2011 年第三产业/第二产业折线图

通过图 2.12 可以看出,西城区、石景山区以及延庆县第三产业生产总值/第二产业生产总值有着较高的增长率。这意味着,这三个区县第三产业发展速度较为迅猛。再加上这些区县第三产业在生产总值中占比较大,其基数也较大,仅西城区一个区 2011 年第三产业生产总值占全部 16 个区县第三产业生产总值的 18%。其结果就为西城区、石景山区以及延庆县的第三产业相对发达。

同为第三产业较为发达,那么这三个产业的区别又是什么呢?

《北京统计年鉴》将第三产业划分为交通运输、仓储和邮政业,信息传输、计算机服务和软件业,批发与零售业,住宿和餐饮业,金融业,房地产业,租赁和商务服务业,科学研究、技术服务和地质勘查业,水利、环境和公共设施管理业,居民服务和其他服务业,教育,卫生、社会保障和社

第二章
北京市各区县产业结构特点

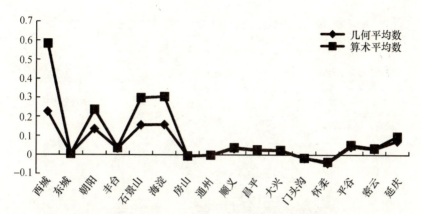

图 2.12　各区县 2002—2011 年第三产业/第二产业增长率折线图

福利业,文化、体育和娱乐业,公共管理和社会组织,共计 14 个项目。

根据数据的可得性,仅比较 2006 年和 2011 年西城区、石景山区以及延庆县第三产业组成状况,如图 2.13、图 2.14 和表 2.4、表 2.5 所示。

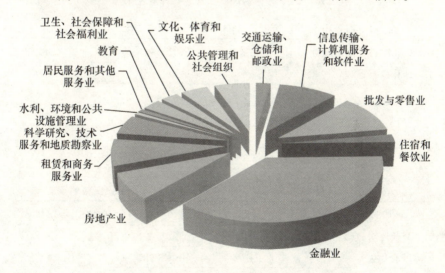

图 2.13　2006 年西城区第三产业各行业占比分布图

通过分析两图,可以看出西城区主导第三产业的是金融业,2011 年金融业的生产总值占到西城区第三产业生产总值的 44.30%,占到了全北京金融业的 42.4%。除此之外,租赁商务服务业和批发与零售占比也相对较高,为主导西城区第三产业的行业。

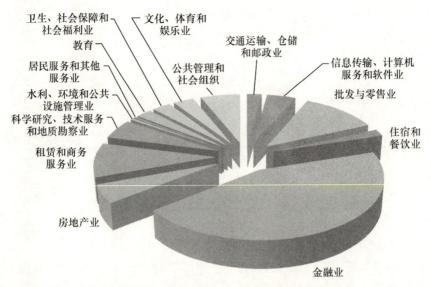

图 2.14　2011 年西城区第三产业各行业占比分布图

表 2.4　石景山区 2011 年比较 2006 年第三产业中占比明显变化的行业

占比明显增加的行业	变化量	占比明显减小的行业	变化量
计算机服务和软件业	23.4%	金融业	-5.0%
		房地产业	-3.3%
		教育	-4.44%
		文化、体育和娱乐业	-3.7%
		公共管理和社会组织	-4.15%

表 2.5　延庆县 2011 年比较 2006 年第三产业中占比明显变化的行业

占比明显增加的行业	变化量	占比明显减小的行业	变化量
交通运输、仓储和邮政业	9.88%	批发与零售业	-2.95%
房地产业	4.76%	住宿和餐饮业	-5.25%
教育	2.90%	租赁和商务服务业	6.63%

　　石景山区和延庆县相比较而言,第三产业中各个行业占比比较均衡,两表罗列出在 2006 年和 2011 年的对比中,占比变化比较大的行业。

　　我们将石景山区纳入典型研究的北京区县的原因在于,石景山区第三产业生产总值相对第二产业在不断增加,而人均 GDP 却在下降。表

2.4可以合理地解释第三产业增加的同时人均GDP下降的问题。通过分析石景山区第三产业的结构,我们发现,在2006—2011年的波动中,可以提高人均GDP的金融业和房地产业有所下降,而低附加值的计算机服务和软件行业却明显上升。

考虑延庆为何第三产业比重相对较高的时候,却拥有较低的人均GDP。一个可能的解释是随着各行业占比在第三产业内部发生变化,能够增加人均GDP的行业占比增大给人均GDP所做的贡献被其他行业占比减少给抵消了,同时能够增加人均GDP的行业占比一直维持在一个较低的水平。另一个可能的解释为,城中心为商业密集区,外加北京交通的便利,使得居住在城郊的公民在城中心工作成为可能。不仅如此,城中心房价和房租的高涨使得这种现象成为现在一种大众现象。由于人均GDP为当地生产总值除以当地常住居民人数。住在城郊但在市区上班的公民为城中心贡献的GDP,同时也为自己居住地贡献了常住居民。这样一来,当地人均GDP在计算时,分母变大,其值却变得较小。

三、怀柔区

怀柔区是北京市的远郊区,地处燕山南麓,北京东北部。怀柔区位于北京市北部,总面积为2 128.7平方公里,距离市区40公里,距首都机场27公里,2004年京承高速路通经怀柔,怀柔正式融入首都半小时经济圈。怀柔境内风光秀丽,气候宜人,素有"京郊明珠"的美誉。怀柔是一座美丽的卫星城,青山绿水绕半城。这里有俊美的长城,茂密的原始次生林,洁净的空气和纯净水,是北京最适合人类生存发展的地方。人文资源丰富,山水结构合理,非常适合发展高品位低密度住宅区。怀柔的旅游坚持以自然景观为主,以会议、休闲、度假型为主。怀柔充分发挥资源优势,大力兴办旅游业,以其优越的地理位置,完善的服务设施,吸引了大量海内外游客来怀柔度假、观光旅游。

但经过数据分析,虽然怀柔区是以第三产业旅游业见长,但其在2002—2011年这9年间,第三产业生产总值/第二产业生产总值的增长率却是负值。

表 2.6 2002—2011 年典型六区县第三产业/第二产业增长率

区县	几何平均数	算术平均数
西城	0.225778	0.583055
石景山	0.155917	0.298242
房山	−0.00702	−0.00682
顺义	0.03297	0.037669
怀柔	−0.01814	−0.01688
延庆	0.030526	0.034532

通过分析表2.6,我们可以看到,在北京市典型的六个区县中,仅有两个城区的第三产业生产总值/第二产业生产总值的几何平均增长率和算术平均增长率是负数,分别为前文所述的以第二产业见长的房山区和本部分所要研究的怀柔区。增长率为负的含义为在 2002—2011 年这 9 年间,房山区和顺义区的第二产业生产总值占当地 GDP 的比重相比较第三产业有所上升。

为什么会出现这种状况？可能的一个原因为,虽然怀柔区重点发展以旅游业为代表的第三产业,而非包括工业制造业和建筑业的第二产业。但怀柔区的第二产业的附加值在增加,对当地生产总值的贡献率超过第三产业对当地生产总值的贡献率,所以其第二产业占当地生产总值的比重在 2002—2011 年这 9 年中相对于第三产业在增加。

在第二产业较之第三产业占当地生产总值比重上升的同时,为何又出现人均 GDP 不断上升的现象？

简单对比一下 2006 年和 2011 年怀柔区的第三产业各行业比重变化,如表2.7所示。

表 2.7 怀柔区 2011 年较之 2006 年第三产业中各行业的变动

占比增加的行业	变化量	占比减小的行业	变化量
交通运输、仓储和邮政业	1.83%	批发与零售业	−7.95%
金融业	1.36%	住宿和餐饮业	−2.05%
房地产业	3.96%	租赁和商务服务业	−2.43%
教育	5.00%	居民服务和其他服务	−1.03%
卫生、社会保障和社会福利业	3.25%	文化、体育和娱乐业	−6.46%
公共管理和社会组织	3.18%		

通过分析上表,具有高利润率的行业在2011年较之2006年占第三产业生产总值的比重有所上升,例如金融业、房地产业,而具有低利润率的行业有所下降,例如下降比较明显的批发与零售业等,这可能是造成怀柔区在2002—2011年这9年间虽然第三产业生产总值/第二产业生产总值有所下降,但人均GDP仍有比较明显上升的原因。

第三节 本章小结

2009年以前,北京市有18个区县;在2009年以后,由于崇文、宣武区与东城、西城区的合并,北京市只剩下16个区县。通过对北京市2002—2011年16个区县的分析,本研究挑选出6个区县作为典型来进行北京市产业结构的研究,分别为西城区、石景山区、房山区、顺义区、怀柔区和延庆县。

房山区在2002—2011年第三产业生产总值/第二产业生产总值一直处于16个区县里较低的水平,第二产业相对比重较大。根据北京市总体规划,房山区是北京市重点发展第二产业的区县,2002—2011年第三产业/第二产业生产总值的增长率一直处于负增长的态势。

顺义区同样是北京市重点发展第二产业的区县之一。但是2002—2011年间,顺义区第三产业/第二产业在16个区县中的排名基本没有变化的同时,人均GDP的排名逐渐上升。根据钱纳里的产业结构理论,随着工业化进程的不断发展,第三产业/第二产业比例不断上升,人均GDP随之上升。除西城区外,顺义区的人均GDP的增长率是其余15个区县中最高的。造成这种现象的原因可能为尽管顺义区重点发展第二产业,但是其为临空经济高端产业功能区。在目前已完成基础设施建设的基础上,临空产业更加注重增加产业附加值,发展第三产业是整个区县发展的途径和方式。

西城区的第三产业生产总值/第二产业生产总值一直维持在一个较高的水平,2011年甚至达到了22倍有余,其他15个区县该比值为1左右,足见西城区第三产业的发达。在第三产业中,占主导产业的行业为金融业,2011年西城区金融业生产总值占全北京金融业生产总值的42.4%。

石景山区旅游资源丰富,但是在近几年第三产业迅速发展的同时,人均GDP在16个区县里有所下滑。原因为在第三产业中,对人均GDP有显著提升影响的行业,如金融业、房地产业等占第三产业的比重出现比较明显的下滑。

延庆县在保持第三产业比重相对较高的同时,人均 GDP 相对较低。一个可能的解释为第三产业各行业内部发生变化,能够增加人均 GDP 的行业占比增大给人均 GDP 所做的贡献被其他行业占比减少给抵消了。

怀柔区虽然以第三产业旅游业见长,但在 2002—2011 年间,第三产业/第二产业的增长率为负值,也即第二产业相对第三产业的比重有所增加。原因为虽然怀柔区重点发展旅游业,但第二产业的附加值对生产总值的贡献超过第三产业的贡献。

在以上两章中,分别从北京市整体的角度和北京市各区县的角度分析了产业结构的特点。接下来,本书将在文献综述的基础上对北京市产业结构的特点进行深入的分析。

第三章　产业结构文献综述

第一节　产业结构与经济增长文献综述

一、理论基础

(一) 产业结构

产业结构是指国民经济各产业部门之间以及各产业部门内部的构成。一般采用各产业的总产值占国民经济之比，或者各产业吸纳的就业人数占国民经济之比等指标作为产业结构的衡量。为了描述产业结构，就需要对产业进行合理的分类，经常使用的分类方法主要有两大领域、两大部类分类法，三次产业分类法，国际标准产业分类法等。目前我国采用的是三次产业分类法，即将国民经济分为第一、第二和第三产业。其中，第一产业定义为产业直接取自自然界的产业部门，在我国为包括种植业、林业、畜牧业和渔业在内的农业；第二产业定义为对初级产品进行再加工的部门，在我国包括工业（采掘业、制造业、电力、煤气及水的生产和供应业）和建筑业；第三产业定义为在再生产过程中为生产和消费提供各种服务的部门，包括除第一和第二产业外的其他各行业。由于三大产业以及内部的各个行业对于资源、资本和劳动力的利用率不一样，三大产业之间的不同比例也会对经济增长起不同的作用。反之，随着经济的发展，由于对于各个行业的需求发生变化等原因，产业结构也可能发生变化。

(二) 产业结构与经济增长的关系

对于产业结构和经济增长的关系，最初要追寻到克拉克的观点。克拉克定理是有关经济发展中就业人口在三次产业中分布结构变化的理论。其表述为：随着经济的发展，人均国民收入水平的提高，第一产业国民收入和劳动力的相对比重逐渐下降；第二产业国民收入和劳动力的相对比重上升，经济进一步发展，第三产业国民收入和劳动力的相对比重也开始上升。

库兹涅茨(1949)对于产业结构和经济增长做了规范的定义,即国家的产业结构定义为其资源和最终产品在不同产业之间的分配,国民收入定义为国家该年度生产系统生产的、流向消费者或者国家资本积累的产品和服务的净产出,从而为以后的研究界定了范围。库兹涅茨(1957)对美国等18个国家的经济增长率和各个产业劳动力比例的关系进行了分析,得出劳动力从农业向生产率更高的行业转移有助于经济的增长的结论,初步分析了产业结构与经济增长的关系。

钱纳里(1989)将产业结构的变化分为三个阶段:初级产品生产,此时占统治地位的是初级产品的生产活动——主要指农业,附加价值中农业比重较高,总增长速度较慢;工业化,此时以经济重心由初级产品生产向制造业生产转移为特征,制造业对增长贡献的相对重要性发生了变化;发达经济,此时出现了要素投入的综合贡献减少,资本比重下降以及人口增长的速度减缓等特点。

在这方面,库兹涅茨与罗斯托的观点恰好相反:库兹涅茨认为,一国的经济增长是需求导向型的,由人均收入水平提高导致需求结构的变化,进而引起产业结构变化,即经济增长会影响产业结构;而罗斯托却认为,一国的经济增长是技术导向型的,是由使用新技术的产业带动相关产业引起国民经济的增长,即产业结构会导致经济增长。

(三) 产业结构对经济增长的影响

产业结构主要通过以下几个渠道影响经济的增长。

第一,产业结构红利假设(structure bonus hypothesis)。传统的经济增长理论,比如索洛模型,认为经济增长受技术进步、资本和劳动影响,即 $Y = Af(K, L)$。但是除此之外,经济增长还有新的源泉,即产业结构红利。产业结构红利是指由于国民经济中各个产业的劳动生产率不同,当劳动力等资源由生产率低的行业向生产率高的产业转移时,国民经济就会从中享受到益处,从而获得发展。比如,Vittorio Valli 和 Donatella Saccone (2009)认为,国民经济的增长有两方面的动力,一是行业内部劳动生产率的提高(productivity effect,也有人称之为 inter-sector effect),这是经济增长的主要动力,二是资源在行业之间的再分配(reallocation effect,也有人称之为 intra-sector effect);接下来,作者计算了中印两国经济增长中行业内部生产率提高和行业间再分配分别对于经济增长的贡献,发现印度产业结构对于经济增长的贡献较大,大约占30%,而中国产业结构对于经济增长的贡献很小,有的时期甚至出现了负值。

对于产业结构红利假说,也有学者提出相反的观点,即认为不是产业结构红利,而是产业结构负担(structure burden hypothesis)。Baumol(1967)提出的非均衡发展理论(unbalanced growth)是其中的代表。Baumol在模型中将国民经济分为两个部分:先进的(progressive)行业与非先进的(non-progressive)行业,这两个行业的区别在于先进的行业的劳动生产率以一定的速度复合增长,而非先进的行业的劳动生产率保持不变。为了得出结论,作者又做出了一系列的假设:两个行业的工资率相同,同时以同比例增长;两个行业产出品的需求弹性相同;两个行业产出的比例保持不变;等等。最终得出当各个行业生产率不同时,如果计划使各行业均衡发展,最终会使经济的增长率降为零。结合中国宏观调控较强这一实际情况,Baumol的模型为中国产业结构对经济增长贡献率较低,甚至成为产业结构负担的现象提供了一种解释。

由于各产业之间生产率等不同,产业结构的变化会对经济产生影响,这是产业结构影响经济增长的核心,因此这方面的研究较多,方法主要是偏离份额法。在行业生产率的基础上,衍生出了一些更加新颖的考虑。比如,Shenggen Fan,Xiaobo Zhang和Sherman Robinson(2003)将各行业生产率相等时的GDP作为有效率的GDP(efficient GDP),构造效率指标(efficiency index),并使用效率指标的变化率占GDP变化率的比值作为产业结构对于经济增长的贡献,得出1978年到1995年,我国的产业结构对于经济结构增长的贡献率为17.47%的结论。具体来说,作者将整个经济分为乡村企业、城市工业、城市服务业以及农业四个方面,构造生产函数,使各个方面的边际生产率相等,以此求出有效率的GDP,进而计算出效率指标和产业结构对于经济增长的贡献。

第二,各行业的外部性问题。Michael Peneder(2003)对行业的外部性问题进行了描述:作者将行业的外部性分为"生产者相关溢出"(producer related spillovers)和"使用者相关溢出"(user related spillovers)。其中,前者是指生产的知识和技能从行业的领域内溢出,而后者是指在使用特定的产品和服务时产生外部性。各个行业的外部性并不相同,当外部性较高的行业在国民经济中所占份额较大时,就会有助于经济的高速增长;反之,经济的增长就会放缓。不仅如此,一些行业的发展会推动另一些行业的发展,比如,计算机和医药等高科技含量的行业会推动科学和教育的发展,从而带来整个经济的繁荣。

(四) 经济增长对产业结构的影响

虽然产业结构会影响经济增长,但是随着自身的发展,经济增长也会反作用于产业结构。经济增长对于产业结构的影响可以从如下两个方面解释。

第一,各行业的收入需求弹性不同:国民收入的增长是经济发展最重要的指标之一,一般经济增长都会伴随着国民收入的增加。而各个行业的收入需求弹性是不同的,随着经济的增长,各个行业面临的需求状况在不断地改变,从而推动了产业结构的变化。经济理论中的必需品和奢侈品是一个很好的例子:必需品是为日常生活所必需的产品,收入需求弹性较小,比如粮食、普通衣服等,大多集中在第一产业;而奢侈品是指超出日常生活需要的产品,收入需求弹性较大,比如音乐会、珠宝等,基本集中在第三产业。随着经济的发展,收入的提高,人们对于奢侈品的需求会增加,而对于必需品的需求增加得不多,甚至会减少,从而推动了生产奢侈品的行业的发展以及生产必需品的行业的相对萎缩,即经济增长影响了产业结构的变化。我国改革开放三十余年来,第一与第三产业比重的下降则从事实上证明了经济增长会从需求的角度影响产业结构。

第二,Schmookler 的需求推动科技进步理论(demand-driven technological progress):经济的增长会导致资本的更快积累,更加先进的机械、科技的应用以及更短的新知识的运用间隔,这些都会导致经济的进一步发展。但是,Schmookler 认为这些进步并非在行业间均匀发生的,而是更加倾向于扩张性的行业(expanding sector),从而推动了某些行业的发展。简言之,经济发展带来的生产率的提高在各个行业间的不均匀分配,导致了经济增长会对产业结构产生影响。

二、常用的度量指标与分析方法

(一) 常用的度量指标

为了研究产业结构对于经济增长的影响,首先需要设计度量产业结构的指标,这些指标包括以下五个方面。

第一,简单比例法:简单比例法就是选择某个指标作为衡量基准,分析三大产业之间的结构关系。常见的有:以劳动力为基准,分析三大产业从业人员的比例关系;以总产值为准,分析三大产业一定时期内总产值的比例关系;以各个产业产值的增长率为准,计算此增长率占当年国内生产总值增长率的比例;等等。这一类的指标较多,也很常见,通常用于在文献中对于产业结构变化的简单描述。

第二,产业偏离度的衡量:产业偏离度指标,将某行业创造的产值与该行业吸纳的劳动力结合考虑,具体的公式是利用某产业产值占 GDP 的比重除以该产业吸纳就业人口占就业总人口的比重,再减 1,如果结果等于零,就表明产业结构和就业结构均为均衡状态,如果大于零,说明该行业的生产率较高,反之,说明生产率较低。刘涛、胡春晖(2011)利用产业结构偏离度指标,计算了 30 年来西藏的产业结构偏离度,分析了当前西藏的产业结构状况,并且提出了建议。

第三,产业不对称程度的衡量:这个指标与产业偏离度类似,但不同之处在于产业偏离度是从产出和吸纳劳动力的角度衡量产业的关系,而这个指标看重的则是各个行业的不同的增长率,具体公式是:指标 = $\sqrt{\frac{1}{n-1} \cdot \sum_{i=1}^{n}(r_i - r^*)^2 \cdot p_i^2}$。其中,$r_i$ 表示第 i 个行业的实际增长率,r^* 表示该行业均衡状态下的潜在增长率,而 p_i 表示第 i 个行业增加值占国内生产总值的份额。该指标越大,说明产业间发展越不平衡。Xuebing Dong、Shunfeng Song 和 Hui Zhu(2011)利用构造的指标,结合面板格兰杰检验研究了中国产业结构与经济增长的关系,得出了长期来看产业结构和经济增长的波动之间有双向的因果关系的结论。

第四,Moore 结构变动值指标:$M = \dfrac{\sum_{i=1}^{n} W_{i,t} \cdot W_{i,t+1}}{\sqrt{\sum_{i=1}^{n} W_{i,t}^2} \cdot \sqrt{\sum_{i=1}^{n} W_{i,t+1}^2}}$,其中,$W_{i,t}$ 表示 t 时刻第 i 个行业在国民经济中所占的比重;$W_{i,t+1}$ 表示 $t+1$ 时刻第 i 个行业在国民经济中占的比重。将整个国民经济的每一个产业当作一个空间向量,那么,当某一个产业在国民经济中的份额发生变化时,与其他产业的夹角就会发生变化,把所有夹角变化量累计,就可以得到整个经济系统中各产业结构的变化情况。史常亮、王忠平(2011)分别计算了浙江省各个产业 GDP 和就业人数的 Moore 结构变动值指标,并以此作为变量与浙江省的 GDP 一起进行回归分析,得出了浙江省三次产业的产出、就业结构变动与经济增长之间存在长期稳定的均衡协同关系,产出结构变动可直接引起经济总体的快速增长的结论。

第五,产业结构高度化的衡量:产业结构高度化的度量,不仅仅是不同产业的份额比例关系的度量,而且也是劳动生产率的衡量。不同于传统的就业份额、资本份额和霍夫曼比值等,刘伟、张辉、黄泽华(2008)提出了一种对于产业结构高度化的全新度量方法,结合了产业之间的比例结构与劳动生产率,即产业结构高度 $H = \sum v_{it} \cdot \mathrm{LP}_{it}$,其中,$v_{it}$ 是 t 时间内产业 i 的产值在 GDP 中所占的比重,而 LP_{it} 是 t 时间内产业 i 的劳动生产率。同时为了使产业结构高度指标不仅可以用于判断工业化的进程,还可用于国际比较,作者对劳动生产率进行了标准化,即 $\mathrm{LP}_{it}^{N} = \dfrac{\mathrm{LP}_{it} - \mathrm{LP}_{ib}}{\mathrm{LP}_{if} - \mathrm{LP}_{ib}}$,其中,$\mathrm{LP}_{it}^{N}$、$\mathrm{LP}_{if}$、$\mathrm{LP}_{ib}$ 和 LP_{it} 分别指标准化后 i 产业 t 时期的生产率,工业化完成后 i 产业的生产率,工业化开始时 i 产业的生产率以及直接计算的 i 产业的生产率。作者利用构造的指标进行分析,得出了产业结构高度的演进和经济发展水平的提升呈现明显的相关关系,至 2005 年,中国的工业化进程大约走完了三分之一,但是产业之间的发展并不均衡等结论。

(二)偏离份额法

偏离份额法的基本原理是把经济的某个组成部分的变化看为一个动态的过程,以其所在或者整个国家的经济发展为参考,将自身经济总量在某一时期的变动分解为三个分量,以分析出结构变化对于经济增长的贡献率。由于在表达式中显著地包含了结构变化的贡献,因此偏离份额法被广泛用于分析产业结构对于经济增长的影响。其基本形式为:

$$\mathrm{LP}^T - \mathrm{LP}^0 = \sum_{t=1}^{n}(\mathrm{LP}_t^T - \mathrm{LP}_t^T) S_t^0 + \sum_{t=1}^{n}(S_t^T - S_t^0)\mathrm{LP}_t^0 + \sum_{t=1}^{n}(S_t^T - S_t^0)(\mathrm{LP}_t^T - \mathrm{LP}_t^0)$$

这是将劳动生产率分解的公式,反映了从 0 时刻到 T 时刻构成劳动生产率变化的各个部分。其中,在产业结构影响经济增长这个大背景下,右端的第一项被称为行业内生产率增长(intra-branch productivity growth),反映的是在假设产业结构不变的前提下各行业内部生产率的提高;第二项被称为静态影响(static effect),反映的是在期初劳动生产率的情况下,劳动力向高效率行业转移带来的生产率的提高;第三项被称为动态影响(dynamic effect),反映的是劳动力向更具有活力的行业转移带来的生产率的提高。而产业结构对于经济增长的贡献包括第二项和第三项。

如前所述,偏离份额法由于显著包含了结构变化对于经济增长的贡献,因此被广泛采用。Marcel P. Timmer 和 Adam Szirmai(2000)利用了偏离份额法分析了东亚生产率提高的原因,检验了产业结构红利假说;Mario Cimoli,Wellington Pereira 和 Gabriel PorcileFabio Scatolin(2011)也采用了偏离份额法分析了巴西的经济情况,得出了在巴西产业结构对于经济增长的贡献较差的结论。

尽管偏离份额法被广泛地应用,但是其自身存在着一些缺陷。Marcel P. Timmer 和 Adam Szirmai(2000)就在文章中指出了偏离份额法有如下的缺陷:第一,偏离份额法仅仅关注了生产要素的供给方面(supply-side oriented),而把需求的变化定义为外生变量,从而忽视了需求的作用。第二,偏离份额法采取的是宏观层面的分析,因此资源再分配的作用被低估了,即有可能在行业等微观层面发生了由于资源再分配带来的生产率的提高,但是由于偏离份额法只关注较为宏观的层面(一般为三大产业层面),因此可能会低估产业结构,尤其是产业结构内部的变化对于经济增长的贡献。第三,传统的偏离份额法没有考虑边际生产率的作用。作者认为,在传统的偏离份额法中,假设各个行业的要素生产率是相同的,但是这明显与实际情况相悖。当此假设不存在时,即存在低估产业结构影响的可能。比如,某行业向其他行业转移了其过剩的劳动力,这应该是劳动力在行业间转移产生的产业结构的影响,但是在偏离份额法中,劳动力的减少会提高该行业的生产率,从而会反映在行业内生产率增长之中。第四,Verdoorn 效应,即在传统的偏离份额法中,认为产出和生产率的增长是没有联系的,这个可能是传统模型的一个重大遗漏。

(三) 灰色关联度分析法

灰色关联度分析是一种统计分析技术,主要用来分析系统中母因素与子因素关系的密切程度,从而判断引起该系统发展变化的主要和次要因素。灰色关联度分析是指在系统发展过程中,如果两个因素变化一致,则可以认为两者关联度较大;反之,则两者关联度较小。灰色关联度分析对一个系统发展变化提供了量化的度量,适合于母子因素动态的历程分析。

灰色关联度分析的步骤如下:

第一步,选择参考序列 $X_0 = (x_{01}, x_{02}, x_{03}, \cdots)$;比较序列 $X_i = (x_{i1}, x_{i2}, x_{i3}, \cdots)$,其中,$i = 1, 2, 3, \cdots, n$。

第二步，对变量进行无量纲化处理，常用的方法有初值法、均值法等。

第三步，求出差序列、最大差和最小差。差序列为 $\Delta_{0i}(k) = |x'_0(k) - x'_i(k)|, k = 1, 2, \cdots, n|$，最大差为 $M = \text{Max}_i \text{Max}_k \Delta_i(k)$，最小差为 $m = \text{Min}_i \text{Min}_k \Delta_i(k)$。

第四步，计算关联系数。$r = (x_0(k), x_i(k)) = (m + \delta M)/(\Delta_{01}(k) + \delta M), k = 1, 2, \cdots, n; i = 0, 1, 2, \cdots, m$。其中 δ 为分辨系数，一般取 0.5。

第五步，求关联度。$r(x_0, x_1) = \frac{1}{n} \sum_{i=1}^{n} r(x_0(k), x_1(k)), i = 1, 2, \cdots, m$。

第六步，分析结果。若 $r(x_0, x_i) > r(x_0, x_j)$，则说明因子 x_i 对参考序列 x_0 的灰色关联度大于 x_j。灰色关联度越大，说明该组因素与母因素之间的紧密程度越强。

灰色关联度由于其自身可以反映子因素与母因素之间动态关系特点，被运用于分析产业结构与经济增长的关系之中。比如，梁同贵（2010）采用灰色关联度分析，比较研究了各国或地区产业结构变动与经济增长之间的关系，认为产业结构的高级化与经济增长之间存在很强的正关联性，但是中国的产业结构变动与经济增长之间的关系远远没有世界上其他国家与地区那样紧密。又如，李懿洋（2009）采用灰色关联度分析，研究了甘肃省产业结构与经济增长的关系，分析了甘肃省三次产业与GDP之间的灰色关联度，发现第三产业对甘肃省经济增长的作用最为明显。

（四）回归分析

回归分析是经济学中分析问题最常用的方法之一，其在产业结构与经济增长的关系中也得到了普遍的应用。文献中的回归分析大致可以分为以下三类。

第一，简单的线性回归。这里又可以分为两类，即基于柯布-道格拉斯生产函数的回归分析以及直接的回归分析。前者将在下一小节详细介绍，这里不再赘述；直接的回归分析一般将 GDP 或者其生产率作为被解释变量，将欲探讨的因素作为解释变量，进行简单的线性回归，有时也会利用本部分第一小节描述的指标。简单的线性回归拥有直接简便等优点，也可以直接看出产业结构等关注的因素对于经济增长的贡献率，但是由于产业结构和经济增长往往存在相互影响的关系，严格来说采用简单的线性回归并不恰当,而且也不能检验相互影响的关系。

第二,构造结构方程,进行时间序列分析。这部分最主要采用的就是基于数据平稳性检验基础上的协整分析和格兰杰因果检验。由于这种回归分析更加符合理论要求,因此得到了广泛的运用。比如付凌晖(2010)运用 ADF 单位根检验、恩格尔-格兰杰两步协整检验、格兰杰因果检验等方法,检验了改革开放以来我国产业结构高级化与经济增长的关系,得到了两者存在长期稳定的关系,经济增长带动了产业结构的高级化,但是产业结构高级化并未明显促进经济增长的结论。苏辉(2012)采取 ADF 单位根检验、协整检验、格兰杰因果分析、脉冲响应、方差分析和向量误差修正模型(VECM)等方法,对南通产业结构与地区经济增长进行了长期均衡和短期波动的实证分析,得出了第一和第二产业对南通地区 GDP 影响较大而第三产业影响很小,以及在短长期内各个产业对于 GDP 产值的影响的结论。金福子、崔松虎(2010)在 ADF 单位根检验的基础上,利用协整检验和向量误差修正模型,以河北省为例研究了产业结构偏离度对于经济增长的影响,得出了在长期经济增长与产业结构偏离度之间存在长期均衡关系,且有显著的负相关,而短期的影响不显著的结论,等等。总体来看,由于构造结构方程程序化、规范化较强,国内学者利用其进行研究的文章较多,且涉及了从国家到地市等各个层面。

第三,利用面板数据模型进行分析。与其他回归方法相比,面板数据是近年来才兴起的工具,具有可以缩短所需时间跨度的优点。单纯地使用面板数据,或者将面板数据模型与格兰杰因果检验相结合以及使用动态面板等,都在分析产业结构与经济增长关系的领域得到了应用。比如,王焕英、王尚坤、石磊(2010)采用面板数据模型,利用全国 29 个省、直辖市、自治区 1978—2007 年的数据,研究了我国产业结构对经济增长的整体影响,以及产业内部结构变动对经济增长的影响,得出产业结构的状态在一定程度上影响着经济总量的增长的结论。Xuebing Dong,Shunfeng Song 和 Hui Zhu(2011)利用面板格兰杰模型,采用 1978—2008 年全国主要省份的数据,得出从长期来看产业结构和经济波动之间存在双向因果关系的结论。Michael Peneder(2003)采用动态面板模型,研究了 28 个 OECD 成员国的数据,得出了在 OECD 成员国中,产业结构对于经济增长的影响不大,但是对于某些行业有利的产业结构变化会促进经济增长的结论。

（五）柯布-道格拉斯生产函数

传统的柯布-道格拉斯生产函数是描述影响经济增长因素的经典函数，函数中认为科技进步、资本存量和劳动力数量是推动经济增长的三大因素。对传统的柯布-道格拉斯生产函数稍加变形，即可作为回归方程的基础，从而研究产业结构对于经济增长的影响。刘伟、李绍荣（2002）对此问题有详细的阐述：作者认为，生产要素通过市场和政府行政手段配置到一定的产业组织结构中才能发挥其生产的作用。因此，不同的产业结构会影响要素的生产效率，所以，作者在传统的柯布-道格拉斯生产函数中加入了产业结构，即把产业结构视为制度因素加入生产函数。改进后的生产函数如下：$Y = K^{\sum \alpha x} \cdot L^{\sum \beta x} - e^{\sum Cx + E}$，两边取对数，即有 $\log(Y) = (\alpha_1 x_1 + \alpha_2 x_2 + \cdots)\log(K) + (\beta_1 x_1 + \beta_2 x_2 + \cdots)\log(L) + C_2 x_2 + C_2 x_2 + \cdots + E$，即可以从产业结构对于资本利用率的影响、对于劳动生产率的影响以及对于生产规模的直接影响等三个方面研究产业结构对于经济增长的作用。类似地，张晓明（2009）利用柯布-道格拉斯函数研究了中国产业结构升级与经济增长的关联关系，得出了第三产业产值占国内生产总值的比例对经济增长率的影响最大，而且第三产业比重促进总产值提高的同时自身对资本的需求是降低的这一结论。

三、中国产业结构与经济增长的关系

基于以上两部分分别叙述的理论基础和研究方法，众多学者对于我国产业结构和经济增长的关系进行了研究，得到了如下几方面的结论。

（一）我国改革开放以来产业结构的变化

自从 1978 年改革开放以来，我国经济出现了高速的增长，产业结构也发生了重大的变化。从产值的角度来看，三大产业的比重在 1978 年为 28.2%、47.9% 和 23.9%，而到了 2010 年，则变成了 10.1%、46.8% 和 43.1%；从就业的角度来看，三大产业的比重在 1978 年为 70.5%、17.3% 和 12.2%，而到了 2010 年，则变成了 36.7%、28.7% 和 34.6%。进一步分析逐年的变化可以看出，农业的产值占总 GDP 的比值一直呈下降的趋势，工业和建筑业基本上保持稳定，而服务业产业占总 GDP 的比重则有了显著的上升。而伴随着产值的变化，各产业的就业人数也发生了显著变化，主要是农业就业人数占总就业人数的比例明显下降，而工业和建筑业、服务业的就业人数占总就业人数的比例则明显上升。两者都反映出

改革开放以来产业结构的深刻变化,即农业地位的下降,服务业地位的上升,而工业和建筑业则在相对稳定的基础上也得到了发展。黄茂兴、王荧(2011)对这个问题有更加深入的研究,在产值和就业人数比重的基础上,通过计算各产业对于 GDP 增长的贡献度,分析产业结构的变化。除了这些常见的指标以外,雷玷、雷娜(2012)采用了排放系数、居民人均收入等指标进行分析,得出了主导产业基本分布在第三产业、农业和极个别的轻工业,这些产业对环境的破坏较少,以及虽然三次产业的人均收入都在增加,但是第二、三产业平均工资增加速度远高于第一产业等结论。另外,很多学者也从当地的角度,分析了省市层面产业结构的变化。

(二) 全国层面的结论

在全国层面,刘伟(2009)论述的最为系统,作者认为,1981—1984年,第一产业连续 4 年保持了 7% 以上的高增长,使第一产业在国民经济中所占比重迅速提高,农业发展保障了中国经济发展的最基本需求,为中国解决温饱、进入小康建立了物质基础,也为在广大农村容纳大量的劳动力建立了基地,减轻了中国的就业压力;1984—1991 年间,第二产业增加值的年均增长率为 11.4%,远高于启动阶段的 2.4%,中国开始进行第一次产业结构升级,轻纺主业的发展扩大了中国的对外贸易,增加了国家的外汇收入;1992—2001 年是第三个经济增长周期,第二产业和第三产业的扩张趋势继续延续,主导行业由轻纺工业开始向重化工业转型,现代第三产业也得到了发展,即开始第二次产业升级;从 2002 年下半年起,中国经济开始进入了第四个增长周期,重工业获得了前所未有的大发展,第三产业继续高速发展,中国实现了第二次产业结构的升级,使中国的综合国力、人民生活水平和国际地位都迅速提高。

(三) 省市层面的结论

近几年来,在省市层面研究产业结构与经济增长关系的文献众多,也得到了许多结论:李薇、王超、徐伟双(2011)利用协整检验、VAR 模型和脉冲响应函数,分析了北京产业结构演变对经济增长的影响,得出北京市产业结构变动由"二、三、一"逐渐演变为"三、二、一"格局,第三产业比重的增加对经济增长的推动作用最大的结论。宋薇、李娟、陆文豪(2011)利用 ADF 检验、协整检验、误差修正模型和格兰杰因果检验,分析了河北省产业结构和经济增长的关系,得出产业结构的变动有助于经济增长,经济增长对促进产业结构高级化作用不明显的结论,并且提出河北省优化产业结构、促进经济增长的对策和建议。郭晓远(2011)从实证分析的角度,量化分析了三次产业对海南省经济增长的贡献度,并就三次产业中某些细分产业对其经济增长的影响做了量化分析,得出了海南省第三产业对GDP增长的贡献率最大,其次是第一和第二产业,以及房地产业的增长对海南的经济增长贡献巨大的结论。朱明明、赵明华(2010)采用偏离份额法对山东省1999—2008年三大产业结构演进与经济增长的关系进行了分析,得出了第二产业对经济增长的贡献率最大,增长速度居中,第三产业对经济的贡献率逐年上升,增长速度最快,第一产业贡献率有所下降,但其总量也大幅度增长的结论。郭文、李小玉(2011)运用误差修正模型,对江西省产业结构变动的经济增长效应进行了实证分析,得出了第二产业比第三产业对江西省经济的促进作用更大,同时第二产业、第三产业的短期波动对经济增长的短期波动有正向作用的结论,等等。

第二节 产业结构与经济周期文献综述

一、引言

经济周期和结构变动是经济系统动态演化的两种形式。不仅经济在周期波动和结构变动中实现着自身的增长,而且这两种变动形式之间也存在着某些内在的联系。

经济的增长率与产业结构的变化存在如下的数量关系:

$$g = P_1 g_1 + P_2 g_2 + P_3 g_3 + \cdots + P_n g_n \tag{1}$$

设 g 代表国民经济增长率,假如将整个国民经济划分为 n 个产业;g_i 代表第 i 个产业的净产值增长率;P_i 代表第 i 个产业的净产值在国民收入中所占的比重。

通过分析公式(1),可以得出,如果要分析经济增长和产业结构的变动关系,不仅要分析各个产业净产值占国民收入的比重,而且还要关注各个产业净产值的增长率。

当国民经济增长率 g 发生变动时,各个产业的净产值增长率 g_i 以及各个产业净产值占国民收入的比重 P_i 变动的幅度和方向与国民经济增长率 g 的变动幅度与方向不尽相同。一般说来,当经济处于扩张时期,各个产业净产值的增长率都处于上升的趋势,增长率上升速度却不一致,一些产业增长率上升得较快,一些产业增长率上升得较慢,还有一些产业与

国民经济增长率 g 的变化幅度一致。那些增长率上升较快的产业其净产值所占国民收入的比重也会随之上升,同时,那些增长率上升较慢的产业其净产值所占国民收入的比重也会随之下降。当经济处于收缩时期时,各个产业净产值的增长率都处于下降的趋势,那些在经济扩张期增长率上升较快的产业,此时增长率下降得也较快,该产业的净产值占国民收入的比重也随之下降,同时,那些在经济扩张期增长率上升较慢的产业,此时增长率下降得则较慢,该产业的净产值占国民收入的比重也随之上升。

通过上述的分析,可以得出结论:在经济增长率的周期波动中,产业结构的变动主要通过两种形式表现出来:一种是各个产业的净产值占国民收入的比重的变动;一种是各个产业净产值的增长率的波动。很明显,各个产业的净产值占国民收入的比重的变化是各个产业净产值增长率波动的结果。即便如此,我们在分析产业结构与经济周期之间的关系时,不能单独地将各个产业净产值占国民收入的比重(P_i),或者各个产业净产值的增长率(g_i)这两个变量中的任一个变量作为产业结构的代表变量单独进行分析,与此相对应,我们应该分析的是各个产业的增长率(g_i)与各个产业的净产值占国民收入的比重(P_i)的乘积($P_i g_i$)的变动。

经济稳定增长的一个重要的前提是各个产业维持相对稳定的平衡。假设这种相对的平衡意味着各个产业的净产值增长率(g_i)一致,均等于国民经济的增长率 g。然而,现有的经济事实证明,各个产业的净产值增长率相等是不可能实现的,由于技术进步、产业政策、价格变动、国际贸易状况等因素影响,各个产业的增长率之间的差异有时扩大、有时缩小。钱纳里等在《工业化和经济增长的比较研究》中认为,在工业化进程中,劳动生产率在几乎所有的生产部门都有所增长,但增长率是不平衡的。制造业部门的生产率增长要比其他部门快,重工业部门的生产率增长通常又要比轻工业部门快。

下文将根据经济是否稳定划分为工业经济时代和信息技术时代。工业经济时代以物质资本为主导,注重资源禀赋和物质资源配置效率;信息技术时代更强调人力资本、知识资本和信息网络技术的作用。信息技术时代相对于工业经济时代的一个较大的特点便是经济周期波动平稳化。在第二部分,即工业经济时代的产业结构与经济周期部分,主要探讨到底是产业结构决定经济周期还是经济周期决定产业结构,以及各自的影响机理和传导机制。在第三部分,即信息技术时代的产业结构与经济周期部分中,主要探讨产业结构是否对经济周期平稳化波动做出贡献。

二、工业经济时代的产业结构与经济周期

以物质资本为主导的工业经济时代的理论与实践表明,经济增长波动过程本身就是一个结构变动过程,结构增长波动的同时,往往伴随着产业结构变动。但对于这两者之间的关系,不论是经济增长波动决定产业结构变动,还是产业结构变动影响经济增长波动,都存在着纷繁复杂的解释。在工业经济时代,关于产业结构与经济增长波动之间的关系文献,主要有三种观点。

(一) 经济增长波动决定产业结构

主流经济学认为经济增长波动决定产业结构。他们认为这其中的机制为:整体经济增长波动水平变化影响消费者收入水平变化,收入水平变化影响消费者偏好变化,偏好变化影响消费者需求结构变化,需求结构变化影响消费品价格的变化和生产要素的变化。所以,经济增长波动本身决定产业结构的形成与演进。具体而言,下文将从部门分析法以及总量分析法两种角度来分析经济增长波动决定产业结构的机制。

1. 部门分析

该方法是从不同的部门针对经济增长波动反应的差异,即前文所述的产业结构的变动源自各个产业的净产值增长率(g_i)的变化差异的角度来分析经济增长的波动影响产业结构的机制。影响途径有如下四种。

(1) 部门需求反应弹性的差异对产业结构变动的影响。经济增长的波动引起产业结构的变动,最直接的原因就是各部门的需求反应幅度与方向不同。各部门需求幅度不同的原因如下:

第一,产品需求的收入弹性不同。由于产品的需求的收入弹性不同,当收入伴随着经济增长波动而发生变化时,不同产品的需求量便会发生变化。一般认为,经济扩张时期,收入会随之增加,其他条件不变的情况下,具有较低需求收入弹性的产业,其需求增长速度要慢于国民生产总值的增长速度;相反,具有较高需求收入弹性的产业,其需求增长速度要快于国民收入的增长速度。在经济收缩时期,收入随之减少,其他条件不变的情况下,具有较低需求收入弹性的产业,其需求减少速度要慢于国民生产总值的减少速度;相反,具有较高需求收入弹性的产业,其需求减少速度要快于国民收入的减少速度。在需求结构的拉动下,产业结构的各个层次也就相应地发生变动。正如 Passinetti(1988)所认为的,需求收入弹

性的部门差异极大地影响了结构变动和经济增长波动模式。

第二，产品需求价格弹性不同。经济增长的波动会影响产品的价格变动，价格的变动会导致具有不同价格弹性的产品需求发生不同变化，进而不同产品的产出发生不同变化，从而影响产业结构。

第三，产品用途不同。产品用途的不同，决定了产品需求的收入弹性不同和价格弹性的不同。

（2）技术进步对产业结构的影响。技术进步的速度不同，使得具有替代效应的产品的相对价格发生变化，从而导致不同产品产出量增长率出现差异。

（3）投资的偏向需求结构和有差异的时滞结构对产业结构的影响。

投资周期影响产业结构通过如下四个方面：

第一方面，投资周期通过投资重心的周期性变动影响产业结构。

第二方面，作为需求的投资周期对产业结构产生影响，主要表现为，投资作为总需求的重要组成部分，总需求的周期波动在很大程度上就表现为投资需求的波动。在投资高潮期，对投资品的需求迅速扩张，机器设备和基建材料需求增加，与投资品具有联系的部门迅速扩张，而与投资品没有联系的部门则扩张缓慢。

第三方面，项目的建成具有不同的时滞结构。投资既增加需求，又增加供给。如果投资的零时滞效应主要是需求效应，投资的远期效应是供给效应，投资将影响着部门的产值结构，主要表现为，一方面投资结构对部门产值结构产生影响，另一方面即使投资结构没有差别，项目形成的时滞结构也将带来产业结构的变动。也就是说，在投资结构相同的情况下，轻工业和一般部门的产值比重可能较快增加，然后是重工业部门和基础产业产值比率回升，最后，两者的比重又接近投资期前的部门格局。

第四方面，利率的变动对部门投资结构进而对产业结构的影响。经济增长的波动会影响利率的变动，当经济扩张时，利率较高，经济收缩时，利率较低。利率反映的是使用投资的"成本"，如果利率较高，投资成本较高，则投资规模会缩小；利率较低，投资成本会较低，则投资规模会扩大。利率越高，资金有机构成高的部门的投资成本较有机构成低的部门也就相对较大；相反，利率越低，资金有机构成高的部门的投资成本也就越低。利率波动带来了投资构成的变动。利率较高，资金有机构成高的部门投资比重较小；相反，利率较低，资金有机构成高的部门投资比重较大。

（4）进出口结构对产业结构的影响。国际贸易意味着国与国之间互为供给方和需求方。进口取决于本国的需求和外国的供给能力,出口取决于本国的供给能力和外国的需求。当本国或外国经济增长波动时,进出口也会出现相应的波动,如果一个产业进口与出口的波动幅度或者方向不一致,则该产业也会相应受到影响,从而整个产业结构发生变动。

（5）主体感应速度和反应方式不同所传递的经济周期对产业结构的影响。从行为学的角度看,任何稳定的经济现象都是经济主体对外部经济环境所做出的特定反应。所以,经济周期对产业结构的影响,可以理解为经济主体(中央政府、地方政府、企业和个人)对周期变动的总经济环境做出反应的结果。

2. 总量分析

上述所用的部门分析法主要分析的是不同部门为什么在同一周期阶段上有不同的反应形式,下面分析国民收入、价格、储蓄等总量指标的波动,通过一些中间机制,来最终影响产业结构的变动。

国民收入波动－收入结构变动－产业结构变动:

$$NI = W + P + T \tag{2}$$

其中,NI 表示国民收入,W 表示工薪收入,P 表示厂商税后利润,T 表示政府税收。

在经济扩张时期,国民收入增加,利润占国民收入的比重和政府税收占国民收入的比重有所增加,而工薪收入占国民收入的比重有所减少。经济收缩阶段,国民收入减少,利润占国民收入的比重和政府税收占国民收入的比重减少,而工薪收入占国民收入的比重增加。也即国民收入的波动影响了收入结构的变动。不同的收入对应的购买对象不同,利润支出与财政收入与生产资料部门,特别是投资品部门相联系,而工资支出与消费资料部门相联系。所以在经济扩张时期,国民收入增加,生产资料部门扩张幅度较大,从而其所占份额增加,消费资料部门扩张幅度较小,从而其所占份额减少。所以这些收入的变化,会以支出结构和需求结构为中介,导致产出结构发生变化。

价格波动—价格结构变动—产业结构变动,价格周期波动导致产业结构变动的影响机制主要有两种:一为价格周期波动影响不同部门产品的相对价格和相对利润,进而影响产业结构;二为结构周期波动影响生产要素的相对价格,即利息—工资比值,进而影响产业结构的变动。

（1）相对价格、相对利润途径。在经济扩张期,虽然各大产业都处于扩张期,但是相对价格较高的部门,其相对利润较高,则扩张幅度也相对较大,该部门净产值占国民收入的比重也相应增加;同时,相对价格较低的部门,相对利润较小,扩张幅度相对较小,该部门净产值占国民收入的比重相应下降。同理,在经济收缩期,各个部门都处于收缩期,价格下降较大的部门,相对价格较低,其相对利润减少较多,则收缩的幅度较大,该部门净产值占国民收入的比重相应下降;同时,价格下降较小的部门,相对价格较高,相对利润减少较小,收缩幅度较小,该部门净产值占国民收入的比重将相应增加。这样,价格总水平的周期波动,经过相对价格和相对利润的变化就转化为产业结构的周期性变化。

(2)生产要素相对价格途径。经济处于扩张期时,利率上升,工资水平上升;经济处于收缩期时,利率下降,工资水平下降。

由于利息和职工工资是资金与劳动的价格,利率的高低和工资水平的高低直接影响着企业的生产成本。企业是追求利润最大化的,所以利率和工资水平的变动会影响企业使用的资本和劳动力的比率以及有机构成不同的部门收缩和扩张的程度。当工资/利息率增大时,资本相对劳动力便宜,企业倾向于多使用资本,资本品需求增加,从而有机构成提高。在经济扩张期,资本品部门扩张速度较快,在经济收缩时期,资本品部门收缩较慢。同时,在经济扩张时期,资金密集部门扩张幅度较大,劳动密集部门扩张幅度较小;在经济收缩时期,资金密集部门收缩幅度较小,劳动密集部门收缩幅度较大。

当工资/利息率减小时,劳动力相对资本便宜,企业倾向于多使用劳动力,有机构成降低。在经济扩张时期,消费资料部门扩张速度较快,在经济收缩时期,消费资料部门收缩较慢。

储蓄—投资率波动—储蓄结构变动—产业结构变动,储蓄是收入的函数,储蓄会随着收入的波动而波动。一般来说,储蓄率会在经济扩张期增加,经济收缩期减少。通过将收入阶层化为高、中、低进行分析,发现不同收入阶层的储蓄率在同一周期阶段上是不同的。高收入阶层的储蓄率变动率较大,低收入阶层的储蓄率变动率较小。经济扩张时,高收入阶层储蓄率提高的幅度大于低收入阶层储蓄率的提高;经济收缩时,高收入阶层储蓄率下降的幅度亦大于低收入阶层储蓄率的下降。

在收入一定的情况下,储蓄与收入反向变化,储蓄率的增加意味着消费率的减少。由于高收入阶层与低收入阶层的消费结构不同,消费率结构和消费份额的变化,使消费结构也发生相应的变化:在其他条件不变的情况下,经济扩张期,高收入阶层的消费品需求增长率低于低收入阶层的消费品需求的增长率;经济收缩期,高收入阶层的消费品需求的减少率小于低收入阶层的消费品的较少率,从而影响到产品的产出结构。

(二) 产业结构决定经济增长波动

刘易斯在"两部门剩余劳动"模型中指出,经济体由传统农业与现代工业两个部分构成,在现代工业部门增长波动的初始阶段,由于其吸收能力有限,大量的劳动仍然停留在传统的农业部门。但是在土地有限的条件下,过多的劳动力的存在也就意味着农业劳动力的边际产量很低,只能维持简单的再生产。刘易斯的上述分析实际上概括了二元经济结构调整的机制:劳动力分布状况的差异导致了两部分积累率的差异,工业部门的积累率高而农业部门的积累率较低,而积累率的差异又通过影响劳动力的边际生产力对劳动力需求造成不同的影响。在工资水平和技术水平保持不变的条件下,积累率较高的工业部门对劳动力的需求持续相对增长,其后果必定是伴随着整体经济的增长,现代工业部门不断增长,而农业部门的增长相对缓慢。刘易斯的分析表明,经济欠发达的经济体应重点发展具有高积累率的现代工业部门,使国内产业结构由以传统农业为主,转变为现代化、城市化、多样化和柔性化的制造业和服务业经济,从而实现该经济体在良性耦合的产业结构下的平稳、快速发展。

国内学者对这一个问题也有研究,刘立斌(2002)认为产业结构的发展主要有平稳发展和转换两种形式,当产业结构处于平稳发展中时,主导产业群发展壮大很快,为其他产业的发展提供了拉动力,整个经济也就会处于扩张之中;而当产业结构发展处于转换中时,由于原有的主导产业群发展已经处于衰退之中,而新的主导产业群还不成熟,国民经济处于一种缺乏劳动力的状态,整体上就处于收缩之中。

(三) 经济增长波动与产业结构互相影响

许多国内外学者的研究都认为经济增长波动与产业结构是相互影响的。原毅军(1991)认为经济增长波动与产业结构是互为因果的。他认为,各个产业的增长速率是存在差异的,但是这种差异不可能无限扩大,增长率上升较快的产业也不可能无休止地增长,增长率下降较快的产业也不可能无休止地下降,必定会存在一个增长率波动的上限和下限。增长率波动的上限取决于很多因素,产业结构平衡关系是其中最重要的因素。产业结构的平衡表现为各产业供给和需求之间的结构平衡,也即整体产业结构。在经济收缩期,与投资品相关的产业增长率首先下降,消费品增长率随之下降,且下降速率慢于投资品,于是扩张时期拉大了的各产业增长率之间的差异开始缩小,随着经济收缩的继续,可能会出现消费品产业的增长率高于投资品产业的增长速度。只要生产在继续,经济在增长,就会有新的投资,也就是存在着一个增长率波动的下限。所以,增长周期和结构变动互为因果。

下文将从两个角度考察经济增长波动与产业结构之间的互相影响。一是经济增长的波动对产业结构的影响;二是产业结构对经济增长波动的影响。

1. 经济增长的波动对产业结构的影响

钱纳里(1960)利用51个国家的经验数据说明,当一个国家的经济规模发生变化时,农业和服务业变化最小,制造业变化最大。

2. 产业结构对经济增长波动的影响

早在1949年库兹涅茨论述国民收入的度量问题时就提出,一个国家的收入必须从产业结构的角度去度量,并用50个国家的检验数据比较分析,得出制造业部门的增加会伴随人均国民收入的增长。库兹涅茨(1971)指出结构变动是现代经济增长波动中的一个重要事实。库兹涅茨(1989)进一步指出产业结构变动、技术创新的不同影响和不同国内需求收入弹性是经济增长周期的三大主要驱动力。Stockman(1988)指出产业部门冲击和国家冲击的是经济周期的两大重要的推动力。如果主导经济周期冲击的是特定产业部门,那么产业结构相似性更大的国家将有更为相关的经济周期。钱纳里、鲁滨逊和塞尔奎因利用1950—1970年多个国家的数据发现,产业结构是影响经济增长的重要因素。Romer(2000)认为,长期经济增长是由技术进步贡献的,而短期经济增长是由资本和劳动等要素投入的增加所贡献的。然而,资本、劳动和技术是在一定产业结构中组织在一起进行生产的,对于给定的资本、劳动和技术,不同的产业结构会导致不同的生产。Sonobe和Otsuka(2001)通过分解劳动生产率证明了战前日本的工业结构的变化对增长周期波动的重要影响。Peneder(2003)利用动态面板估计检验了28个OECD成员国特定结构变量对总增长周期波动的影响,其主要结论是支持某些特定产业的结构改变可能有助于总量的波动和增长。

刘伟(1995)证明工业化未完成的发展中国家,经济增长的主要动力在于工业制造业,工业制造业的结构性扩张对国内生产总值的增长具有重要的意义,并由此说明这一时期的第三产业发展对于经济增长的作用低于工业制造业,第三产业结构扩张更主要的作用在于完善市场化。荣宏庆(2002)认为现代经济增长方式本质上是结构主导型增长方式,即以产业结构变动为核心的经济增长。李京文(1998)、郭克莎(1999)等通过实证分析表明产业结构变动对我国经济增长具有决定性的影响。林毅夫、蔡昉、李周(2002)认为在不同经济增长周期波动阶段,不同国家和同一国家的产业结构不尽相同。导致这种结构差异的原因是不同发展阶段的差异使得其资源禀赋结构上存在差异,只有反映这种比较优势及其变化的产业结构,才符合经济规律的趋势。

三、信息技术时代的产业结构与经济周期

前文中提到,信息技术时代相对于工业经济时代的一个较大的特点便是经济周期波动平稳化。

Stock 和 Watson(2002)用时间序列方法分析了 1961—2001 年 22 个主要机构及指标(国内生产总值、消费、投资、物价、国债收益率等)的波动率,发现从 20 世纪 80 年代中期开始,波动率下降的现象遍及整个美国经济。Blanchard 和 Simon(2001)通过研究发现,美国的这种经济周期的平稳化趋势在除日本以外的七国集团中都存在。经济周期平稳化的原因,是经济的全球化和贸易的自由化能够对平滑经济周期产生积极的影响。信息时代中,随着信息产业的发展,通信成本和数据处理成本持续降低,这使得分割各国市场的时间和空间的障碍不断减少,从而促进了经济的全球化和自由化。市场的开放,一是增加了市场的竞争力,抑制了工资和物价的剧烈变化;二是增加了市场的有效需求,延长经济的增长期;三是全球配置资源,减少经济增长的束缚。Cecchetti 等(2006)利用计量经济模型对 25 个国家的经济周期波动进行了跨国比较研究,其结论是金融深化、央行通货膨胀目标制有助于缓冲经济周期波动。

下文的讨论主要集中在,在新的经济环境下,产业结构是否对于经济周期的平稳性做出了贡献。对于这个问题的解答,目前已有的文献的观点主要有以下两个:一是承认产业结构变动对经济周期平稳化波动做出的贡献;二是否认产业结构变动对经济周期平稳化做出的贡献。

(一)承认产业结构变动对经济周期平稳化波动做出的贡献

Burns(1960)在预测美国经济周期稳定化方面提到产业结构变动对

经济周期波动的影响,他认为美国的就业结构变得越来越稳定,管理人员、工程师、科研人员、财务(金融)等现代白领行业的就业比重加大,与制造、建筑、运输业等传统行业相比,现代白领行业受经济周期衰退的冲击较小,有助于增强经济周期波动的平稳化,从而使得美国经济周期波动呈现出"微波化"趋势。Gordon(1986)通过分析1950—2005年美国国内生产总值支出结构中的11个主要变量的波动率及其在总支出结构中的份额变化后得出结论,支出结构的变化可以解释产出波动率变化的20%,从而肯定了经济结构变动对经济周期平稳化的作用。Eggers 和 Ioannides(2006)认为美国产业结构发生了重大变化。金融服务业净产值占国民收入比重增加,同时农业和制造业所占比重减小。金融服务业具有相当的稳定性,这一结构转变会导致经济的平稳发展。他们还利用方差分解法表明,产业结构演进对经济稳定贡献的比率高达50%,产生这个结果的原因为波动性较大的制造业比例显著下降,而波动性较小的行业比例有所上升。Alessio(2009)的文章构建了一个两部门动态一般均衡投入产出模型量化了制造业向服务业转变对降低美国产出波动的作用,结果表明结构转变对降低1960—1983年和1984—2005年这两个时期美国GDP波动的贡献达到了32%,从制造业向服务业的结构转变有效地降低了美国经济的波动。

(二)否认产业结构变动对经济周期平稳化波动做出的贡献

将公式(1)改写如下:

$$g_t = P_{1,t}g_{1,t} + P_{2,t}g_{2,t} + P_{3,t}g_{3,t} + \cdots + P_{n,t}g_{n,t} \tag{3}$$

$$g_{t-1} = P_{1,t-1}g_{1,t-1} + P_{2,t-1}g_{2,t-1} + P_{3,t-1}g_{3,t-1} + \cdots + P_{n,t-1}g_{n,t-1} \tag{4}$$

其中,g_t 代表第 t 期的国民经济的增长率,g_{t-1} 代表第 $t-1$ 期的国民经济的增长率。$P_{i,t}$ 和 $g_{i,t}$ 分别代表第 i 个产业在第 t 期净产值在国民收入中所占的比重和该产业净产值的增长率。

(3)−(4),得:

$$\Delta g = g_t - g_{t-1} = P_{1,t}g_{1,t} - P_{1,t-1}g_{1,t-1} + P_{2,t}g_{2,t} - P_{2,t-1}g_{2,t-1}$$
$$+ P_{3,t}g_{3,t} - P_{3,t-1}g_{3,t-1} + \cdots$$
$$+ P_{n,t}g_{n,t} - P_{n,t-1}g_{n,t-1} \tag{5}$$

若假设各个产业不同时期净产值占国民收入的比重没有发生变化,也即 $P_{i,t} = P_{i,t-1}$,公式(5)可以变形为如下形式:

$$\Delta g = g_t - g_{t-1} = P_1(g_{1,t} - g_{1,t-1}) + P_2(g_{2,t} - g_{2,t-1})$$

$$+ P_3(g_{3,t} - g_{3,t-1}) + \cdots + P_n(g_{n,t} - g_{n,t-1})$$
$$= P_1\Delta g_1 + P_2\Delta g_2 + P_3\Delta g_3 + \cdots + P_n\Delta g_n \quad (6)$$

此时,影响整个经济波动平稳性的便是每个产业各自的波动。Blanchard 和 Simon(2001)认为整个经济波动的平稳是由构成经济的每个部分自身波动减小造成的。从而否认产业结构变动对经济周期平稳化波动做出的贡献。

四、我国的产业结构与经济周期

上文中所述关于经济增长波动决定产业结构的机制分析是建立在市场经济的基础上的,而我国在1978年之前实行计划经济体制,各产业生产所需的其他产业的产品基本是由计划调拨供给,产品价格尤其是生产资料价格长期不变,产品的需求变动不会影响到产业结构,因此上述分析不适合1978年以前的中国。按上述理论分析,产业结构的变动归结于各产业增长速率的差异。在计划经济体制下,各产业的增长速率的差异取决于政府的计划和产业政策。政府决定优先发展哪个产业,这个产业的投资占总投资的比重将增大,在一定时期内该产业增长速度快于其他产业,进而该产业净产值占国民收入的比重也增加。政府在制定产业政策时,要考虑各产业发展对整个国民经济发展的重要性、经济不同发展阶段上产业结构调整的需要以及其他有关的因素。因此在不同时期政府优先扶持的产业是不同的。实行经济体制改革后,市场经济成分有所增加,市场需求变化对产品生产有了某种程度的影响,同时,政府计划和产业政策仍然在一定程度上发挥作用。

在对我国改革开放后产业结构和经济周期进行研究分析后,我国学者普遍认为,在中国产业结构对经济周期产生影响。卢建(1990)从产业结构变动角度来探讨我国经济周期波动,认为产业结构变动是中国经济周期性波动的深层次原因。曾峥(2008)在类似的研究中,表明我国产业结构的变动与经济周期性波动之间存在着较强的相关性;经济周期性波动是造成我国产业结构失衡的基本原因。朱慧明、韩玉启(2003)通过实证分析表明,产业结构调整和经济增长之间存在单向的格兰杰因果关系,产业结构调整促进了经济增长,而非经济增长造成了我国的结构调整。董琨、原毅军(2007)也得出了同样的结论。纪玉山、吴勇民(2006)利用我国1978—2003年的时间序列数据进行实证分析,认为我国的经济增长与产业结构之间存在协整关系。

针对我国产业结构中各个产业部门对经济周期的关系的研究,学者认为第二产业对经济周期波动的敏感性最高,而第三产业有助于平稳经济波动。马建堂(1990)发现各个产业对经济周期的敏感程度存在着差异,第二产业的敏感度最高。从周期的原因来看,投资波动是引起我国经济周期波动最主要的原因。钱士春(2004)在考察各宏观经济变量波动与实际GDP波动的关系时,详细分析了我国产业结构升级与经济波动之间的关系,分析结果表明,从三次产业与实际GDP联动来看,第一产业的相关系数最小,第二产业最大,第三产业处于中间位置,这说明第二产业与实际GDP的联动性最强。石柱鲜等(1998)通过对改革开放后我国第三产业数据的分析得出第三产业在拉动经济增长、稳定经济波动和扩大基业方面发挥了重要作用。齐爽(2012)认为由于第二产业投资比例大,对政策敏感以及增长方式粗放等原因,经济波动会加大,在一定程度上对GDP有杠杆冲击效应;而通过对第三产业波动的分析发现,由于其投资小、见效快以及就业容纳效应强等原因,第三产业比例的增大对经济波动有着缓和作用。石柱鲜、吴泰岳、邓创、王晶晶(2009)通过对1954—2007年我国三次产业和经济周期波动进行分析,表明在经济繁荣时期,第一产业有利于抑制经济的过热,而第二产业促进经济的更加繁荣;在经济萧条时期,第一产业加剧经济的进一步恶化,而第三产业却抑制了经济的进一步衰退。因而第三产业的成长有助于起到平稳经济波动的重要作用。刘伟、李绍荣(2002)利用1992—2000年各地区国内生产总值,第一、二、三产业样本数据进行回归分析,认为我国过去经济的增长主要是靠制度改革由第三产业拉动的。朱慧明、韩玉启(2003)证明了扩大第三产业产出在国内生产总值中的比重能引导我国经济的良性增长。

在全球经济趋稳的同时,改革开放后中国经济的波动也在显著下降,尤其是在2001年加入世界贸易组织后。刘树成(2000,2006)认为我国近几年经济周期波动出现高位适度平滑化,一方面在于产业结构的调整和升级,另一方面在于宏观调控的不断加强和改善。就产业结构内部波动而言,李文兵(2012)通过实证分析,证明1978—2010年我国制造业的总产出全要素生产率的波动性要大于服务业,因而从制造业向服务业的结构转变是我国经济周期稳定化趋势形成的一个重要原因。因此,要实现未来我国经济长期平稳发展,应积极促进产业结构的调整和升级,加快第三产业的发展。

但是目前我国的产业结构还不是很完善。石柱鲜等(1998)通过对我国与日本产业结构的比较分析认为,在经济的高速增长时期,我国包含农业的第一产业缓慢增长将制约我国国民经济的发展。

郭克莎(1999)认为20世纪90年代以来,我国的结构偏差逐渐加深,并且结构偏差使得我国的经济增长速度受到需求的制约,并且限制了我国经济增长质量的提高。吴风庆(2004)通过对我国31个省、直辖市、自治区的经济发展状况进行比较分析,认为全国大部分地区的产业结构因素都不利于经济增长,因此要进一步加强产业结构的调整与优化,使结构效应真正成为经济增长的重要源泉。

面对多种不完善的现状,我国应如何促进经济更好更稳的发展?刘伟(2002)认为虽然我国过去经济的增长主要是靠第三产业拉动的,然而第三产业的结构扩张会降低第一产业和第二产业对经济规模的正效应,只有通过提高第一产业和第二产业的效率才能获得长期稳定的经济增长。刘伟认为在改革开放后经济发展的不同阶段,三次产业对中国经济增长的贡献程度是不同的,通过对30年来我国产业结构变化趋势,即第一产业的比重不断降低、第二产业的比重经历了逐步降低再重新提高和第三产业比重稳步提升这一发展过程的分析,指出提高经济效率、通过体制创新和技术进步推动经济增长是保持中国经济持续高速增长的重要途径。

第三节 产业结构与资源的利用效率文献综述

一、问题的提出

为了缓解中国当前的能源约束,政府提出要通过提高能源效率来转变经济增长方式,并在"十一五"规划中制定了未来五年内降低能耗20%的约束性指标。为了完成这一艰巨任务,目前政府和学术界均提出需要通过调整经济结构和加快技术进步等方式来提高能源的利用效率。其中结构调整,尤其是产业结构的调整更是成为各级政府在短期内实现节能降耗的重要手段。但是调节产业结构真的可以起到提高能源利用效率的作用吗?如果有作用,这种作用的大小又是多少呢?本节通过对国内外相关文献进行梳理,将对这一问题给出答案。

二、产业结构与资源利用效率关系的不同观点

宫清华、杨蕾、黄广庆(2011)认为产业结构是指再生产过程中形成的各种产业间的相互关系和数量比例关系,是经济系统运行所需资源在各产业之间的分布结构。在经济系统中,产业结构不是孤立存在的,它是受外部环境制约的。产业结构与外环境的关系,如图3.1所示。

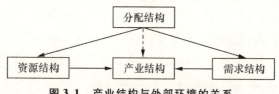

图3.1 产业结构与外部环境的关系

产业结构与资源结构、分配结构和需求结构是相互作用的。资源输入使产业结构受资源结构的影响,输出产品又使产业结构与需求结构相对应。而资源结构、产业结构及需求结构又受到分配结构的影响。因此,产业结构并不仅仅是产业间的一种关系,它更准确地讲是指与外界环境相互作用的产业之间的结构关系。资源是区域发展的重要条件,资源利用的广度、深度和合理程度直接反映了地区经济的发展水平,还制约着地区经济部门的发展速度。资源利用效率的提高要依赖于合理的产业结构,而合理的产业结构又促进资源利用效率的提高,两者之间存在着相互依存和相互制约的耦合关系。

在社会产品的生产上,资源配置有效是指在健全的市场机制和社会机制的作用下,实现生产资源在全社会范围内的最合理分配,结合生产活动的合理组织和生产技术水平的充分发挥,以最大限度地发挥生产资源的综合效用,获得全社会的产出最大化和生产者利益的最大化。

资源配置的有效性与产业结构的合理性之间存在着相互促进的关系。一般来说,一定时期内,各种生产资源在不同部门、行业、地区以及不同的生产群体之间的流动和重组会导致资源的再配置,作用于产业的再生产,进一步,后续期中的产业结构也会相应地调整。可以说,产业结构的形成和调整分别是由资源的初始配置和再配置决定的。从长期来看,资源配置调节着产业结构,产业结构随资源配置的调整而变化;短期内,资源总量有限,而产业结构相对稳定,资源在各领域的配置则会因社会生产需要而进行相应调整,从这个角度,可以说产业结构也影响着资源配置

的效率。

（一）产业结构变动对能源效率提高有正面效应

结构变动对能源效率的影响最初反映在"结构红利假说"中，其基本思想源于 Lewis（1954）的二元经济模型。Denison（1967）及 Maddison（1987）认为，由于各行业（部门）生产率水平和增长速度存在系统差别，因此当能源要素从低生产率或者生产率增长较低的部门向高生产率或者生产率增长较高的部门转移时，就会促进由各部门组成的经济体的总的能源效率提高，而总生产率超过各部门生产率增长率加权和的余额，就是结构变化对生产率增长的贡献。一般认为，产业（部门）结构的变化尤其是工业与服务业以及工业轻重结构的变化，是导致能耗强度变化的主要因素（Kambara,1992;Richard,1999）。Siml（1990）用描述统计方法分析了中国1980—1990年国民收入和能源消耗的关系，认为中国能源节约主要来自工业结构变化，其贡献率在70%左右。世界银行（1997）和张宗成、周猛（2004）的研究也显示结构变化是中国能源强度下降的主要原因。

一些国内的研究也认为，我国产业结构的演进会对能源效率提高产生很强的正面效应。朱文宇（2009）认为第三产业能耗低，而第二产业特别是工业，能耗较高。因此，一个国家第一、第二和第三产业在产业结构中的比重直接影响着该国的能源效率。路正南（1999）的研究表明，产业结构的变动对能源效率改进产生了促进效应，对能源事业的发展起着重要作用。在其他条件不变的情况下，我国第一、二、三产业国内生产总值每增加一个百分点，能源消费总量将分别增加0.056、0.201、0.035个百分点。在产业结构的调整中，通过增加第三产业的结构比例、降低第一产业的结构比例，以及优化第二产业内部结构来实现产业结构优化，所产生的节能效应是非常明显的。史丹、张金隆（2003）认为，各产业对不同能源品种的需求不同，结构变动对能源效率的影响程度和作用方向是不完全一致的，他们发现第一产业比重下降对提高能源效率的作用远远大于第三产业和第二产业比重上升对降低能源效率的作用，但总体来看产业结构变动提升了能源效率。

上述两篇文献采用的方法均为简单线性回归方法，即模型的设计是将我国能源消费总量作为因变量，将我国的国民生产总值和各个产业的生产总值的相关数据作为自变量的线性回归。主要模型形式如下：

$$\ln E/GDP = \alpha + \beta_1 \ln S_1 + \beta_2 \ln S_2 + \cdots + \beta_n \ln S_n \qquad (7)$$

其中,E,GDP,S_1,S_2,S_n 分别表示能源消费量,GDP,各个产业在 GDP 中的百分比。

另外,魏楚、沈满洪(2008)利用数据包络分析(Data Envelopment Approach,DEA)方法,构建新的能源技术效率指标,通过分析认为以"退二进三"为主要思路的产业结构调整能够在一定程度上改善能源效率,如果第二产业结构比重下降 1%,则能源效率将提高 0.14%—0.16%。赵晓丽、欧阳超(2008)的研究表明,北京市产业结构调整与各产业能源利用效率的提高都促进能源效率的提高,但主要的动力还是来自产业结构的调整。

(二) 产业结构变动对能源效率提高没有贡献甚至有负面效应

与上述观点不同,还有一种观点认为,产业结构变动对能源效率的提高没有贡献甚至有反向作用。他们认为在能源效率改善的背后,部门(企业)生产率的改善、能源价格的变化以及技术进步等因素发挥的影响更为重要。20 世纪 70 年代石油危机之后,外国学者(Howarth 等,1991;Ang,1994)等提出利用因素分解方法研究能源强度变化问题。所谓因素分解法,是指通过对数学恒等式的转化运算,把目标变量分解成若干关键因素进行分析,并计算组成因素对目标变量变化的相对影响程度。以能源强度为例,可以将其分解为产业结构变动效果以及产业能源强度效果两个部分。如下的学者主要运用因素分解的方法,将能源强度的变化分解为结构份额和效率份额。具体方法如下:

大多数文献采用能源强度作为我国能源效率的指标,能源强度是指单位国内生产总值所消耗的能源数量,即

$$e = \frac{E}{Y} \qquad (8)$$

其中,E 表示能源消费量(万吨标准煤),Y 表示国内生产总值(亿元人民币)。将 E 和 Y 分别按照三次产业进行分解,即

$$\begin{aligned} E &= \sum_i E_i \\ Y &= \sum_i Y_i \end{aligned} \quad i = 1,2,3 \qquad (9)$$

由此将 e 进行分解,得到:

$$e = \frac{\sum_i E_i}{\sum_i Y_i} = \frac{\sum_i e_i \cdot Y_i}{\sum_i Y_i} = \sum_i e_i \cdot y_i \quad i = 1,2,3 \quad (10)$$

其中，e_i 表示第 i 产业的能源强度，y_i 表示第 i 产业产值占国内生产总值的比例。由 $e = \sum_i e_i \cdot y_i$ 可以看出总体能源强度取决于两个因素，一个因素是各产业的能源强度，反映了各产业能源利用效率的提高；另一个因素是产业结构，反映了各产业在国民经济总量中所占的比重。因此，对能源强度的分析，首先应该着眼于对产业结构以及产业能源效率变化对能源强度影响的分析。

令 $e^n(n=0,1,2,\cdots,N)$ 表示第 n 期的能源强度，e^0 表示基期的能源强度，则有

$$e^n = \sum_i e_i^n \cdot y_i^n, e^0 = \sum_i e_i^0 \cdot y_i^0 \quad i = 1,2,3; n = 1,2,\cdots,N \quad (11)$$

为了分析结构变化和效率变化对能源强度的影响份额，将 e^n 进行分解：

$$e^n = \sum_i e_i^n \cdot y_i^n = \sum_i e_i^0 \cdot y_i^0 + \sum_i e_i^0 \cdot (y_i^n - y_i^0) + \sum_i (e_i^n - e_i^0) \cdot y_i^n \quad (12)$$

由此，能源强度的变化可以分解为：

$$\Delta e = e^n - e^0 = \sum_i e_i^n \cdot y_i^n - \sum_i e_i^0 \cdot y_i^0$$
$$= \sum_i e_i^0 \cdot (y_i^n - y_i^0) + \sum_i (e_i^n - e_i^0) \cdot y_i^n$$
$$i = 1,2,3; n = 1,2,\cdots,N \quad (13)$$

其中，$e_i^0 \cdot (y_i^n - y_i^0)$ 表示第 i 产业在总产品中所占比重变化导致能源强度的变化量，$\sum_i e_i^0 \cdot (y_i^n - y_i^0)$ 表示由于整体经济结构变化导致能源强度的变化量，则能源强度变化中的结构份额为：

$$\frac{\sum_i e_i^0 \cdot (y_i^n - y_i^0)}{\sum_i e_i^n \cdot y_i^n - \sum_i e_i^0 \cdot y_i^0} \quad i = 1,2,3; n = 1,2,\cdots,N \quad (14)$$

$(e_i^n - e_i^0) \cdot y_i^n$ 表示由于第 i 产业能源利用效率变化而导致能源强度的变

化量，$\sum_i (e_i^n - e_i^0) \cdot y_i^n$ 表示由于全部产业能源利用效率变化而导致能源强度的变化量，则能源强度变化中的效率份额为：

$$\frac{\sum_i (e_i^n - e_i^0) \cdot y_i^n}{\sum_i e_i^n \cdot y_i^n - \sum_i e_i^0 \cdot y_i^0} \quad i=1,2,3; n=1,2,\cdots,N \quad (15)$$

能源强度变化中的结构份额（公式(14)）和效率份额（公式(15)）分别表示了从基期以来能源强度变化总量中，经济结构变化和能源效率提高分别提供的贡献率。当结构份额和效率份额为正值时，说明其推动力与能源强度的变化是同向的；如果是负值，则表示其影响力方向和能源强度的变化方向是相反的。

能源强度指标有不同的分拆方法，根据分解方法不同，形成了 Laspeyre、Pasche、Divisia 三种指数分解方法。但得到广泛应用的是第一种和第三种分解法。

1. Laspeyre 分解方法

公式(13)变形为

$$\Delta e = e^n - e^0 = \sum_i e_i^n \cdot y_i^n - \sum_i e_i^0 \cdot y_i^0$$

$$= \sum_i e_i^0 \cdot (y_i^n - y_i^0) + \sum_i (e_i^n - e_i^0) \cdot y_i^0$$

$$+ \sum_i (e_i^n - e_i^0) \cdot (y_i^n - y_i^0) \quad i=1,2,3; n=1,2,\cdots,N \quad (16)$$

令

$$\Delta e_{tr} = \sum_i e_i^0 \cdot (y_i^n - y_i^0) + \frac{1}{2}\sum_i (e_i^n - e_i^0) \cdot (y_i^n - y_i^0)$$

$$\Delta e_{ff} = \sum_i (e_i^n - e_i^0) \cdot y_i^0 + \frac{1}{2}\sum_i (e_i^n - e_i^0) \cdot (y_i^n - y_i^0)$$

$$i=1,2,3; n=1,2,\cdots,N \quad (17)$$

则

$$\Delta e = \Delta e_{tr} + \Delta e_{ff} \quad (18)$$

其中，Δe_{tr} 为结构份额，Δe_{ff} 为效率份额。

2. Divisia 分解方法

对公式(18)进行能源强度变化因素的分解，并把变化因素分解为产额结构变化的效果（Δe_{tr}），产业能源强度变化效果（Δe_{ff}）和残差效果（RD），则

$$(1+\Delta e) = (1+\Delta e_{tr}) \times (1+\Delta e_{ff}) \times (1+RD) \qquad (19)$$

Zhang(2001)在研究中发现,1980—1990年,制造业部门结构的变动,或者从第一产业转向第二、三产业的变动对能耗强度贡献仅为6.69%,且不持续,而部门能源效率的提高才是能耗强度下降的主要动力。史丹(1999)和王海建(2001)认为我国能源效率提高过程中经济结构变化的影响正在逐渐减少。陈书通、耿志成、董路影(1996)认为我国经济增长中能源消费增长贡献率大大低于节能贡献率,从经济结构、行业结构、产品结构、国际贸易等多方面对经济增长中节能贡献率增加的原因进行了综合分析。韩智勇(2004)发现1980—2000年,我国能源效率提高的主要动力来自各产业的能源效率提高,产业结构的变化反而造成了能源效率的下降。李俊(1993)和Sun(1998)用统计指数等方法分析20世纪80年代中国能源强度的变化后认为,能源强度降低的主要原因在于产业能源效率的提高,产业结构变动没有贡献甚至有反向作用。Huang(1993)使用Divisia指数法将能源消费根据六大产业进行技术和结构的分解,发现在1980—1988年,技术进步能够解释73%—87%的能源强度降低。Sinton和Levine(1994)使用Laspeyres指数分析了1980—1990年的能源强度变化,发现58%—85%的能源节约是由于技术进步。吴巧生、成金华(2006)运用Laspeyres指数分解方法对1980—2004年六个工业部门能耗强度进行分解的研究结果也表明,中国能源消耗强度下降主要是各产业能源使用效率提高的结果,相对于效率份额,结构份额对能源消耗强度的影响也少得多,除了少数的年份外,产业结构的调整对能源效率提高的作用是负面的。王玉潜(2003)运用投入产出分解方法,发现1987—1997年产业结构的变化导致了能源效率的降低。上述研究都揭示了这样一个事实,即工业化进程中,具有高能耗特性的第二产业比重上升会降低能源效率(董利,2008)。齐志新、陈文颖(2006)的研究结果发现,1980—2003年,我国能源效率提高因素是技术进步,而不是结构调整,无论在宏观层面,还是工业部门,都可以得出这样的结论。王俊松、贺灿飞(2009)采用LMDI方法将能源效率变化分解为结构效应和基数效应,研究结果表明,1994—2005年,中国能源效率提高主要得益于技术进步,但技术进步的贡献在2001年后不断降低。分行业来看,高耗能行业和居民消费业的技术进步是导致我国能源效率提高的主要原因。史丹(2002)就能源效率的提高从对外开放、结构变化和市场化程度三个方面进行解释,认为改革开放以来,我国能源消费增长速度减缓甚至下降的根本原因是能源利用效率的改进。

三、产生不同观点的原因

为何对于结构变动与能源效率之间的关系的研究会产生不同的结论? 针对三次产业结构对能源效率影响的研究得出了相反的结论,两种结论看似矛盾,其实都有其合理性。Ang 和 Zhang(2000)在一篇综述中提到,这些研究可能因国别而异,取决于具体的分析时期、数据划分的详细程度以及分解方法。

(一)研究工具及方法不同

从分析的工具来说,大多采用因素分解法,不同的分解法,如 Laspeyres 因素分解和 Divisia 因素分解,其结论可能并不一致。

(二)数据划分不同

Ang 和 Zhang(2000)总结出,在研究的对象上,不同的文献对于"结构变动"的阐述并不一致,有的是从第一、二、三产业来分析,有的则选择重工业和轻工业比重,还有的选择农、工、建、交、商等部门。此外,还有少量研究选择了能源消费结构(史丹,2006)。Garbaccio(1999)也指出使用不同产业层次的数据,结果将有区别。Fisher-Vanden(2006)使用企业层次的数据分析能源效率提高的因素,发现随着产业分类细化,产业结构变动所起的作用逐渐提高;当将结构变动细化到四位数产业甚至公司水平时,结构变动对能源强度的贡献超过技术变动的贡献。也就是说,大部分研究默认"结构变动"意味着产业结构或者工业结构对于其他结构性因素考虑较少。

(三)分析时期不同

中国的研究区段主要包括两个时期:一个是 2000 年之前能耗下降时期,另一个则是 2000 年左右出现的能耗上升阶段。由于不同时期工业化进程不同,因此结构调整对于整个能源效率的变化影响也是不同的。因为我国经历了产业结构调整的不同阶段,在不同的时段产业结构调整的趋势不同,从而针对不同时段的研究可能具有不同甚至相反的研究结论。

对此,周勇、李廉水(2006)认为,要准确考察能源效率的影响因素,需要统一的方法做较长时间段的分析。他们采用适应性加权 Divisia 指数法对 1980—2003 年我国能源效率的变化进行分解,发现 1980—1990

年,产业结构因素对能源效率有正向显著作用,而在 1991—2003 年,产业结构因素影响减弱且为反向作用。他们的研究结论与史丹(2002)的结论是契合的,后者利用机构指数分析了 1980—2000 年产业结构变动对能源效率的影响,结果表明,1990 年以前产业结构变动提高了能源效率,之后则降低了能源效率。

(四)产业结构内部调整的影响

除了三次产业结构的变动会对能源效率产生影响外,产业内部结构调整也会对能源效率产生影响。如果只是在三次产业的层面上研究,只能得到较为粗略的结论。刘红玫、陶全(2002)的研究结果表明,随着分类层次的细化,产业结构变化对能源效率提高的积极作用越来越明显,从一位码到四位码,产业结构变化对能源效率提高的作用分别为 -3%、27%、29%、41%。如果只在三次产业层面上则会低估产业结构效应。由于工业化进程的加快,一些学者考察了工业结构变化对能源效率的影响。齐志新、陈文颖、吴宗鑫(2007)认为,如果不考虑工业内部结构,就得出产业结构对能源效率影响不大的结论显得过于草率。他们的研究结果表明,近几年,重工业比例的增加对工业能源效率的影响很大,特别是 2003 年工业能源效率下降的 78% 归结于此因素。李政、麻林巍(2006)通过考察先行工业化国家能源效率的历史变化,也发现能源效率的低点通常发生在"重化工业化"的工业化加速发展期。

四、调整产业结构,提高资源利用率的案例

国际上,日本和美国通过调整产业结构实现了单位 GDP 能耗迅速下降的可喜成绩。特别是日本,在第二次世界大战后经济恢复时期,在国际石油供应充分、价格低廉的情况下曾提出了"一美元石油"政策,推动了重工业迅速发展,但自出现石油危机,日本政府迅速调整产业结构,实现了资源约束加强条件下的经济增长,完成了工业化过程。到 2003 年日本的 GDP 是 1973 年的 2.19 倍,但能源消费仅是 1973 年的 1.47 倍。在此期间,单位 GDP 能耗下降了 37%,特别是工业部门单位 GDP 能耗下降了 50%。而美国 1979 年成立了能源部并颁布了《能源政策法》,以此为路径的发展结果比 1972 年的发展模式为路径的发展结果有节能 60% 的效果。

因此,我国要完成经济增长方式的转变,必须尽快实现四个转变,即由主要依靠投资和出口拉动增长向消费和投资、内需和外需共同拉动增

长的转变;由主要依靠工业带动增长向工业、服务业和农业共同带动增长的转变;由主要依靠资金和自然资源支撑增长向更多地依靠人力资本和技术进步支撑的转变;由"资源—产品—废弃物"的单项式直线过程向"资源—产品—废弃物—再生资源"的反馈循环过程的转变。

第四节 最优产业结构与产业结构优化文献综述

前文已经述及,产业结构会对经济增长产生影响,而且产业结构与经济周期和资源利用效率均有密切的关系,说明产业结构在国民经济中占有举足轻重的地位。那么,最优的产业结构是什么,就是非常有意义的问题了。而且,产业结构的优化是实现最优产业结构的方法,所以研究产业结构的优化路径也是十分必要的。但是这方面现有的文献不多,国外的相关研究更少。接下来,将从理论综述、研究方法以及研究结果三个角度,对现有的文献进行综述。

在现有的文献中,对于最优产业结构的研究分为两种思路:第一种是直接研究最优的产业结构,而第二种是把最优的产业结构分为产业结构的高度化和产业结构的合理化两个方面,分别进行研究。利用第一种思路进行研究的学者较少。彭宜钟、李少林(2011)认为,最优产业结构就是能够同时实现以下目标的结构:各个产业在生产过程中都对生产要素进行了充分有效的配置;各个产业对生产要素的需求和使用量都达到了利润最大化目标所要求的最大限度;各个产业所选择的产量都能实现自身利润的最大化;代表性行为人按照跨期效用最大化原则来安排每一种产品的消费和投资;每一个产业的产出在被用于消费和再生产之后没有剩余。

第二种思路则是从产业结构的高度化和合理化的角度进行分析。其中,产业结构高度化也称产业结构高级化,指一国经济发展重点或产业结构重心由第一产业向第二产业和第三产业逐次转移的过程,标志着一国经济发展水平的高低和发展阶段、方向。而产业结构均衡化就是指一个产业结构系统中各个产业之间达到相互协调和和谐的状态。产业结构高度化和产业结构均衡化两者的关系可以由大道定理来描述。李博、胡进(2008)利用大道定理对产业结构高度化和产业结构均衡化的关系做了详细的描述。作者认为,产业结构优化升级的最优路径应该与大道定理描述的经济增长的最优路径相似,即产业结构高度化过程对应于经济的非均衡增长过程(弯曲大道),作用是通过产业间技术结构的提升来提高经济的潜在增长速度(可能达到的最快速度)。而产业结构合理化则对应于经济均衡增长的过程(诺伊曼大道),作用是通过提高产业协调程度使经济的潜在增长速度尽可能发挥出来。另外,作者还指出,技术进步不一定能提高产业结构的高度化水平,只有当各产业所使用的技术能很好地衔接时,技术进步才能带动产业结构升级。在理想情况下,产业结构优化升级的最优路径除了应尽可能保持产业均衡增长之外,还应满足一个重要条件,就是产业结构的转换应在尽可能短的时间内完成,即处于弯曲大道上的时间越短越好。另外,李惠媛(2010)认为,产业结构优化的实质,就是合理化基础上的高级化。产业结构高度化需要以产业结构的均衡化为基础,如果没有产业间的均衡发展,产业结构高度化对于经济发展的意义不大,只是虚高度化。刘艺圣、陈燕(2006)也认为,产业结构优化调整是产业结构合理化与产业结构高度化的有机统一。产业结构的合理化是为了协调产业结构关系,产业结构的高度化是为了提高产业结构的技术水平。

对于产业结构均衡化的评价标准,不同学者有不同的见解。比如,姜涛(2008)提出了产业结构均衡化的五个标准,即各产业的产出能力趋向协调,产业的相对地位趋向协调,各产业的联系方式趋向协调,各产业的增长速度趋向协调以及各产业的空间布局趋向协调。徐德云(2011)认为产业均衡结构实现的条件是各产业的相对劳动—收入比都等于1,其经济特征是:(1)劳动力市场和产品市场都出清;(2)产业之间没有营业利润,收入公平;(3)要素、产品结构供求一致,经济总量达到最大值,实现了生产和交换的帕累托最优状态。并且通过一般均衡理论的分析框架,得出产业结构均衡状态下的经济表现为:供求结构一致,劳动力市场、产品市场都出清,经济实现充分就业,社会福利最大;实现了生产和交换的社会帕累托最优;产业之间没有营业利润,收入公平;产业均衡结构具有稳定性;等等。

而对于产业结构高度化的问题,学者一般是设计指标进行衡量,并在此基础上做进一步的回归或者其他分析。比如付凌晖(2010)认为产业结构高级化是指随着经济不断增长,产业结构相应地发生规律性变化的过程,主要表现为三次产业比重沿着第一、二、三产业的顺序不断上升,然后构造产业结构高级化值 W,并且与不变价 GDP 一起,进行平稳性检验、协整检验和格兰杰因果检验,得出我国经济增长明显带动产业结构的升级,而产业结构升级并没有明显促进经济增长的结论。

另外,徐德云(2008)从需求的心理体验规律的角度,借助边际效用的观点,分析了产业需求结构的决定因素。作者借鉴了王海明的观点,认为第一产业的需要强烈而短暂,第三产业的需要淡泊且持久,而第二产业居其间,进而得出在起点时,对第一产业需要的欲望最强烈,但边际效应下降速度最快,对第二产业和第三产业的初始欲望较低,下降速度较慢的结论。在此基础上,假设经济福利最大化的条件是三次产业需求的边际效用都相等,从而得出了产业需求结构演进表现的形态是:需求重心经过三个阶段,第一阶段第一产业的需求比重最大,第二阶段第二产业比重最大,第三阶段第三产业比重最大,其中第一、二产业的需求比重不断下降的结论。

一、利用回归等统计方法进行分析

在这一部分中,作者采用的大多是常规的回归方法,多做的是产业结构优化与经济增长之间关系的研究,进而明确产业结构优化的意义。比较常见的是协整分析、格兰杰因果检验和 VAR 模型以及面板数据模型等。比如,罗倩文、王钊、施海峰(2007)基于 ADF 单位根检验、Johansen 协整检验以及格兰杰因果分析,对我国三大产业之间的关系进行了研究,得出三次产业之间存在着长期的稳定均衡关系,产业间相互带动发展的情况比较明显,但是第三产业的发展未得到第一、第二产业有力支持的结论。赵春艳(2008)利用面板数据模型,对我国各省 1996—2005 年人均 GDP 以及三次产业产值比重的关系分别进行了回归分析,得出了我国经济增长对产业结构变化的影响显著,而后者对前者的影响在统计上并不显著,以及就各次产业与人均 GDP 的关系来看,第一产业与人均 GDP 呈现负向相关关系,而第二、三产业与人均 GDP 呈现正向相关关系的结论。

二、基于投入产出表的研究

投入产出表(部门联系平衡表),是指以产品部门分类为基础的棋盘式平衡表,用于反映国民经济各部门的投入和产出、投入的来源和产出的去向,以及部门与部门之间相互提供、相互消耗产品的错综复杂的技术经济关系。投入产出表在 20 世纪 30 年代产生于美国,由美国经济学家里昂惕夫在前人关于经济活动相互依存性的研究基础上首先提出并研究和编制的。投入产出表由于能够从各个行业的角度反映最初投入、总投入、中间使用、最终产品和总产品,因此在分析产业结构时十分有效。比如郭菊娥(1991)认为,在一定的技术经济分配结构中,可由产业结构唯一地确定最初投入结构和最初投入率;同时可由最初投入结构唯一地确定产业结构和最初投入率。进而,通过对技术经济分配结构矩阵的特征方程和特征向量进行分析,得出当所有部门的最初投入率一致,并均等于全社会最初投入率时,国民经济沿最佳轨迹前进。在此基础上,作者对全国、陕西和宝鸡的产业结构进行了研究,发现不论是按六大产业部门划分,还是压缩为不同形式的二部门划分,现行的产业结构都没有达到最佳状态。类似地,唐志鹏、王志标、祝坤福(2007)利用投入产出表,通过建立绝对列表尺量和相对列标尺量,对我国1992—2002年的产业结构的变化进行了分析,得出了这一阶段我国经济结构变动中,农业、煤炭采选业、石油加工和天然气开采业、化学工业、金属制品业、交通运输设备制造业、电子及通信设备制造业以及商业饮食业的主要影响因素是增加值结构系数的变动,但直接产品消耗系数对其他工业、建筑业、食品制造和烟草加工及其他社会服务业的影响也逐渐显著的结论,从而为产业结构优化升级的方向提供了指导。

三、自主构建产业结构变化的分析方法,评价产业结构的水平

比如,李宝瑜、高艳云(2005)构造了产业结构年度变化失衡指数,即用前两年平均的劳动生产率和资本生产率表示短期效益,经过标准化以后求得相对得分,用每个产业各自实际的增加值增长率标准化值作为增长率得分,与效益得分进行对比,求得其相对差,然后由这个相对差对增长率进行修正,求得本年度的合理增加值速度,通过这个合理速度求得合理增加值,再通过合理增加值与实际增加值之差求出不合理增加值,然后与各产业实际增加值进行比较,将各个产业不合理增加值占实际增加值的比重作为该产业的不合理度,然后用各产业实际增加值比重加权计算一个产业不合理程度的平均值,这个平均值就作为以百分数表示的所有产业的一个结构不合理程度的综合评价值。然后利用我国1990—2002年各产业的实际数据对设计的方法进行了验证。

李画画(2011)借鉴范艳丽等构造产业结构高度化的衡量指标函数 D 进行分析,根据三次产业的产值,将第二、三产业的产值转化成与第一产业产值的比例关系,即 $D = \dfrac{X_3}{(5-X_2)^2 + 0.5}$,其中,$X_2$ 为第二产业产值与第

一产业产值的比例，X_3 为第三产业产值与第一产业产值的比例。而 D 的取值范围与产业结构高度化水平存在对应关系，比如 D 值在 0—0.1 时，产业结构高度化水平为极低，D 值在 75—100 时，产业结构高度化水平为极高等，对泰安市的产业结构高度化水平进行了研究，得出泰安市产业结构高度化水平较低，与目标差距较大的结论。

孙文杰（2010）选择了四个指标，以衡量产业结构优化。这四个指标如下：第一个是产业结构的高加工度化系数，$D = P_m G_m / (P_m G_m + P_p G_p)$，其中，$D$ 为产业结构高度化系数；P_m 为高加工制造业产业的增加值；G_m 为加工制造业增长速度；P_p 和 G_p 为初级产品增加值和增长速度，此指标衡量的是制造业的深加工程度。第二个是产业结构的信息化指数（IDI），是由全面反映产业信息化发展水平的五大要素（信息化基础设施、信息化使用、知识水平、发展环境与效果、信息消费）合成的指标，由国家统计局建立并发布。第三个是产业结构的能源消耗产出比。用单位工业增加值能耗来测量能源消耗，单位工业增加值能耗指一定时期内，一个国家或地区每生产一个单位的工业增加值所消耗的能源。第四个是产业结构中心向服务业转移，选择服务业占 GDP 的比重来衡量。作者选择这四个指标作为被解释变量，重点分析了技术创新、人力资本等因素对中国产业结构优化的影响，得出产业技术和人力资本对这几项指标均有显著的正面影响的结论。

李惠媛（2010）选择了六个指标来衡量产业结构的合理化与高度化。其中，环境代价这一指标比较有启发意义。作者采用废水排放量/工业总产值作为环境代价的衡量，结合人均 GDP、第二和第三产业产值分别占 GDP 的比重、第二和第三产业分别的从业人数比重，对我国产业结构的合理化与高度化进行了量化，并且采用因子分析模型和面板数据模型，计算了我国各地区产业结构优化升级的水平，得出了科技投入、外商直接投资、主导行业以及能源利用效率对地区产业结构的优化升级各自具有不尽相同的影响作用的结论。

邬义钧（2006）则是利用以下三个指标衡量产业结构的优化程度：第一，附加价值溢出量，工业的附加值，特别是制造业的附加值占 GDP 份额的持续上升最能体现一个国家工业化的基本特征，而产业的附加价值量的大小，与经济发展与产业结构优化升级的经济现象密切相关。第二，产业高加工化系数，与孙文杰（2010）的指标一致。第三，结构效益系数，即

$$S = \sum \left(\frac{Y_i}{\sum Y_i} \frac{Y_i}{K_i L_i} \right) - \frac{Y_0}{K_0 L_0}$$，此系数表明产业结构比例关系变动引起的效益变化，反映总的投入产出关系，其中，上式等号右边第一项表示产业结构升级后的总效益；第二项表示产业结构升级前的总效益；如果 S 值上升，说明产业结构优化升级使结构效益提高，意味着产业结构趋于合理化。

四、GIS 技术的应用

基于 GIS 的分析方法在区域经济分析、规划决策中得到了广泛的应用和发展。尤其是在图解各种经济活动的位置、确定经济活动的空间变化趋势上得到的很好的运用。利用专门软件制作专题地图，将产业结构相似的地区用同一种颜色或样式表达，以求在图上看出产业结构演化的空间信息。较早采用 GIS 技术进行分析的是陈斐等。陈斐（2002）基于 GIS 技术的区域经济分析与决策进行了初步研究，建立了一个西部地区开发决策信息支持系统，为西部地区经济发展规划提供了一种综合的空间分析方法，成为使用 GIS 技术进行经济领域分析的先行者。张伟（2010）采用此技术，借鉴区域经济学、产业经济学等理论基础，对贵州省1999 年、2008 年 88 个县产业结构空间演化进行了实证分析。作者整理了 1999 年和 2008 年的产业产值，选取当年产值数最大的产业为主导产业，用专门软件对其主导产业绘制矢量图并进行了聚类分析，得出了贵州省存在"点—轴—面"有机结合，以及产业结构空间演化速度加快，第一产业发展区域范围的不断缩小，第二、三产业发展区域范围不断扩张，尤其是第三产业演化呈指数增长的结论。

通过以上各种方法的运用，学者们从全国和地方的角度得出了一系列的结论。比如何德旭、姚战琪（2008）从研究中国产业结构变动效应的角度出发，通过分析产业结构调整过程中的就业结构转换效应，第三产业发展的结构升级效应、技术进步效应和资源再配置效应，重点探讨了如何保持产业结构调整和升级与产业结构变动的各种效应的协调互动，提出了未来中国产业结构升级的目标和方向，认为要以高新技术产业为驱动力，以现代服务业和现代制造业为发展的车轮，带动产业结构的整体升级。黄茂兴、李军军（2009）在研究技术选择与产业结构升级作用的基础上，通过构建技术选择、产业结构升级与经济增长的关系模型，以 1997—

2007年中国31个省份的面板数据为例,分析了技术选择、产业结构升级与促进经济增长之间的内在关系,认为通过技术选择和合理的资本深化,能够促进产业结构升级,提升劳动生产率,实现经济快速增长。洪金晖(2011)基于VAR模型,通过脉冲分析和方差分解,考察了产业结构优化升级对福建经济发展的推动作用,得出了福建省的产业结构和经济增长具有长期的协同关系,但是第一产业产值结构的变动与经济增长不存在双向因果关系,以及产业结构的调整确实能给经济带来"结构红利",必须重视产业升级调整的结论。彭宜钟、李少林(2011)通过对生产者的利润最大化目标和要素供给的跨期效用最大化目标进行联合求解,推导出了一个产业层面的最优名义产出增长率方程,并基于上述方程对辽宁省在1992—2009年最优产业结构进行了测算,发现辽宁省的实际产业结构同最优产业结构之间大体保持较高的一致性,从而为辽宁省制定产业结构优化战略提供了可靠的参考目标。

第四章 北京市产业结构与经济增长的关系

第一节 北京市产业结构与经济增长的关系
——整体视角

一、北京市产业结构简介

自 1949 年以来,北京市经济持续高速增长,产业结构发生了巨大的变化。作为新中国的首都,北京在政治、地理等方面具有与众不同的特点。北京产业结构历年变化趋势图如图 4.1 所示。

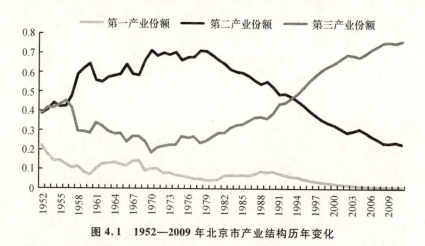

图 4.1 1952—2009 年北京市产业结构历年变化

首先,由于北京市是全国的政治中心,受宏观政策的影响,其农产品主要依靠从河北等省份进口。同时由于北京地域较小,人口密度较大,可以利用的耕地面积不足,因此北京市第一产业在国民经济中处于不重要的地位,尤其是从 1971 年开始,北京市第一产业的比重持续低于 10%,

2011年甚至不足1%,说明北京市产业结构以第二产业和第三产业为主,第一产业的影响较小。

其次,从第二产业和第三产业份额的比重变化来看,大致可以分为以下几个阶段:在新中国成立初期,第二产业和第三产业的比重相差不大,可以说呈"二、三、一"的结构或者"三、二、一"的结构。从1956年社会主义改造基本完成开始,由于我国大力发展重工业,作为新中国的首都,北京成为我国重要的工业基地,出现了首钢等重工业企业。一方面为促进经济和社会的发展做出了重要贡献,但是同时也造成了资源消耗过度、环境污染等问题。改革开放以来,为了完善首都功能,北京实施推进产业结构调整,产业结构优化升级的思路,提高第三产业的比重,在各产业份额比重变化上反映为第二产业比重的持续下降和第三产业比重的持续上升。从1994年第三产业比重超过第二产业以来,两者的差距越来越大,北京市产业结构也呈现出明显的"三、二、一"特点。

二、变量与方法的选择

为了研究北京市产业结构与经济增长的关系,首先要选择恰当的指标,以分别衡量产业结构和经济增长。产业结构的衡量方法有许多种,比如有简单比例法(以劳动力为基准,分析三大产业从业人员的比例关系;以总产值为准,分析三大产业一定时期内总产值的比例关系;以各个产业产值的增长率为准,计算此增长率占当年国内生产总值增长率的比例等)、产业结构偏离度的度量(利用某产业产值占GDP的比重除以该产业吸纳就业人口占就业总人口的比重,再减1,如果结果等于零,就表明产业结构和就业结构均为均衡状态,如果大于零,说明该行业的生产率较高,反之,说明生产率较低)、产业不对称程度的衡量等。但是这些方法都是对各个产业分别进行衡量,不利于整体反映产业结构的变动情况。为此,本节选择了Moore结构变动值指标,即 $M = \dfrac{\sum_{i=1}^{n} W_{i,t} \cdot W_{i,t+1}}{\sqrt{\sum_{i=1}^{n} W_{i,t}^2} \cdot \sqrt{\sum_{i=1}^{n} W_{i,t+1}^2}}$,其中,$W_{i,t}$表示t时刻第i个行业在国民经济中所占的比重;$W_{i,t+1}$表示$t+1$时刻第i个行业在国民经济中所占的比重。将整个国民经济的每一个产业当作一个空间向量,那么,当某一个产业在国民经济中的份额发生变化时,与其他产业的夹角就会发生变化,把所有夹角变化量累计,就可以得到整个经济系统中各产业结构的变化情况。对于经济增长的衡量,采用较为公认的方法,即采用地区生产总值的增长率进行反映。所有的数据均来自《新中国五十年统计资料汇编》和《历年的北京统计年鉴》。地区生产总值的增长率采用可比价格计算。

为了完整地反映北京市经济增长与产业结构之间的关系,本节选择的样本区间为1952—2011年。同时,考虑到较长的数据期间内经济关系可能产生变化,本节将整个样本区间分为1952—1978年和1979—2011年两个子区间,分别进行研究。采用的统计软件为EViews 6.0。

如前所述,理论上讲,产业结构与经济增长之间存在双向的影响关系,较为成熟的方法是格兰杰因果检验。而格兰杰因果检验的前提是时间序列具有平稳性,或者具有同阶单整且协整的关系。所以,在格兰杰因果检验之前需要对时间序列的平稳性进行检验,采用的方法是ADF单位根检验。在格兰杰因果检验之后,对于比较显著的因果关系,进一步进行方差分解,以期获得产业结构对于经济增长或者经济增长对于产业结构的解释能力。

三、实证分析

(一)数据的初步分析

利用北京市历年三大产业产值的比重,根据Moore值的公式,计算出历年北京市产业结构变动的Moore值。同时,计算出可比价格下GDP的增长率,做出两者趋势的变动如图4.2所示。

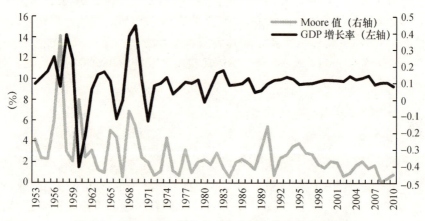

图4.2 1953—2010年北京市产业结构变动与经济增长

从图中看出,北京市产业结构变动的 Moore 值变动最大的年份出现在 1957 年,即社会主义改造基本完成,重工业化开始的时间。而经济增长的最大值出现在 1969 年,最小值则是 1960 年和 1961 年,即我国遭受严重自然灾害的时期。同时,可以明显看出,反映北京市产业结构变动的 Moore 值以及 GDP 的增长率均呈现出早期波动剧烈、近年来趋于平稳的特点。说明在 1978 年以前尤其是新中国成立初期,北京市的产业结构变化较快,经济增长的波动也较大。而随着经济的发展与成熟,产业结构的变化趋于平缓,经济增长也趋于稳定。两者之间波动关系的一致性说明两者之间可能存在双向因果关系。

(二) 数据的平稳性分析

如前所述,在进行格兰杰因果检验之前,需要对数据的平稳性进行检验。选择的时间序列为 Moore 值和 GDP 增长率。样本期为 1952—2011 年、1952—1978 年以及 1979—2011 年。选择的检验方法为 ADF 单位根检验,滞后阶数的选择标准是 AIC 准则。检验结果如表 4.1 所示。

表 4.1 平稳性检验结果

时间序列		检验形式	检验统计量	P 值	检验结论
1952—2011 年	Moore 值	(C,T,0)	−6.8906	0.0000	平稳
	GDP 增长率	(C,T,1)	−7.7766	0.0000	平稳
1952—1978 年	Moore 值	(C,T,0)	−4.8644	0.0034	平稳
	GDP 增长率	(C,T,1)	−4.9013	0.0033	平稳
1979—2011 年	Moore 值	(C,T,0)	−4.1882	0.0122	平稳
	GDP 增长率	(C,T,0)	−4.2969	0.0095	平稳

检验结果显示,在选择的三个样本期内,Moore 值和 GDP 增长率均为平稳序列,可以直接进行格兰杰因果检验。

(三) 格兰杰因果检验

在三个样本期内,分别进行格兰杰因果检验。对于格兰杰因果检验的滞后阶数,本节对于 1952—2011 年的样本期,选择 2 阶至 6 阶;而 1952—1978 年和 1979—2011 年由于时间序列较短,选择 2 阶至 4 阶。检验结果如表 4.2 所示。

表 4.2 格兰杰因果检验结果

样本期	原假设	滞后阶数					检验结论
		2 阶	3 阶	4 阶	5 阶	6 阶	
1952—2011 年	Moore 不是 GDP 格兰杰原因	0.2853	0.0092	0.0114	0.0023	0.0039	拒绝原假设
	GDP 不是 Moore 格兰杰原因	0.1994	0.3647	0.2210	0.0001	0.6528	不能拒绝原假设
1952—1978 年	Moore 不是 GDP 格兰杰原因	0.5056	0.1665	0.2617	N. A.	N. A.	不能拒绝原假设
	GDP 不是 Moore 格兰杰原因	0.3040	0.6009	0.5748	N. A.	N. A.	不能拒绝原假设
1979—2011 年	Moore 不是 GDP 格兰杰原因	0.8847	0.9522	0.8096	N. A.	N. A.	不能拒绝原假设
	GDP 不是 Moore 格兰杰原因	0.2884	0.1978	0.2740	N. A.	N. A.	不能拒绝原假设

从检验结果可以看出,在1952—2011年这个样本期,对于Moore不是GDP的格兰杰原因的原假设,只有在2阶滞后时才不能拒绝,其余阶数均可以拒绝原假设;对于GDP不是Moore的格兰杰原因的原假设,只有在5阶滞后时才可以拒绝原假设,其余阶数均不能拒绝原假设。说明从整体来看,在1952—2011年这个样本期,产业结构的变化可以引起经济增长,但是经济增长不能引起产业结构的变化。而在1952—1978年和1979—2011年这两个样本期,所有的原假设均不能拒绝,说明经济增长不能影响产业结构,而产业结构也不能影响经济增长。

(四)方差分解

上一阶段的分析得到,只有在1952—2011年这个样本期,产业结构是经济增长的原因,而在这个样本期内经济增长不能影响产业结构;在剩下的两个子样本期内经济增长和产业结构不能相互影响。因此,在本部分,仅仅关注1952—2011年产业结构对于经济增长的解释力度,即对经济增长进行方差分解。

方差分解基于VAR模型。建立VAR模型并且进行稳定性检验之后,对于经济增长方差分解的结果如表4.3所示。

表4.3 方差分解结果

期数	产业结构	经济增长	期数	产业结构	经济增长
1	0.8005	99.1995	6	28.0113	71.9889
2	6.6128	93.3872	7	28.9844	71.0156
3	12.6391	87.3609	8	28.9311	71.0689
4	19.0621	80.9379	9	29.0404	70.9596
5	28.2074	71.7926	10	29.2564	70.7436

方差分解的结果比较理想:从第5期开始,产业结构对于经济增长的解释能力趋于稳定,大约能够解释30%的经济增长。说明产业结构对于经济增长的解释能力较强。

四、本节小结

本节使用Moore结构变动值反映产业结构的变化,GDP增长率反映经济增长,主要选择格兰杰因果检验的方法,在1952—2011年、1952—1978年和1979—2011年三个阶段,分别检验了北京市产业结构变动与经济增长之间的关系。检验结果显示,在1952—2011年这个样本期内,产业结构的变动能够促进经济的增长,但是经济增长不能促进产业结构的变动;在1952—1978年和1979年—2011年两个样本期内,产业结构变动和经济增长之间没有明显的因果关系。同时,北京市产业结构的变动大约能够解释30%的经济增长。

对于本节的结论,可以做以下的解释:

首先,在1952—2011年产业结构的变动能够促进经济的增长,但是在两个子区间内,产业结构变动与经济增长之间没有明显的因果关系。原因是产业结构变化与经济增长之间是一个长期的关系,即其因果关系在新中国成立至今这一较长的时间段内可以明显地体现出来。但是两个子区间的时间均只有30年左右,不足以反映经济变量之间的长期趋势,所以出现了两者长期存在因果关系,但是在两个子区间内没有明显的因果关系的情况。

其次,产业结构能够促进经济的增长。产业结构对于经济增长最主要的影响是结构红利。新中国成立之初,由于之前连年的战乱,北京市的产业结构并不合理,各种资源不能得到有效的配置。而随着社会主义基本经济制度的建立,尤其是改革开放以来社会主义市场化的发展,为资源的有效配置、经济向最优状态靠拢提供了有利的条件,蕴藏在不合理的产业结构之中的结构红利逐渐得到释放,促进了经济的发展。从全国的角度来看,从改革开放初期到2000年左右,产业结构红利的释放是经济增长最主要的动力之一。而在北京,其经济增长同样享受到了产业结构红利的益处,所以从长期来看产业结构能够引起经济的增长。

最后,经济增长对于产业结构变动的作用并不明显。从检验的结果可以看出,无论是1952—2011年、1952—1978年还是1979—2011年,北京市的经济增长对于产业结构变动的作用均不显著,即经济的增长不会推动产业结构的变动。具体的原因将在后文进行分析。

第二节　原因分析

一、产业结构与经济增长相互影响的原因

如前文所述,产业结构与经济增长之间有相互影响的关系。在产业结构影响经济增长方面,最主要的理论是产业结构红利假说,即由于国民

经济中各个产业的劳动生产率不同,当劳动等资源由生产率低的行业向生产率高的产业转移时,国民经济就会从中享受到益处,从而获得发展。经济增长主要是通过收入需求弹性影响产业结构。各行业的收入需求弹性不同:国民收入的增长是经济发展最重要的指标之一,一般经济增长都会伴随着国民收入的增加。而各个行业的收入需求弹性是不同的,随着经济的增长,各个行业面临的需求状况在不断地改变,从而推动了产业结构的变化。以上是产业结构与经济增长之间相互影响的理论依据,但是理论在北京市是否适用,需要进行具体的检验。限于数据的可获得性,本节的样本量为 1978—2011 年,即仅研究上文得出的北京市在 1978—2011 年的样本区间,产业结构与经济增长之间没有明显因果关系的原因。

二、产业结构红利假说

(一) 趋势分析

在本部分,主要研究北京市是否存在产业结构红利。用某产业的总产值除以该产业的从业人员,得到各产业的劳动生产率。北京市各产业 1978 年以来劳动生产率的变化如图 4.3 所示。

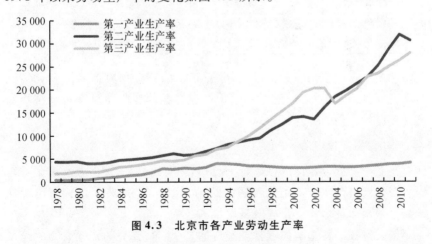

图 4.3 北京市各产业劳动生产率

从图中看出,北京市第二产业的生产率和第三产业的生产率大致相仿,均远远超过第一产业。如果存在产业结构红利,那么第一产业的份额应当持续下降,第二产业和第三产业的份额应该逐渐上升。

再考虑三大产业之间劳动力份额的变化,如图 4.4 所示。

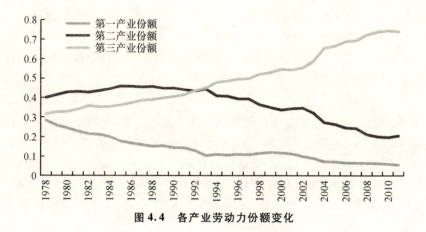

图 4.4　各产业劳动力份额变化

从图中可以看出,北京市第一产业的份额的确呈下降趋势。但是,这种趋势在 20 世纪 90 年代初以来变得不明显。第三产业的份额呈上升趋势,但是这种上升主要是以第二产业份额下降为代价的。总结三大产业的实际变化与会产生结构红利的变化,如表 4.4 所示。

表 4.4　北京市劳动力份额实际变化与结构红利变化对比

不同情况	第一产业份额	第二产业份额	第三产业份额
结构红利情况	逐步下降	逐步上升	逐步上升
实际情况	下降并平稳	逐步下降	逐步上升

从表中可以更加明显地看出,北京市三大产业份额的实际变化情况与理论变化情况不一致,说明北京市产业结构的变化并没有对经济增长起到促进的作用。

(二) 偏离份额法

在上一部分,通过分析三大产业份额的变化趋势,得出北京市产业结构的变化没有产生产业结构红利的结论。在本部分,将采用偏离份额法研究北京市产业结构变化与经济增长的关系。

偏离份额法的基本原理是把经济的某个组成部分的变化看为一个动态的过程,以其所在行业或者整个国家的经济发展为参考,将自身经济总量在某一时期的变动分解为三个分量,以分析出结构变化对于经济增长的贡献率。由于在表达式中显著地包含了结构变化的贡献,因此偏离份额法被广泛用于分析产业结构对于经济增长的影响。其基本形式为:

$$LP^T - LP^0 = \sum_{t=1}^{n}(LP_t^T - LP_t^T)S_t^0 + \sum_{t=1}^{n}(S_t^T - S_t^0)LP_t^0$$
$$+ \sum_{t=1}^{n}(S_t^T - S_t^0)(LP_t^T - LP_t^0)$$

这是将劳动生产率分解的公式,反映了从 0 时刻到 T 时刻,构成劳动生产率变化的各个部分。两端同除以 LP^0,即可得到劳动生产率的变化率。其中,在产业结构影响经济增长这个大背景下,右端的第一项被称为行业内生产率增长,反映的是在假设产业结构不变的前提下各行业内部生产率的提高;第二项被称为静态影响,反映的是在期初劳动生产率的情况下,劳动力向高效率行业转移带来的生产率的提高;第三项被称为动态影响,反映的是劳动力向更具有活力的行业转移带来的生产率的提高。而产业结构对于经济增长的贡献包括第二项和第三项。

将偏离份额法应用于北京市,采用各大产业从业人数作为产业份额的衡量,将第二项和第三项统称为产业结构。剔除 1990 年的极端数据,得到的结果如表 4.5 所示。

表 4.5　偏离份额法结果　　　　　　　　　　（单位:%）

时间段	1981—1985(平均)	1986—1990(平均)	1991—1995(平均)	1996—2000(平均)
产业内增长	92.14	99.83	98.06	99.32
产业结构	7.86	0.17	1.94	0.68
时间段	2001—2005(平均)	2006—2010(平均)	2011	1981—2011(平均)
产业内增长	89.30	99.22	88.79	95.94
产业结构	10.70	0.78	11.21	4.06

从结果看出,北京市产业结构对于经济增长的贡献,基本在 10% 以下,而从 1981—2011 年年平均数据的角度来看,产业结构的贡献只有 4% 的作用,说明北京市产业结构对于经济增长的贡献很小,这也就说明了为什么在上一部分中,得到了 1978—2011 年样本区间产业结构不是经济增长的格兰杰原因的结论。其原因与趋势分析部分的结论相同,即 1978 年以来,北京市产业结构变化的重点是第二产业的份额向第三产业转移。但是这两大产业的劳动生产率大致相同,说明产业结构的变化并没有导致资源向更加有效率的领域流动,从而对于经济增长的促进作用不高。而且,就目前来说,北京市劳动生产率最低的是第一产业,但是第一产业的份额已经很低,说明北京市产业结构红利已经基本释放完毕,将来的经

济发展应当挖掘其他方面的动力,再将经济发展寄希望于产业结构调整是不现实的。

三、产业需求弹性假说

在本部分,主要研究经济增长是否会对不同的产业产生不同的影响。选择 GDP 作为经济增长的指标,选择各产业的增加值作为衡量其需求的指标。分别对其取对数差分,即获得各个指标的增长率 DGDP、$DIND_1$、$DIND_2$ 和 $DIND_3$。分别以各个产业增加值的增长率为因变量,选择 GDP 增长率为自变量,进行一元线性回归,得到如表 4.6 所示的结果。

表 4.6 线性回归结果表

因变量	自变量系数	P 值	R^2	D.W. 检验值
DIND1	0.463	0.2404	0.044	1.18
DIND2	0.928	0.0000	0.712	1.59
DIND3	1.028	0.0000	0.747	1.53

检验结果显示,北京市经济增长对于第一产业的发展影响不大,自变量的系数只有 0.463,而且并不显著。北京市经济增长对于第二和第三产业的发展有明显的影响。经济增长的指示变量 DGDP 在两个回归中的系数均十分显著,R^2 较高,而且通过了 D.W. 检验。但是,DGDP 在两个回归中系数的差别不大,这说明经济增长对于第二产业和第三产业影响能力基本相仿,经济增长影响产业结构的需求收入弹性假说在北京并不成立。这也解释了为什么北京市的经济增长对于其产业结构的变化并没有明显的影响。

四、本节小结

上一节通过格兰杰因果检验等方法,得出了在 1978—2011 年经济增长与产业结构之间没有明显关系的结论。针对这一现象,本节从产业结构红利/负担理论和行业收入需求弹性理论的角度出发,研究经济增长与产业结构之间没有明显关系的原因。

首先研究的是北京市产业结构的变动不会影响经济增长,采用的方法是趋势分析法和偏离份额法。理论上讲,为了达到最优,各产业的劳动力应当向生产率较高的产业转移。通过分析发现,北京市第二和第三产业的生产率相仿,均远高于第一产业,劳动力应当从第一产业向第二和第三产业转移。但是实际情况与此相悖,尤其是 90 年代中期以来,第一产业劳动力份额基本不变,第三产业劳动力的增加主要是以第二产业劳动力减少为代价的,这表明北京市的三大产业的资源并没有向最优的配置流动。进一步利用偏离份额法分析发现,北京市产业结构变动对于经济增长的贡献仅为 4%,也说明了产业结构对于经济增长的贡献很小。

其次研究了北京市的经济增长不会导致产业结构变化的原因。主要分析的角度是三大产业对于收入的需求弹性。通过回归发现,北京市经济增长对于第一产业的影响能力不大,对于第二和第三产业都有显著的影响,但是其影响能力相仿。考虑到第一产业的份额很小,可以得出北京市各产业对于经济增长的需求收入弹性相似的结论,也就说明了北京市经济增长对产业结构的变化没有明显影响的原因。

第三节　北京市产业结构与经济增长的关系
　　　　——区县视角

一、北京市区县的划分

在 2009 年以前,北京市有十八个区县;在 2009 年以后,由于崇文、宣武区与东城、西城区的合并,北京市只剩下十六个区县。但是无论是哪种行政区划划分方法,北京市各个区县之间相差很大。比如属于首都功能核心区的东城区与属于城市涵养发展区的房山区之间有明显的差别。东城区为各大国家机关、金融机构、国有企业等的聚集区,而房山区则属于北京的旅游景区聚集地。从三大产业结构的比例分布来看,2011 年年底,东城区三大产业产值的比重约为 0:6:94,而房山区的三大产业产值比重约为 6:59:35,两个区之间产业结构的差别很大。所以说,如果将北京十几个区县作为一个整体,研究产业结构与经济增长的关系,会忽视掉各区县之间的差异,得出的结论可能并不准确。而如果将北京十几个区县分别进行研究,又显得琐碎。所以,在本节中,先将十几个区县进行恰当的划分,然后在各个区域中研究产业结构与经济增长的关系。

对于北京市区县的划分,比较官方的说法是分为首都功能核心区、城市功能拓展区、城市发展新区和生态涵养发展区四大区域。但是,这种划分综合了政治、经济、文化、环境等因素,不利于清晰地研究产业结构与经济增长的关系。而本节选择分析历年来各区域产业结构的变化情况,将产业结构相似的区域合并在一起，作为一个整体进行研究。

本节选择的样本期间是 1996—2011 年，共 16 年；样本为东城区、西城区、朝阳区、海淀区等北京十八个区县。其中，2010 年和 2011 年崇文区和宣武区的统计数据不可得，由于崇文区并入了东城区，宣武区并入了西城区，因此本节根据 2009 年崇文区与东城区 GDP 以及三大产业产值的比例，将东城区 2010 年和 2011 年的数据拆分成崇文区和东城区，对宣武区和西城区也进行了相同的处理。

对于北京市的每个区县，分别计算出各产业历年产值之和之间的比例，作为衡量各区县历年产业结构特点的指标，如表 4.7 所示。

表 4.7 北京市各区县三大产业产值比重 （单位:%）

区县	一产比重	二产比重	三产比重	区县	一产比重	二产比重	三产比重
东城	0	5	95	门头沟	2	53	45
西城	0	11	89	通州	8	47	45
崇文	0	19	81	大兴	10	40	50
宣武	0	19	81	怀柔	6	59	35
朝阳	0	17	83	密云	14	45	41
海淀	0	20	80	昌平	3	48	49
丰台	0	28	72	顺义	6	47	47
石景山	0	58	42	延庆	19	28	53
房山	6	59	35	平谷	15	43	42

根据各区县产业结构的特点，可以将其大致分为如表 4.8 所示的四类。

表 4.8 北京市区县分类

类别	区县	特点
第一类	东城、西城、崇文、宣武、朝阳	明显的"三、二、一"，第一产业基本不存在，第二产业比重小于 20%
第二类	海淀、丰台、大兴、延庆	明显的"三、二、一"，第一产业不存在或比重较小，第二产业比重为 20%—40%
第三类	通州、昌平、顺义、平谷	"三、二、一"或者"二、三、一"，第一产业比重较小，第二与第三产业比重相似
第四类	石景山、房山、门头沟、怀柔、密云	呈明显的"二、三、一"结构

在下文中,将根据此分类,对北京市产业结构与经济增长的关系进行深入的分析。

二、实证分析

本部分依然选择 Moore 值作为产业结构变动的衡量指标,选择 GDP 的增长率作为经济增长的衡量指标。

与时间序列数据相似,在对面板数据进行格兰杰因果检验之前,需要对数据进行平稳性检验。检验采用的软件是 EViews 7,结果如表 4.9 所示。

表 4.9 平稳性检验

区域类	变量	L.L.C.(P值)	IPS(P值)	ADF(P值)	PP(P值)	检验结论
第一类	Moore	0.0000	0.0000	0.0000	0.0000	平稳
	GDP	0.0000	0.0000	0.0000	0.0000	平稳
第二类	Moore	0.0000	0.0002	0.0009	0.0000	平稳
	GDP	0.0000	0.0000	0.0000	0.0000	平稳
第三类	Moore	0.0343	0.0000	0.0002	0.0001	平稳
	GDP	0.0000	0.0000	0.0000	0.0000	平稳
第四类	Moore	0.0034	0.0042	0.0059	0.0000	平稳
	GDP	0.0000	0.0000	0.0000	0.0000	平稳

检验结果显示,各个区域的 Moore 值和 GDP 增长率均为平稳序列,可以进行深入的分析。同时,为了研究各区域 Moore 值和 GDP 增长率之间是否存在长期稳定的关系,对其进行协整检验,即基于面板数据的协整检验,选择的方法是 Johansen Fisher 面板协整检验,结果如表 4.10 所示。

表 4.10 协整检验

区域类	原假设	迹统计量	P值	最大特征统计量	P值	检验结论
第一类	没有长期稳定关系	58.39	0.000	41.19	0.000	拒绝
第二类	没有长期稳定关系	31.83	0.000	23.13	0.003	拒绝
第三类	没有长期稳定关系	22.12	0.005	13.53	0.095	拒绝
第四类	没有长期稳定关系	41.06	0.000	29.71	0.001	拒绝

检验结果显示,各个区域的 Moore 值和 GDP 增长率之间没有长期稳定关系的原假设均被拒绝,说明各个区域的 Moore 值和 GDP 增长率之间

存在长期稳定的关系,即各区域的产业结构与经济增长是同步的。

三、结果分析

本节研究了北京市各个区域的经济增长与产业结构的关系,采用的方法是基于面板数据的协整检验。协整检验研究的是变量间是否存在长期稳定的关系,各个区域的经济增长与产业结构均通过了协整检验,说明其均存在长期稳定的关系。对于此结果,可以做出如下的解释。

从研究产业结构与经济增长的经典理论配第-克拉克定理的角度来看,随着一个地区以人均 GDP 为衡量指标的经济发展水平的提高,其第三产业的比重会逐渐地上升。考察本节的四大地区产业结构特点与人均 GDP 的关系,如表 4.11 所示。

表 4.11 各区域产业结构特点与人均 GDP 关系

类别	区县	产业结构特点	人均 GDP（元）
第一类	东城、西城、崇文、宣武、朝阳	明显的"三、二、一",第一产业基本不存在,第二产业比重小于 20%	120 052.3
第二类	海淀、丰台、大兴、延庆	明显的"三、二、一",第一产业不存在或比重较小,第二产业比重为 20%—40%	59 684.7
第三类	通州、昌平、顺义、平谷	"三、二、一"或者"二、三、一",第一产业比重较小,第二与第三产业比重相似	46 444.8
第四类	石景山、房山、门头沟、怀柔、密云	呈明显的"二、三、一"结构	42 788.8

从表中可以看出,四大地区产业结构特点与经济发展水平的关系与配第-克拉克定理描述的相同,即经济发展水平越高的地区,第三产业产值的比重越大,这说明从区县的角度来看,北京市产业结构的演变是符合经济规律的。

另外需要说明的是,从区县的角度来看,北京市的产业结构演变与经济发展基本一致,但是从整体来看,北京市的产业结构与经济增长没有明显的关系。这可能是因为在本节划分的四大区域中,各个区域内部产业结构比较协调,但是各大区域之间的关系并非十分理想。鉴于此,北京市应当适当调整各区县产业结构的布局,以实现各区县的协调发展。

第四节 本章小结

本章主要研究了北京市产业结构与经济增长之间的关系。产业结构与经济增长的关系最早可以追溯到配第-克拉克定理,即随着经济的发展,人均国民收入水平的提高,第一产业国民收入和劳动力的相对比重逐渐下降;第二产业国民收入和劳动力的相对比重上升,经济进一步发展,第三产业国民收入和劳动力的相对比重也开始上升。在此之后,罗斯托、钱纳里等丰富了产业结构与经济增长之间关系的理论。最近一段时间以来,国内外学者在此领域做了大量的研究,形成了较为成熟的理论体系。

本章主要研究了三个方面的问题:从总体上看北京市产业结构与经济增长之间是否有明显的关系,产生这种关系的原因以及从区县的角度来看北京市产业结构与经济增长的关系。研究发现,在1952—2011年这个样本期内,产业结构的变动能够促进经济的增长,但是经济增长不能促进产业结构的变动;在1952—1978年和1979—2011年两个样本期内,产业结构变动和经济增长之间没有明显的因果关系。同时,北京市产业结构的变动大约能够解释30%的经济增长。接下来,本章从产业结构红利和需求收入弹性两个角度分析了这种关系产生的原因。分析产业结构红利采用了两种方法,即趋势法和偏离份额法,两种方法都显示,北京市的产业结构对经济增长的贡献较低,而且通过调整结构促进经济增长的空间不大。同时,采用线性回归分析了各产业的需求收入弹性,研究发现,北京市第二产业和第三产业的需求收入弹性相差不大,这也证明了为什么北京市经济的增长不能促进产业结构的变迁。由于北京市各区县之间产业结构特点和经济发展水平参差不齐,因此在第三节,本章从区县角度分析了北京市产业结构与经济增长的关系。选择产业结构的特点为标准将北京市十八个区县(依然包括崇文和宣武两区)分为四大区域,在每一部分中采用了面板数据的协整检验。检验发现,北京市的产业结构与经济增长之间存在长期稳定的关系。另外通过计算各大区域产业结构特点与经济发展水平的关系,为此结论提供了解释。

通过本章的分析,建议北京市应当将生产率的提高作为经济发展的动力,同时应当统筹各区县之间的协调发展,以促进北京市经济又好又快地增长。

第五章　北京市产业结构调整与经济波动

第一节　概　　述

自1949年新中国成立以来,我国产业结构变化基本遵循着第一产业下降,第二、第三产业上升的长期趋势,特别是1978年十一届三中全会之后,产业结构调整更是被提上重要议程。第二产业的拉动效应明显,经济的蓬勃发展有力地促进了第三产业的进步。由于产业结构优化调整与社会经济活动联系紧密,每次产业结构的变动都会造成宏观经济要素的一系列波动,比如劳动力、资本等。产业结构对经济波动的影响关系到国家的经济安全和政治稳定,历次产业结构调整中央和地方均高度重视、积极指导、严密监督并及时调控,力保经济增长又好又快。农业作为我国最重要的产业之一,各级党委和政府都把解决好"三农"问题列为工作的重中之重,党中央和国务院多次发文强调"三农"问题的重要性,并从方针上指导各地的农业结构调整。对于近十年高度发展的金融行业,各级政府也在积极探索,在大力支持的同时努力扮演好监督者的角色。加强对产业结构调整的指导,也就是在市场"看不见的手"无法调控的情况下,通过政府的干预,既达到产业结构优化升级的目的,又使得其造成的经济波动达到最小化。本章通过研究产业结构调整对经济波动的影响,尝试从不同层面探索经济波动的原因,并深入解释产业结构调整对经济波动的影响力度。

第二节　产业结构变化调整与经济波动的度量

一、行业结构变化的度量

通常在实证分析中计算产业结构比重的方法分为两种,一种方法为计算该产业产值占地区总产值的比例;另一种方法为计算该产业就业人数占地区总就业人数的比例,本章采用第一种方法。在本章的实证分析

中,拟采用行业产值占总产值的比重对数差分的结果(即行业比重的变化率)对行业层面的变化进行度量,其公式如下:

$$\theta_{i,t} = \mathrm{Ln}\frac{G_{i,t}}{G_t} - \mathrm{Ln}\frac{G_{i,t-1}}{G_{t-1}} \qquad (1)$$

其中,$i = 1,2,\cdots,N$,代表 N 个不同行业;$t = 1,2,\cdots,T$,分别对应不同的年份。

二、总体产业结构的度量

本章拟采用 Moore 指数对整体产业结构的变化进行度量。用 Moore 值测定产业结构变化程度是运用空间向量的测定方法,以向量空间中的夹角为指标来反映产业内部结构变动程度(Moore,1978)。Moore 指数的计算公式为:

$$M_t = \frac{\sum_{i=1}^{n}(W_{i,t}W_{i,t-1})}{\sqrt{\sum_{i=1}^{N}W_{i,t}^2}\sqrt{\sum_{i=1}^{N}W_{i,t-1}^2}} \qquad (2)$$

其中,$W_{i,t}$ 表示 t 时期 i 产业所占比重,$W_{i,t-1}$ 表示 $t-1$ 时期 i 产业所占比重。定义不同时期产业向量之间变化的夹角为 e,令

$$e = \mathrm{arcos}M_t \qquad (3)$$

则,$0 \leqslant e \leqslant \frac{\pi}{2}$ 的值越大,e 代表产业结构变化越大。

经济波动并没有唯一的定义,研究经济波动时所用的指标也不尽相同,通常所用指标包括经济增长率的标准差系数,HP 滤波所分离出的周期成分,GDP 增长率滚动方差,增长方程预测残差的标准差以及从政府角度度量的其他指标。本章主要采用由 HP 滤波分离出的 GDP 增长率的周期成分作为衡量经济波动的指标,并采用经济增长率标准差系数作为稳健性检验指标。

三、HP 滤波

HP 滤波算子可度量出产出缺口,通过最小化

$$\sum_{t=1}^{T}(\mathrm{Ln}Y_t - \mathrm{Ln}Y_t^*)^2 + \lambda\sum_{t=1}^{T-1}[(\mathrm{Ln}Y_{t+1}^* - \mathrm{Ln}Y_t^*)^2 \\ - (\mathrm{Ln}Y_t^* - \mathrm{Ln}Y_{t-1}^*)]^2 \qquad (4)$$

分离出时间序列的趋势成分 $\mathrm{Ln}Y_t^*$(潜在产出)和周期成分($\mathrm{Ln}Y_t - \mathrm{Ln}Y_t^*$)

(产出缺口)。由于本章全部引用的年度数据,故根据一般经验 λ 的取值为 100。

四、GDP 增长率

在主流的经济学研究中,另一种衡量经济波动的方法是直接使用 GDP 增长率,本章 GDP 增长率均采用公式 $g_t = LnY_t - LnY_{t-1}$ 计算。

第三节 实证分析(1)

一、数据

本节实证分析拟通过计算衡量北京市经济波动和产业结构变动的指标,运用格兰杰因果检验从宏观上初步分析北京市产业结构变动和经济波动的格兰杰因果关系。本节采用 1952—2011 年北京市地区生产总值(以 1952 年为基期的 CPI 调整)作为经济波动指标的数据源,并采用 1952—2011 年三次产业占地区生产总值的比重为衡量产业结构变动的数据源。本节数据均来自《北京统计年鉴》和《新中国五十年统计资料汇编》。

二、北京市产业结构变化的两个阶段

在我国,产业结构的变化与宏观经济的改革和政策具有紧密联系,本节的实证分析将根据北京市三次产业的就业数量、增加值等指标,结合经济史专家对中国整体经济阶段的划分,以 1978 年为分割点把北京市产业结构调整划分为两个阶段。新中国成立初期到 1978 年北京市具有农业人口比重较大、工业发展速度快等特点(沈蕾,2009),第一产业的比重由 1952 年的 22% 迅速下降到 1978 年的 5%,第二产业的比重在 1978 年左右达到了顶峰(71%),之后逐年下降,第三产业的比重由新中国成立初期的 39% 下降到 1978 年的 24%,之后逐年快速上涨;在 1978 年之后,北京市产业结构大致经历过三个发展阶段(1979—1990 年,1991—2000 年,2001 年至今),但是考虑到数据的有限,将后三个部分合为一个整体。综合上述信息,1978 年作为中国改革进程中的重要时间点,以此作为划分北京市发展的两个阶段具有充分的理由。

三、指标

本节衡量产业结构变化的指标采用 Moore 值,其计算公式已在前文给出,衡量经济波动的指标分别采用 GDP 增长率和 GDP 增长率的周期

成分，其中后者采用不变价 GDP 为源数据，在本节中均直接表述为"经济波动"，由 EViews 7.0 进行 HP 滤波分解生成，其结果如图 5.1 所示。

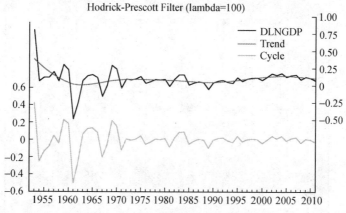

图 5.1　GDP 增长率 HP 滤波分解

四、格兰杰因果检验

进行格兰杰因果检验的前提是变量平稳或者具有协整关系，本节采用 ADF 检验检测时间序列是否含有单位根，采用 AIC 准则判断滞后阶数，EViews 7.0 输出的结果如表 5.1 所示。

表 5.1　变量单位根检验

	检验变量	检验形式	检验统计量值	P 值	结论
1952—2011 年	经济波动	C,N,10	-5.833	0.000*	平稳
	GDP 增长率	C,C,6	-4.062	0.0125**	平稳
	Moore 指数	C,N,10	-3.018	0.0402**	平稳
1952—1978 年	经济波动	C,N,3	-4.171	0.0041*	平稳
	GDP 增长率	C,N,1	-4.054	0.0048*	平稳
	Moore 指数	C,T,5	-4.342	0.0136**	平稳
1979—2011 年	经济波动	C,N,0	-5.274	0.0001*	平稳
	GDP 增长率	C,T,0	-3.784	0.0308**	平稳
	Moore 指数	C,N,0	-4.321	0.0018*	平稳

注：表中检验形式一栏第一个指标代表有无截距项（C 表示有，N 表示无），第二个指标代表有无时间趋势项（T 表示有，N 表示无），第三个指标为滞后阶数；表中 * 和 ** 分别代表在 1% 和 5% 的显著水平下拒绝存在单位根的原假设。

经过单位根检验，变量均在 1% 或者 5% 的显著性水平下拒绝有单位根的原假设，可以进行格兰杰因果检验，结果如表 5.2 所示。

表 5.2 格兰杰因果检验结果

样本期	原假设	统计量（P值）滞后 2 期	统计量（P值）滞后 3 期	统计量（P值）滞后 4 期	统计量（P值）滞后 5 期	统计量（P值）滞后 6 期
1952—2011 年	Moore 值不能格兰杰引起经济波动	3.15359 0.0510	12.9013* 0.0000	7.52258* 0.0001	7.42089* 0.0000	6.99656* 0.0000
	经济波动不能格兰杰引起 Moore 值	1.08695 0.3448	0.80147 0.4991	1.88062 0.1299	7.28175* 0.0001	1.37655 0.2476
	Moore 值不能格兰杰引起经济增长率	1.34225 0.2702	12.2807* 0.0000	9.78297* 0.0000	8.16571* 0.0000	7.74033* 0.0000
	经济增长率不能格兰杰引起 Moore 值	1.11895 0.3344	0.77749 0.5122	1.31119 0.2799	9.16577* 0.0000	2.26514 0.0564
1952—1978 年	Moore 值不能格兰杰引起经济波动	1.66163 0.2163	5.18983** 0.0108	2.63280 0.0826	2.62904 0.0907	2.73207 0.1073
	经济波动不能格兰杰引起 Moore 值	0.60444 0.5566	0.28949 0.8323	0.50313 0.7342	2.29618 0.1233	0.34112 0.8944
	Moore 值不能格兰杰引起经济增长率	0.89787 0.4240	5.17573** 0.0109	3.74431** 0.0307	3.62943** 0.0393	3.84185 0.0507
	经济增长率不能格兰杰引起 Moore 值	0.81178 0.4589	0.44072 0.7270	0.67017 0.6242	4.11629** 0.0273	0.34347 0.8930

（续表）

样本期	原假设	统计量（P值）滞后2期	统计量（P值）滞后3期	统计量（P值）滞后4期	统计量（P值）滞后5期	统计量（P值）滞后6期
1979—2011年	Moore值不能格兰杰引起经济波动	0.16032 0.8527	0.47154 0.7051	0.55845 0.6954	0.69411 0.6350	0.84495 0.5563
	经济波动不能格兰杰引起Moore值	7.16143* 0.0033	4.39733** 0.0138	2.96889** 0.0447	3.32070** 0.0284	2.38488 0.0846
	Moore值不能格兰杰引起经济增长率	0.13986 0.8701	0.32816 0.8050	0.25244 0.9048	0.95085 0.4742	0.85959 0.5469
	经济增长率不能格兰杰引起Moore值	4.47587** 0.0214	2.98998 0.0519	1.97081 0.1380	2.20487 0.1016	1.74538 0.1829

注：表中*和**分别代表在1%和5%的显著水平下拒绝原假设。

从新中国成立至今,"Moore 值(即产业结构变动)不能格兰杰引起经济波动"的原假设(除滞后 2 期)均被以 1% 的显著水平拒绝,而"经济波动不能格兰杰引起 Moore 值"的原假设只能在滞后 5 期时被拒绝,由此可以得出结论:北京市 1952—2011 年产业结构变动能够格兰杰引起经济波动,而期间的经济波动不能格兰杰引起北京市产业结构变动。相应地,在考虑 Moore 值和经济增长率的格兰杰因果关系时也给出了相同的结果。

从 1952—1978 年,"Moore 值不能格兰杰引起经济增长率"的原假设被拒绝,而其他的变量均不能显著地体现出格兰杰因果关系,由此可得出结论:北京市 1952—1978 年产业结构变化能够格兰杰引起经济增长率(经济波动),而期间的经济增长率(经济波动)不能格兰杰引起北京市产业结构变动。

从 1979—2011 年,"经济波动不能格兰杰引起 Moore 值"的原假设在滞后 2—5 期时均被拒绝,而其他的变量均不能显著地体现出格兰杰因果关系,由此可得出结论:北京市 1979—2011 年经济波动能够格兰杰引起产业结构的变化,而期间的产业机构变化不能格兰杰引起北京市经济波动。

综合上述信息,从长期来看,北京市产业结构的调整对于经济的冲击有较为明显的效应,而经济的波动没有明显地反作用于产业结构的变动;在 1978 年之前,两者的关系主要体现出了长期的因果关系,而在 1978 年之后,经济的波动显著地造成了产业结构的调整,这是长期分析中没有体现出来的。

产业结构变化造成经济波动的可能原因为新中国成立之后到 1978 年强调的工业发展和第三产业相对比重的下降造成了经济中的稳定成分缺失,工业项目的上马能极大地刺激短期内的地区生产总值上涨,而在当时缺乏系统性引导和规划的背景下,与工业相关的第三产业配套服务发展滞后,此种刺激极易转化成为经济的波动并且民众的生产生活水平并没有显著地提高,也从另一方面证明了仅仅发展第二产业而忽视第三产业不可能维持经济的高速增长和劳动力的就业需求,一个产业如果仅仅依靠建立一个项目或者工厂而没有形成从制造到销售的第二、三产业相结合的产业链条,贸然调整产业结构只能恶化经济形势。而在 1978 年之后,第三产业的比重大幅上升,与之同时第二产业比重大幅下降,经济被重新注入稳定剂,经济对于产业结构的调整有更合理的预期和更长的传导途径,其影响被逐级削弱,所以期间产业结构的变化没有对经济波动造成大的冲击,经济的变化形态从"大起大落"转变成"高位平缓",符合我国稳中求进,好中求快的发展战略,在原则上和方向上顺应了时代的潮流。

经济波动反向对产业结构变化的影响在1978年之前并不显著,其原因可能为经济波动对产业结构的作用是市场的选择,经济形势的好坏既能在短期又能在长期让市场做出投资、消费等经济行为的判断,从而影响产业结构的变化。在1978年之前,我国以计划经济为主,经济的波动并不能导致产业结构的改变,市场的力量受制于行政力量,没有表现出"看不见的手"的优化配置作用。而在1978年之后,市场被引入到经济体制之中,特别是在20世纪90年代及以后,市场经济占主导的经济结构更能左右资金和人才的流向,经济的波动会造成资源从陈旧落后的行业和产业流向高预期的部门,投资者的预期受到宏观经济面的影响很大,反映出市场在配置资源中的效应,解释了1978年后经济波动格兰杰引起了产业结构的变化。

第四节 实证分析(2)

一、数据

本节实证分析拟以 Eggers 和 Ioannides(2006)构建的经济波动变化额分解式为基础,去掉其相邻两期产业结构不变的假设,定量分析结构变动对时期内经济波动的贡献率。本节采用1952—2011年北京市地区生产总值(以1952年为基期的CPI调整)作为经济波动指标的数据源,并采用1952—2011年三次产业占地区生产总值的比重为衡量产业结构变动的数据源。本节数据均来自《北京统计年鉴》和《新中国五十年统计资料汇编》。

二、模型与指标

一般地,GDP的增长率可分解为各产业比重与产业自身增长率乘积的和:

$$G_t = \frac{Y_t}{Y_{t-1}} = \frac{\sum_i X_{i,t}}{Y_{t-1}} = \frac{\sum_i \left(X_{i,t-1} \frac{X_{i,t}}{X_{i,t-1}} \right)}{Y_{t-1}} = \sum_i w_{i,t-1} \cdot g_{i,t} \quad (5)$$

式中, Y_t 和 Y_{t-1} 分别表示 t 时期和 $t-1$ 时期的 GDP, $X_{i,t}$ 和 $X_{i,t-1}$ 分别表示 t 时期和 $t-1$ 时期产业 i 的生产总值, $w_{i,t-1}$ 表示 i 产业在 $t-1$ 时期用 GDP 份额衡量的产业比重, $g_{i,t}$ 表示产业 i 产值从 $t-1$ 时期到 t 时期的增长率, G_t 表示总体 GDP 从 $t-1$ 时期到 t 时期的增长率。经济增长率的波动(用其方差衡量)可表示为:

$$\mathrm{Var}(G_T) = \sum_i w_{i,t}^2 \cdot \mathrm{Var}(g_{i,t}) + 2\sum_i \sum_i w_{i,t-1} \cdot w_{i+1,t-1} \cdot \mathrm{Cov}(g_{i,t}, g_{i+1,t}) \tag{6}$$

将相邻两期的 GDP 增长率波动相减, 得到经济波动的变化额, 表示如下:

$$\Delta \mathrm{Var}(G) = \mathrm{Var}(G_t) - \mathrm{Var}(G_{t-1}) \tag{7}$$

$$= \sum_i w_{i,t-1}^2 \cdot \mathrm{Var}(g_{i,t}) + 2\sum_i \sum_i w_{i,t-1} \cdot w_{i+1,t-1} \cdot \mathrm{Cov}(g_{i,t}, g_{i+1,t}) - \sum_i w_{i,t-2}^2 \cdot \mathrm{Var}(g_{i,t-1})$$

$$+ 2\sum_i \sum_i w_{i,t-2} \cdot w_{i+1,t-2} \cdot \mathrm{Cov}(g_{i,t-1}, g_{i+1,t-1}) \tag{8}$$

一般地, 如两变量相乘, 再求其结果的相邻两期变化量, 均可表示为: $A_t B_t - A_{t-1} B_{t-1} = (A_{t-1} + \Delta A)(B_{t-1} + \Delta B) - A_{t-1}B_{t-1} = \Delta A B_{t-1} - A_{t-1} \Delta B + \Delta A \Delta B$。由此, 可将式(8)分解为:

$$\Delta \mathrm{Var}(G) = \sum_i \Delta w_i^2 \cdot \mathrm{Var}(g_{i,t-1}) + 2\sum_i \sum_i \Delta(w_i \cdot w_{i+1}) \cdot \mathrm{Cov}(g_{i,t-1}, g_{i+1,t-1}) \tag{9}$$

$$+ \sum_i w_{i,t-2}^2 \cdot \Delta \mathrm{Var}(g_i) + 2\sum_i \sum_i w_{i,t-2} \cdot w_{i+1,t-2} \cdot \Delta \mathrm{Cov}(g_i, g_{i+1}) \tag{10}$$

$$+ \sum_i \Delta w_i^2 \cdot \Delta \mathrm{Var}(g_i) + 2\sum_i \sum_i \Delta(w_i \cdot w_{i+1}) \cdot \Delta \mathrm{Cov}(g_i, g_{i+1}) \tag{11}$$

式(9)表示经济波动变化额中的结构效应, 反映了产业结构的变化导致的 GDP 增长率方差的变化。该式可表述为各产业比重变化(以该产业上期的方差和协方差为权重)之和。式(10)表示经济波动变化额中的自身波动效应, 反映了产业内部自身产值的变化导致的 GDP 增长率方差的变化。该式可表述为各产业方差和协方差(以该产业上期比重为权重)之和。式(11)表示经济波动变化额中的交互效应, 反映了方差和协方差的变化与产业比重变化的交互影响。

本节实证分析将采用产业生产值占总体 GDP 的份额作为各产业比重的指标,采用各产业 5 年期 GDP 滚动方差和协方差作为产业内部产值波动的指标。三次产业和北京市生产总值的滚动方差如图 5.2 所示。

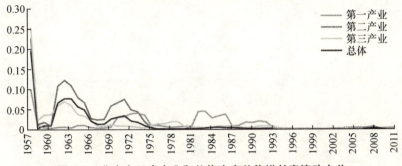

图 5.2　北京市三次产业和总体生产总值增长率滚动方差

由图中可见,以滚动方差衡量的经济增长波动大致成下降趋势,但是在 1960—1975 年第二产业与总体滚动方差均有两个明显的向上波动,第一次波动时第三产业也呈现出明显的向上波动,第二次波动时第一产业出现了向上波动。此阶段的波动均与当时的政策和历史背景有莫大关系,市场的行为并不占主导地位,但仍然可以看出在政府的调控下,北京市的经济波动在震荡下降;而在市场进入参与后,资源被有效地配置到自身波动低、具有高稳定性的产业和行业,有力地保障了经济的平稳运行。图中显示 1993 年之后经济波动不再明显,显示出三次产业的合理比重、和谐发展促进了北京市整体经济的稳定与繁荣。

三、模型结果

图 5.3 和图 5.4 描绘了 1958—2011 年北京市经济增长率滚动方差变化额被分解成的结构效应、自身波动效应和交互效应(分别以原值和百分比表示),具体数值见附表 5.1。由计算结果可得,产业结构的变动在不同时期对北京市总体经济的波动有着不同程度的正向或负向影响。在分析期内,产业结构的变动平均对北京市总体经济的波动有 16.11% 的贡献率。

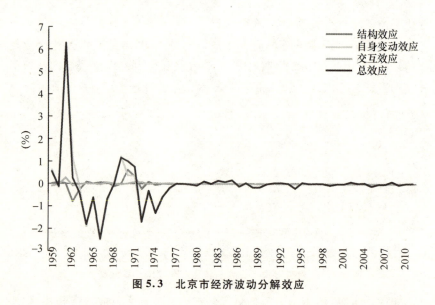

图 5.3 北京市经济波动分解效应

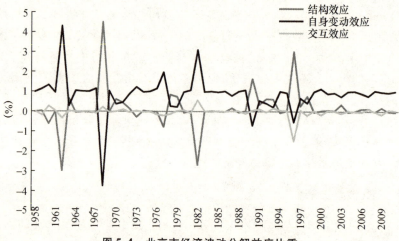

图 5.4 北京市经济波动分解效应比重

期间,结构效应比重和自身波动效应比重出现了 4 个明显的峰值,分别在 1962 年、1968 年、1982 年和 1996 年,其原因是两个子效应的绝对值显著大于 1,而正负值抵消后总体经济波动反而较小或接近于零导致分母较小。与图 5.2 结合来看,每次经济增长率剧烈波动前后的拐点均伴随着极端值的出现,充分证明了分解后的效应模型能更好地反映不同影响因素对经济波动的作用。由此可见,在 1958—2011 年,结构效应围绕零值有较大幅度波动;自身波动效应显著为正值且在前期(1990年之前)有比较明显的波动,是经济波动的主要原因;交互效应在期间围绕零值有较小的浮动。

四、结果的进一步分析

(一)结构效应(比重)的负值

首先考虑结构效应比重的负值,即把三种效应加以对比。分解子效应比重(以百分数表示)的负值意味着其与总体效应的方向相反,即与经济增长率滚动方差的变化方向相反。结构效应比重的负值意味着产业结构的变动抵消了其他一些影响经济波动的因素。如果经济波动的变动是负向的(即经济波动减小),结构效应实际上抵消了一部分减小波动的自身波动效应和交互效应,如果经济波动的变动是正向的(即经济波动增大),结构效应实际上抵消了一部分增大波动的其他两种效应之和。

考虑结构效应的负值,其经济含义即为降低经济增长率的波动。结构效应在1958—2011年间有23年起到了减小经济波动、稳定总体生产的作用,特别是从2003年之后,结构的调整均在一定程度上抑制了经济的波动,证明北京市产业结构调整取得了阶段性成果。21世纪以来高科技、高附加值产业的快速发展给北京市注入了稳定剂,此类产业具有自身波动小的特点,提高此类产业在总体经济中的占有量十分有利于平稳经济增速。

(二)结构效应比重超过±100%的值

当三个子效应中出现一个或者两个与总值符号相反时,特别是在总体效应接近零值时,子效应的比重会显著地超过100%。当结构效应比重绝对值超过100%时,表示产业结构变动对经济波动的影响部分地或全部地被其他因素抵消。

结构效应比重和自身波动效应比重的四对极值均体现出总体结构平稳的条件下显著的内部波动。极值和经济波动前后拐点在时间上的重合表明在经济的拐点上各个子效应的作用会短时间放大。子效应之间的相互冲突正是经济在转型期的特点,一旦转型期过去,各个子效应会重新回到平衡,经济也进入一段新的平稳发展期。

(三) 结构效应较强的波动

由模型结果可以观测出,产业结构波动对经济波动变化的影响在时期内波动强烈,原因在于新中国成立后,北京作为首都在60年的分析期内经济增长迅速,但是产业结构的变迁一直都由政府直接把控,特别是在1978年之前,产业结构可能因为政策和国防的发展需要在时间和空间上产生突然变化,导致其对经济波动的贡献率较大。在市场经济占据分配体系主导地位之后,市场有效地分配了资源,平稳了经济增长,产业结构调整的相对缓和导致结构效应不再对经济波动有剧烈影响。

第五节 实证分析(3)

一、数据

本节实证分析拟建立一个变量为各行业比重变化率和产品缺口的VAR模型,从行业层面考察产业结构变化对经济波动的影响。本节采用1983—2011年北京市地区生产总值(以1983年为基期的CPI调整)作为调整后的产品缺口标准差的数据源。本节根据数据的易获得性并参考国家标准《国民经济行业分类标准》,在对所得数据进行处理后,将北京市行业分为农业、工业、建筑业、交通运输、仓储和邮电通信业、批发和零售贸易、餐饮业和住宿业、金融业、房地产业和科教文卫事业及其他(模型中不包括)。本节数据均来自《北京统计年鉴》,其中1983—1985年的房地产业总产值数据缺失,用移动平均法将其补全。

二、变量

该模型中共包括8个变量,分别为7个行业比重的增长率和GDP增长率的周期成分,前一类变量计算相对简单,在此不做过多说明;GDP增长率的周期成分,采用不变价GDP为源数据,由EViews 7.0计算生成,其结果如图5.5所示。

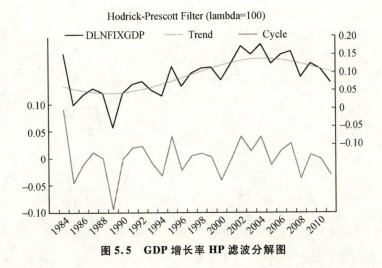

图 5.5 GDP 增长率 HP 滤波分解图

三、VAR 模型

传统的计量方法建立在经济理论基础上来解释自变量和因变量的关系,不可避免地产生内生变量和无法刻画动态模型等问题。由于向量自回归模型(vector auto-regression)可以用非结构性的方法建立各个变量之间的关系,从而能够避免传统模型的缺点。一般地,P 阶非限制性向量自回归模型形式为:

$$y_t = A_1 y_{t-1} + A_2 y_{t-2} + \cdots + A_p y_{t-p} + B x_t + \varepsilon_t$$

其中,y_t 是 k 维内生变量列向量,x_t 是 d 维外生变量列向量,p 是滞后阶数,T 是样本个数,$k \times k$ 维矩阵和 $k \times d$ 维矩阵是待估计的系数矩阵,ε_t 是 k 维扰动列向量。VAR 模型拟合的系数通常没有特别的价值,建立 VAR 模型的主要目的在于考察各变量之间的格兰杰因果关系,并通过脉冲响应函数考察内生变量对其他内生变量的冲击度,通过方差分解考察结构冲击对于每一个内生变量变化的贡献度。

在建立 VAR 模型之前,需要先对各变量的平稳性做检验,对于非平稳的时间序列还需要根据其是否具有协整关系判断能否建立 VAR 模型。本节采用 ADF 检验检测时间序列是否含有单位根,采用 AIC 准则判断滞后阶数,EViews 7.0 输出的结果如表 5.3 所示。

表5.3 变量单位根检验

检验变量	检验形式	检验统计量值	P值	结论
经济波动	C,N,0	-6.953	0.000*	平稳
dln农业比重	C,N,0	-4.618	0.001*	平稳
dln工业比重	C,N,3	-2.996	0.0496**	平稳
dln建筑业比重	C,0,1	-6.269	0.000*	平稳
dln批发业等比重	C,0,0	-5.477	0.000*	平稳
dln交通业等比重	C,0,0	-4.781	0.001*	平稳
dln房地产业比重	C,0,0	-5.323	0.000*	平稳
dln金融业比重	C,0,5	-3.925	0.007*	平稳

注：表中检验形式一栏第一个指标代表有无截距项（C表示有，N表示无），第二个指标代表有无时间趋势项（T表示有，N表示无），第三个指标为滞后阶数；表中*和**分别代表在1%和5%的显著水平下拒绝存在单位根的原假设。

经过单位根检验，所有变量都平稳，可以直接建立VAR方程。根据本节所采用的数据特点，采用VAR(2)方程进行回归，即滞后阶数为2。

四、格兰杰因果检验

根据方程回归结果，首先进行格兰杰因果检验，部分检验结果如表5.4所示。

表5.4 格兰杰因果检验结果

	原假设	统计量	χ^2自由度	P值
建筑业增长率方程	经济波动不能格兰杰引起建筑业增长率	14.57	2	0.0007*
	农业增长率不能格兰杰引起建筑业增长率	6.18	2	0.0455*
	批发零售业等增长率不能格兰杰引起建筑业增长率	12.71	2	0.0017*
	工业增长率不能格兰杰引起建筑业增长率	9.14	2	0.0104*
	所有变量不能同时格兰杰引起建筑业增长率	72.86	14	0.0000*
房地产业增长率方程	建筑业增长率不能格兰杰引起房地产业增长率	8.16	2	0.0169**
	所有变量不能同时格兰杰引起房地产业增长率	29.47	14	0.0090*
交通运输业等增长率方程	经济波动不能格兰杰引起交通运输业等增长率	6.18	2	0.0456**
	建筑业增长率不能格兰杰引起交通运输业等增长率	11.60	2	0.0030*
	所有变量不能同时格兰杰引起交通运输业等增长率	53.25	14	0.0000*

注：表中*和**分别代表在1%和5%的显著水平下拒绝原假设。

表中显示项目均为能在1%或5%的显著水平下拒绝没有格兰杰因果关系原假设的项目，其余检验结果都不能拒绝原假设。对于本节关注的产业结构对经济波动的影响问题，格兰杰检验并没有给出有意义的解释，仅说明经济的波动能够格兰杰引起建筑业增长率和交通运输业等增长率的变化。对此，本节将继续运用脉冲响应函数和方差分解的方法测量各个产业结构变量对经济波动的影响力度。

五、脉冲响应函数

通过 VAR 方程，可以建立脉冲响应函数，分析当模型受到某种冲击时对系统的动态影响，其结果如下。

由图 5.6 可以看出，当给各个行业变动的条件标准差 1 个单位的冲击后，经济波动都呈现出不同程度的响应，其对批发零售等行业的响应最为剧烈，对房地产业的响应最为微弱。经济波动之所以对于批发零售业和餐饮住宿业的冲击有较大的响应可能原因在于这类行业均直接与居民的消费相联系，消费量的提高能够在短期内给经济一个正向的冲击，但是这种冲击不具有持久性，在两期之后就迅速下降，随后在零值附近震荡衰减，在 15 期后冲击效应基本消失。这种现象与消费的特性吻合（与投资对比），即在短期内能够拉动经济增长，但如果没有持续性，经济增长就会变成先扬后抑的经济波动。

可以看出经济波动对于工业的响应较为显著，在前 10 期正负交替达到峰值，说明工业结构的变化不能被迅速消化，此时期内的工业比重上升超越了市场和经济的正常预期，与北京市近年来工业外移的趋势相悖，相反建筑业对经济几乎没有冲击的分析结果与北京市近年来房地产业的高速发展有莫大关系，经济已经预期到该产业的发展。

从图中可以看出在前 10 期农业比重增长率的冲击对经济波动都有显著的负效应，说明农业产出拉动经济增长的效应已经非常微弱，如果加大其占总产值的比重会对经济带来明显的向下波动。考虑到农业所涉及的"三农"问题，在保护农业用地，提高农业科技水平，保障农民收入的同时，发展现代化、集约化农业是解决我国"农民真苦、农村真穷、农业真危险"的"三农"问题的根本路径，而不是简单地降低农业在国民经济中的比重。

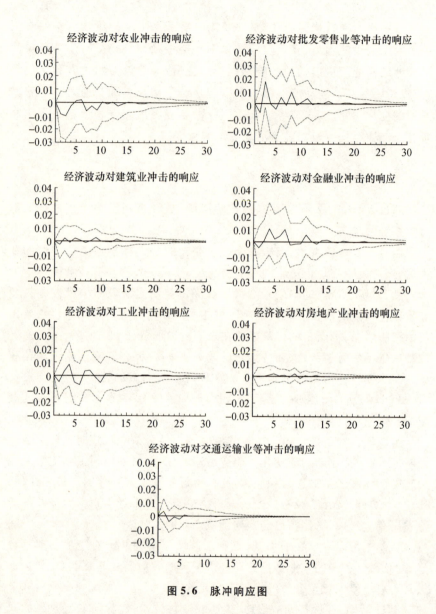

图 5.6 脉冲响应图

虚拟经济的代表金融业作为近年来高度发展的行业,其对经济波动的作用不可小视。可以看到在给金融业变动的条件标准差 1 个单位的冲击后,经济波动第 2 期之后反映出较强的正向波动,第 8 期之后逐步下降为负效应并震荡收敛到零值。这与我国的金融业刚刚起步的现状吻合,其发展对经济稳定的冲击较大,与成熟的金融市场稳定宏观经济走势的作用还有一定距离。所以尽快建立起法律法规监管金融行业已经势在必行,政府要逐步退出既扮演裁判员又扮演运动员的双重角色,努力推动金融行业的市场化,让金融行业真正成为支持新兴行业发展、稳定国民经济和保障民生的中坚力量。

交通运输、仓储和邮政业作为传统行业对经济波动的冲击不甚明显,只在前 5 期有轻微波动,说明作为传统行业其对经济的"刺激"作用已经不大,此类行业作为经济传送的纽带和桥梁对社会经济的发展起着举足轻重的作用,其创造的价值多为间接价值,其对经济的影响也大多需要其他行业的传导,故其对经济波动的脉冲作用不甚显著。

对于房地产业增长的冲击经济波动没有明显的响应,可以说明房地产业对稳定经济做出了一定的贡献。北京市房地产业近年来的高度发展已成为热门话题和研究焦点,政府管理层面和学界都对此问题密切关注。结合民生问题来看,近两年房地产业在北京乃至全国各地的发展都受到了政府的严格调控,让房价回归到合理的位置是政府工作的主题和重点之一,地方政府也谋求从"土地财政"中脱身,以高附加值的产业带动经济的发展。对房地产经济的调整其意义已经超越了经济层面而更侧重于社会层面。

六、方差分解

通过已经建立的 VAR 模型,可以进行方差分解评估结构冲击对内生变量变化的贡献度,图 5.7 为用 EViews 7.0 计算的分解结果。

由图 5.7 和表 5.5 可见对经济波动贡献最为明显的仍是批发零售业和餐饮住宿业,贡献最不明显的仍是房地产业。方差分解的结果验证了脉冲响应函数的结果,其理由已在上一节给出,在此不再赘述。

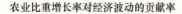
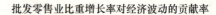
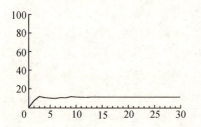
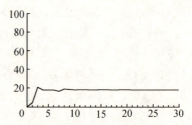
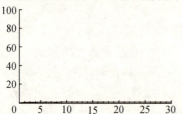
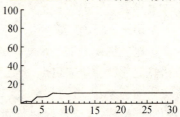
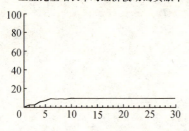
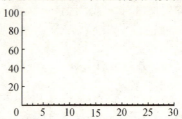
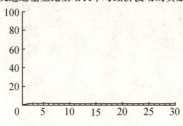

图 5.7　方差分解图

表 5.5 方差分解表

时期	DLNAGRI	DLNBUSI	DLNCONS	DLNFINA	DLNMANU	DLNREES	DLNTRAN
1	0.000000	0.000000	0.000000	0.000000	0.000000	0.000000	0.000000
2	7.447350	4.350797	0.722044	1.979902	2.290540	0.018691	1.236664
3	11.81843	20.70405	0.750704	1.378673	2.121613	0.013820	1.957483
4	10.66572	17.95507	0.715952	6.654905	5.701359	0.056783	1.728663
5	10.10896	17.85616	0.893962	6.492589	6.853147	0.244132	1.938238
6	9.723422	17.95494	0.852648	7.059413	9.015667	0.238627	1.864981
7	10.71293	16.44297	0.845520	10.44924	8.721547	0.257735	1.700635
8	10.48149	18.90600	0.802411	10.16571	8.914447	0.261263	1.614544
9	11.59584	18.40903	1.043327	9.977057	8.709948	0.419251	1.567681
10	11.29921	17.99753	1.019334	9.799909	9.657414	0.486447	1.527781
11	11.11590	18.20939	1.009787	10.66620	9.515235	0.491503	1.500412
12	11.08931	18.18322	1.021884	10.64446	9.553711	0.492944	1.500301
13	11.31633	18.07879	1.087441	10.67474	9.509055	0.519586	1.491420

注:表中第一列变量从左至右分别表示农业比重增长率、批发零售业等比重增长率、建筑业比重增长率、金融业比重增长率、工业比重增长率、房地产比重增长率和交通运输业等比重增长率。

七、本节小结

本节建立的以 7 个行业比重增长率和 GDP 增长率的周期趋势为变量的 VAR(2)模型,超越以前建立的模型从行业层面上分析了各个行业对北京市经济波动的影响。北京市受到批发零售业和餐饮住宿业等面向直接消费的行业影响十分明显,在峰值时达到了 20%(根据方差分解结果),工业、农业和金融业的影响其次,建筑业以及交通运输、仓储和邮政业的影响再次,房地产业的影响微弱。在本节所采用的变量中,批发零售业和餐饮住宿业以及金融业所占生产总值的比重分别达到了 16.3% 和 14.5%,由此也可以看出高比重行业对经济波动的重要作用。

第六节 总结与启示

本章先研究了北京市产业结构调整和经济波动总体上的因果关系,再通过分解经济波动滚动方差定量分析了结构效应对经济波动影响作用的比重,最后通过建立 VAR 方程研究了行业结构的变化对经济波动的影响。北京市作为首都,在新中国成立后的发展代表了全国较为先进的水平,在政策上和资源上均有较大的倾斜,成为 60 年来城镇发展水平的代表。北京市产业结构从"一、二、三"到"二、三、一"到"三、二、一"的演进速度远高于全国的平均速度,体现出很强的示范作用和指导效应。通过对北京市产业结构对经济波动的研究,市场经济在稳定经济增长、保证充分就业方面具有不可替代的作用。对比 1978 年前后,政府对产业结构的直接调控对经济波动有着较为显著的直接或间接的影响,人为干预市场的方式阻碍了资源有效率的配置,产业结构调整与经济实体之间的通道没有被构建起来,而是以刺激的方式给市场注入不必要的"血液",导致资源的浪费和对经济体的恶性冲击。而在市场作为中介之后,产业结构和经济增长都融合到一起,市场作为通道连接了资源和产业,经济体对于市场有充分的预期,因此不易发生较大的经济波动。从行业层面来看,与消费者息息相关的批发零售与餐饮住宿业对经济波动的贡献率很大,也印证了消费是短期拉动经济增长的有效手段。对于新兴行业如金融服务业,政府应逐步退出市场直接参与者的角色,而转向监督者与惩罚者,尽快完善相关法律法规的制定,营造健康、自由的发展环境才是当务之急。金融业的发展必将推动小额信贷业的兴盛,将闲散资金配置到有需要的投资者和企业,特别是中小企业,能有力地促进三次产业全面的优化升级和技术进步,为创意型企业等代表着"第四次产业革命"的先进行业提供有力的资金和政策保障。此外,行业结构的优化升级必须考虑到民生问题,在兼顾效率的同时不能忽视公平。住房问题作为 2004 年之后民生的头号问题,以北京地区最为突出。房地产业对经济的稳定作用不可小视,但是调控房价和建设廉租房等民生措施刻不容缓且决不能放松。政府部门应多加强对宏观经济结构的预测,对于将出台的经济政策要给予充分的论证和调查,使得市场有充分的时间应对可能的冲击,达到缓和经济波动的目的。总结北京产业结构对经济波动的影响就是整理一部发展史书,只有在充分理解和领悟在发展过程中的曲折和成就之后,才能更好地指导未来发展的前景和道路。

第五章 北京市产业结构调整与经济波动

附表 1

(单位:%)

年份	结构效应	波动效应	交互效应	年份	结构效应	波动效应	交互效应
1958	-0.83	99.92	0.91	1976	-1.00	115.45	-14.45
1959	3.44	114.11	-17.55	1977	-76.95	197.28	-20.33
1960	-61.88	133.76	28.12	1978	85.09	27.09	-12.18
1961	0.26	95.48	4.26	1979	73.79	23.26	2.95
1962	-297.87	430.63	-32.76	1980	-5.33	98.16	7.17
1963	68.18	28.31	3.51	1981	0.78	107.09	-7.87
1964	-4.22	104.55	-0.33	1982	-267.50	310.37	57.14
1965	-1.83	101.99	-0.16	1983	-0.06	98.40	1.67
1966	-2.44	101.05	1.38	1984	1.68	100.80	-2.48
1967	-7.54	115.85	-8.31	1985	0.82	97.14	2.04
1968	450.49	-373.23	22.74	1986	-1.15	101.72	-0.58
1969	-1.21	104.01	-2.80	1987	18.08	79.82	2.10
1970	61.53	38.07	0.40	1988	-4.21	100.87	3.33
1971	43.88	46.41	9.72	1989	2.64	108.32	-10.96
1972	13.38	90.54	-3.92	1990	164.25	-69.86	5.61
1973	-27.53	123.25	4.28	1991	34.35	54.30	11.35
1974	3.92	98.37	-2.29	1992	63.26	40.68	-3.94
1975	0.35	101.23	-1.58	1993	61.96	21.89	16.15

（续表）

年份	结构效应	波动效应	交互效应	年份	结构效应	波动效应	交互效应
1994	-6.59	101.06	5.53	2003	34.91	74.68	-9.59
1995	3.01	93.48	3.50	2004	-2.66	100.25	2.41
1996	301.92	-53.04	-148.87	2005	0.30	101.56	-1.86
1997	27.13	67.24	5.63	2006	12.63	90.68	-3.31
1998	76.44	42.53	-18.97	2007	12.16	77.23	10.61
1999	-4.04	99.24	4.80	2008	-1.94	104.49	-2.55
2000	2.88	113.99	-16.88	2009	17.47	98.09	-15.56
2001	6.29	89.73	3.97	2010	-0.83	93.81	7.02
2002	3.89	93.42	2.69	2011	-3.87	100.02	3.85
				均值	16.11	86.21	-2.32

第六章 北京市产业结构与可持续发展

第一节 产业结构优化可持续发展因素调整理论

一、可持续发展的产业结构合理化调整

在可持续发展下的产业结构合理化是指对产业结构在可持续发展因素方面制约和影响下的判断标准。可持续发展下的产业结构应当适应当地资源环境,加大清洁能源的使用,实现可持续发展的合理关联,推动可持续发展的产业结构合理化。

可持续发展下的产业结构合理化应当注重资源约束和配置。对于资源配置这方面,首先应该考虑各产业需要的资源是否与当地的资源配置对应,考察的标准则可以使用当地该产业的产值与全国平均水平或者是相关产业的效益最大时比例进行比较,还需要注重当地资源的使用效率。

可持续发展下的产业结构合理化非常注重产业关联,可持续发展下的产业关联指的是各个产业体系中不同产业和生产过程的横向和纵向的关联,通过上下游关联及资源共享,建立可持续的产业生态链。通过这个生态链中的各个产业之间基础设施共享、资源利用效率、产业聚集性、废弃物集中处理等方面达到最大限度的利用。

可持续发展观念非常强调社会的可持续发展,对于产业结构的合理化与社会因素是息息相关的。具体而言,产业结构合理化与就业、贫富差距等方面有很强的相关性。一般而言,从就业来看,产业结构的合理配置对就业比例的提高会起到一定的作用,而进一步来说三大产业所吸纳的就业人数比例可以间接地反映当地的发展水平;贫富差距的水平对于社会的稳定具有重要意义,产业结构的配置合理化在此方面应予适当的考虑;每年科教文卫的投入比重以及社会保障的投入等方面都是可持续发展下需要考虑的内容。

二、可持续发展的产业结构高度化调整

在当前资源环境约束日益加强,可持续的观念渐入人心的背景下,产业结构的高度化这一概念已经突破传统的理解,在原有的基础上更进一步地提高,对于高度化的判断也已经不局限于以前的内容,可持续发展下的产业结构高度化判别内容应该做进一步扩展。

高新技术产业是可持续发展下产业结构高度化的重要内容,传统的产业结构升级一般强调重工业化比例,而在可持续发展下的产业发展则需要把高新技术产业占总产值的比重作为新的评判标准。高新技术产业占总的经济的比重越高,说明其产业结构高度越高。

环保产业对于提高可持续发展下的产业结构高度化具有重大意义。环保产业的投资比例对于实现可持续发展具有重要意义,必须加强对环保企业的投资。国外经验表明,对环境污染治理投资只有达到经济生产总值的1%—5%时,环境恶化的趋势才能得到控制。

生态园区产值的提高也是持续发展的产业结构高度化的考察内容,生态园区包括农业生态园区和工业生态园区,生态园区的建设主要是生态园区的整体规划和发展情况,对于这一评判标准是从生态园区产值所占总产值的比重进行考虑。农业生态园区主要是用来发展生态农业,积极推动农产品的加工处理,实现农产品从最初投入到最终投放市场整个过程的绿色化。而工业生态园区是依据了生态学原理和系统工程学原理,实现工业园区在原料、能源、信息、基础设施等方面的统一布局,从而可以实现上下游产业良好的衔接转化,节约资源,最终实现能源消耗以及废物产出的最小化。

产业结构高度化调整对生态环境提出了更高要求,不仅仅要求在对基本的废弃物等的排放方面进行相应的控制,而且需要对废物回收利用、可再生能源使用、资源循环使用等方面进行进一步的考察。

第二节 可持续发展下产业结构优化评价体系实证分析

可持续发展下的产业结构优化评价体系是按照可持续发展下产业结构优化评价原则,在结合可持续发展对产业结构合理化和高度化判别的基础上,可以通过设置相应的指标来判断当前产业发展水平,进而通过产业发展水平的发展状态来评价当前产业结构优化的水平。具体而言,就是从能源、生态环境、科技几个角度来设置相应的指标进行考察。

考虑到可持续发展过程中指标设置的多样性以及数据资料等的获取情况,我们不可能设置全面的指标,并且许多指标本身互相具有密切的关联性,在此我们采用具有代表性的一些指标来反映实际情况。

一、能源视角下的可持续发展产业结构评价

能源问题直接制约着经济的可持续发展,要想评价北京的产业结构我们必须首先考虑北京的能源消费量的变化。表6.1是1980—2010年北京市能源消费量与万元生产总值能耗。

表6.1 1980—2010年北京市能源消费量与万元生产总值能耗

年份	能源消费总量（万吨标准煤）	终端消费量（万吨标准煤）	万元生产总值能耗（吨标准煤）	万元生产总值能耗下降率(%)
1980	1 907.7	1 866.3	13.71	
1981	1 902.6	1 847.7	13.67	-0.23
1982	1 920.4	1 864.1	12.40	6.02
1983	1 984.7	1 923.2	10.84	11.22
1984	2 144.1	2 063.4	9.90	7.98
1985	2 211.4	2 141.6	8.60	5.12
1986	2 400.0	2 326.8	8.42	-0.49
1987	2 475.8	2 389.0	7.58	5.88
1988	2 612.6	2 512.3	6.37	6.45
1989	2 653.2	2 561.9	5.82	2.73
1990	2 709.7	2 599.5	5.41	2.92
1991	2 872.0	2 757.0	4.80	3.56
1992	2 987.5	2 857.8	4.21	6.54
1993	3 264.6	3 033.3	3.68	2.69
1994	3 385.9	3 134.9	2.96	8.78
1995	3 533.3	3 367.9	2.34	6.83
1996	3 734.5	3 578.4	2.09	2.75
1997	3 719.2	3 568.3	1.79	9.55
1998	3 808.1	3 654.9	1.60	6.49
1999	3 906.6	3 749.0	1.46	7.49
2000	4 144.0	3 946.3	1.31	5.12

(续表)

年份	能源消费总量 （万吨标准煤）	终端消费量 （万吨标准煤）	万元生产总值能耗 （吨标准煤）	万元生产总值能耗 下降率（%）
2001	4 229.2	4 036.6	1.14	8.62
2002	4 436.1	4 234.1	1.03	5.93
2003	4 648.2	4 475.9	0.93	5.73
2004	5 139.6	4 928.0	0.85	3.09
2005	5 521.9	5 323.1	0.79	4.17
2006	5 904.1	5 682.2	0.73	5.37
2007	6 285.0	6 077.5	0.64	7.02
2008	6 327.1	6 118.4	0.57	7.74
2009	6 570.3	6 327.4	0.54	5.76
2010	6 954.1	6 668.8	0.49	4.04

注：以上的统计数据来自《北京统计年鉴》。

从上表中我们可以清楚地看到北京市能源消耗总量在逐年稳步上升，1980—2010年30年间增长了264.5%，同时万元生产总值的能耗呈现出下降的趋势。这说明北京的经济增长有一部分是来自能源利用率的提高，尤其是在1994—2008年这几年期间，万元生产总值的能耗下降率在6%左右，这对经济的可持续发展是非常有利的。

二、生态环保视角下的可持续发展产业结构评价

生态环境问题是可持续发展下产业结构调整中矛盾较大的方面，经济发展的过程中环境破坏问题屡见不鲜。环境污染主要集中于生产与生活污染，而工业又是主要的污染源。表6.2是从液体污染、气体污染和固体污染三个方面统计北京的环境污染物的数据。

表6.2　1978—2010年北京市三种污染的产生量

年份	污水管道长度（公里）	污水处理能力（万立方米/日）	污水处理率（%）	二氧化硫排放量（万吨）	生活垃圾产生量（万吨）
1978	290	23	7.6	49.2	107.2
1979	309	23	10.2	58.3	128.8
1980	334	23	9.4	60.3	147.0
1981	347	25	10.8	64.7	174.0

（续表）

年份	污水管道长度（公里）	污水处理能力（万立方米/日）	污水处理率（%）	二氧化硫排放量（万吨）	生活垃圾产生量（万吨）
1982	365	25	10.9	68.5	204.7
1983	411	25	10.2	67.8	221.4
1984	568	25	10.0	63.4	235.4
1985	706	25	10.0	60.3	248.1
1986	747	26	8.9	64.2	274.4
1987	805	26	7.7	65.3	298.3
1988	770	26	7.4	60.3	319.9
1989	860	26	6.6	59.3	337.0
1990	904	30	7.3	56.7	384.1
1991	968	30	6.6	53.2	397.1
1992	1 036	35	1.2	50.5	430.9
1993	1 064	34	3.1	44.6	446.3
1994	1 122	25	9.6	41.5	467.2
1995	1 065	59	19.4	40.9	483.9
1996	1 597	59	21.2	35.1	483.0
1997	1 635	59	22.0	34	490.0
1998	1 712	59	22.5	35	495.1
1999	1 754	59	25.0	24.9	505.0
2000	1 852	129	39.4	22.4	295.6
2001	2 163	144	42.0	20.1	309.3
2002	2 658	181	45.0	19.2	321.4
2003	2 903	215	50.1	18.3	361.4
2004	2 909	255	53.9	19.1	405.9
2005	2 521	324	62.4	19.1	454.6
2006	3 398	331	73.8	17.6	538.3
2007	4 357	348	76.2	15.2	600.9
2008	4 458	329	78.9	12.3	656.6
2009	4 495	356	80.3	11.9	656.1
2010	4 479	365	81.0	11.5	633.0

注：以上的统计数据来自《北京统计年鉴》。

从上表的统计我们可以看到北京的污水处理能力从 1978 年的 7.6%增长到了 2010 年的 81%,每日的污水处理能力也在逐年上升,我们可以看到进入 2 000 年以后北京的污水管道长度、每日的污水处理能力以及污水的处理率都增长了两倍。这体现出了在高速经济增长对环境的巨大压力下,北京强大的应变能力。二氧化硫的排放量在逐年下降,这是北京的产业结构在由第二产业向第三产业不断过渡的体现。而生活垃圾的产生量也在逐年增加,说明北京的可持续发展还是面临着很大的问题。

三、科技视角下的可持续发展产业结构评价

可持续发展下的产业结构优化中科技创新占更重要的地位。北京当前产业结构呈现典型的"二三一"模式,科技实力主要体现在工业方面,工业中科技水平的高低直接决定了整体科技水平的发展。表 6.3 为北京可持续发展下产业发展水平科技指标统计数据。

表 6.3 北京可持续续发展下产业发展水平科技指标统计

年份	科技活动人员(人)	研究与开发(R&D)经费内部支出(万元)	研究与开发经费内部支出相当于地区生产总值比例(%)	专利授权量(件)
1996	265 552	418 614	2.34	6 595
1997	273 161	532 257	2.56	6 313
1998	237 127	861 138	3.62	6 321
1999	229 584	938 437	3.50	7 723
2000	261 113	1 557 011	4.92	10 344
2001	240 609	1 711 696	4.62	12 174
2002	257 326	2 195 402	5.09	13 842
2003	270 921	2 562 518	5.12	17 003
2004	301 202	3 169 064	5.25	18 402
2005	383 153	3 795 450	5.45	22 572
2006	382 756	4 329 878	5.33	26 555
2007	450 331	5 270 591	5.35	31 680
2008	450 147	6 200 983	5.58	43 508
2009	529 985	6 686 351	5.50	50 236
2010	529 811	8 218 234	5.82	57 296

注:以上的统计数据来自《北京统计年鉴》。

根据表中统计数据我们可以看到,北京科技活动人员数量从1996—2006年逐步提高,他们是北京科技发展的中坚力量,科技活动人员数量的不断增多体现出北京产业结构的优化,可持续发展下的产业结构优化应继续加强科研人才的培养,调动科技人员的积极性;专利授予数量虽然不断提高,但其中外观专利较多而具有代表意义的发明专利则很少,专利质量并没有较大提高;研发投入占GDP的比重近年来逐年提高,这对促进产业发展水平提高具有重要意义,也是可持续发展下产业结构优化需要进一步加强的地方。

第三节　北京市产业结构对能源效率影响的分析

一、技术进步

技术进步对能源需求和能源效率的影响应该是一种全过程的影响,而不仅仅限于某个环节。可是国内外关于技术进步影响能源效率的研究极少。在2000年Henryson以瑞典为样本,研究分析了信息与提高能源消费效率的关系,他得到的结论是增加信息量可以提高能源利用效率。同时该研究认为,有两种信息可以提高能源利用效率,第一是投资方面的信息,即有充分的信息让消费者选择最合理的投资方案;第二是改变人们消费习惯和行为的信息。

我们可以很容易地认识到,技术进步一方面可以提高设备的工作效率,直接降低单位产品的能耗;另一方面,通过信息产业、电子商务等产业的迅猛发展,可以缩短交易过程,降低中间环节的成本,使得能源强度下降,进而降低能源消费量。利用科技革新还可以降低经济发展与能源消费之间的弹性关系,从而保持较高的节能率。现在新技术的充分利用会带来能源效率的大幅度提高。这里主要表现在两方面:一是高效应用技术;二是能源的高效转换技术。

二、结构变化

结构变化对能源需求的影响主要表现在三个方面,即资源配置的优化(包括能源消费结构的优化),产业结构的调整以及行业结构、企业结构与产品结构的调整。本文主要探讨产业结构变化可能会对能源需求量产生的影响。一般来说,第三产业能耗低,而第二产业特别是工业,能耗较高。因此,第一、第二和第三产业在产业结构中的比重直接影响着该国的能源效率。

基于以上讨论,可以建立如下模型进行研究:

$$Ef = f(R,S)$$

其中,Ef 为能源效率,即单位 GDP 的能耗;R 为技术进步的影响因素,即技术投资(这里用工业投资来代替技术进步);S 为产业结构变化,这里指第三产业在 GDP 中所占的比例。

表 6.4 为 1998 年到 2009 年北京的工业投资数量以及第三产业在 GDP 中的比重。

表 6.4　1998 年到 2009 年北京的工业投资数量以及第三产业在 GDP 中的比重

年份	工业投资（亿元）	第三产业在 GDP 中的比例（%）	年份	工业投资（亿元）	第三产业在 GDP 中的比例（%）
1978	10.1	0.237132353	1994	175.9	0.489129486
1979	10.2	0.247293922	1995	145.1	0.522915699
1980	14.6	0.267433501	1996	167.3	0.558629555
1981	12.1	0.288074713	1997	192.1	0.586442636
1982	14.2	0.289218851	1998	192.6	0.613621067
1983	15.4	0.314582196	1999	166.6	0.632036733
1984	18.9	0.328254848	2000	148.0	0.648100705
1985	28.8	0.33294438	2001	137.5	0.670118662
1986	38.8	0.351000351	2002	166.3	0.691216686
1987	44.3	0.366891065	2003	244.4	0.686191884
1988	47.2	0.370063384	2004	318.3	0.678280183
1989	37.0	0.3625	2005	383.4	0.696506206
1990	41.8	0.388378594	2006	358.0	0.719111089
1991	49.3	0.436800801	2007	477.7	0.734868181
1992	80.2	0.44295586	2008	380.8	0.753558255
1993	134.6	0.465921914	2009	406.2	0.755303217

注:以上的统计数据来自《北京统计年鉴》。

首先,我们应该注意到,在当期技术投入很难对能源效率产生影响,工业投资需要一定的时间转换为技术,为了解决这一问题,我们可以做出它们之间的交叉相关系数,求滞后的期数。

从下图中 EF 与工业资本投入各期滞后值的相关系数可知,能源效率与当期以及前两年的工业资本投入相关,因此我们再做回归的时候应该把取滞后期的工业投资与当期的其他数据进行回归。

```
Date: 11/19/12   Time: 15:53
Sample: 1978 2009
Included observations: 32
Correlations are asymptotically consistent approximations

        EF,R(-i)              EF,R(+i)           i    lag      lead
                                                 0  -0.5987  -0.5987
                                                 1  -0.4390  -0.6024
                                                 2  -0.3326  -0.6031
                                                 3  -0.2192  -0.6013
                                                 4  -0.1218  -0.5967
                                                 5  -0.0336  -0.5888
                                                 6   0.0372  -0.5766
                                                 7   0.0903  -0.5597
                                                 8   0.1302  -0.5384
                                                 9   0.1662  -0.5114
                                                10   0.1939  -0.4792
                                                11   0.2132  -0.4391
                                                12   0.2298  -0.3893
                                                13   0.2432  -0.3296
                                                14   0.2528  -0.2631
                                                15   0.2600  -0.1881
                                                16   0.2619  -0.1144
```

根据上述的时间序列数据和分析拟建立如下多元回归方程:

$$LnEf_t = a + bLnR_{t-2} + cLnS_t + \mu_t$$

使用 gretl 1.0 软件我们可以做出下面的回归:

	coefficient	std. error	t-ratio	p-value	
const	1.90561	0.335637	4.456	3.65e-07	***
lnrd_2	-0.241244	0.045646	-7.452	4.52e-09	***
lns	-1.31332	0.153453	-3.689	4.45e-08	***

Mean dependent var	0.959882	S.D. dependent var	1.097048
Sum squared resid	0.206868	S.E. of regression	0.085954
R-squared	0.994320	Adjusted R-squared	0.993861
F(2, 28)	2429.468	P-value(F)	3.12e-30
Log-likelihood	33.66263	Akaike criterion	-61.32527
Schwarz criterion	-42.65464	Hannan-Quinn	-59.92294
rho	0.536780	Durbin-Watson	1.745646

于是我们可以写出如下的回归结果

$$\mathrm{Ln}Ef_t = 1.90561 - 0.241244 \mathrm{Ln}R_{t-2} - 1.31332 \mathrm{Ln}S_t$$

通过以上二期滞后的技术进步因素与经济结构因素的共同影响可以看出,能源利用效率在受到了双因素共同影响的时候,比单个因素表现出更强的拟合性。我们可以从数据中看到工业投资和第三产业所占的比例都与单位 GDP 的能耗是反方向的变动关系,所以,我们可以得到这样的结论:北京市的工业资本投资的逐年增加和第三产业比例的不断提高都会降低能源的利用效率。通过对该模型的回归与估计说明,在 1978—2009 年,北京市能源利用效率有相当一部分原因可以解释为第三产业结构的增加以及技术的进步。

在进行北京市产业结构调整的时候我们应该引入可持续发展这一话题,意味着在产业结构调整的过程中,要将眼前利益和长远利益结合起来,实现能源环境的可持续发展,一方面优化能源在各产业间及产业内部的配置,另一方面要降低造成严重环境污染的能源的排放,其实质就是进行产业结构调整。从短期来说,只能调整能源要素投入的结构变量,严格控制污染的排放;长期来说,就要调节产业的技术构成,实现产业结构的高级化。

从各大产业内部来看,产业之间的技术水平存在差异,产业之间的能源利用效率也是参差不齐,使得产业之间的产出效率高低并存,在同样的能源供给条件下,产出高的产业对经济增长的贡献率大。产业内部技术水平对经济发展有重大影响,技术水平越高对经济的发展越有利,同时,产业内部技术的变化也影响着产业结构,科技革命所推动的产业革命就是最好的例证。综上,经济发展表面体现在产业结构的变化,而最终是依赖于产业间技术水平的提高。对于北京目前的发展阶段来说,经济发展不仅需要产业外部结构的升级,更需要产业结构内部技术的不断进步。

三、政策建议

北京市在加快产业结构调整的同时,必须大力发展科技,在改造传统产业的同时还应该积极发展高新技术产业,不断地培育新经济增长点。重点扶持高新技术产业发展,带动产业结构优化与升级。以推进自主创新能力为工作重心,以高新技术产业的发展作为第一经济增长点,大力引进和培育具有竞争优势的高新技术企业。积极地引进和吸收高新技术成果,加速高新技术的转化,推进专利技术产业化。采取有效措施,加大高新技术的推广应用力度,加快用高新技术改造传统产业的速度,促进传统产业的优化升级,提升北京传统产业竞争力。建立和完善以企业为主体的技术开发体系。高等学校和科研机构应该以人才、智力和技术为要素,企业以资金、设备为要素,走出一条产学研相结合的道路,联合创建实验室或科技开发基地,从而提高技术创新能力和产品开发能力。事实证明科技投入是增强科技实力和科技能力的重要保障。首先,要促进企业成为科技开发投入的主体,加大企业科技投入,进而提高技术水平,增强企业竞争力是目前企业发展的客观要求;其次,要鼓励和引导全社会增加科技投入,在确保科技三项费用之外,要充分利用民资,大力吸引外资,加快科技事业的发展;最后,大力发展信贷制度,让金融机构充分发挥自己的信贷支持作用,积极探索其他有效的途径,增强对科技型企业的信贷服务。

北京在可持续发展的道路上应该坚持市场调节和政府引导相结合。可以借鉴发达国家的经验,北京市政府可借助税收、法律等手段引导产业向低能耗、高能效的方向发展。对于能耗高的支柱性产业,可以从政策上鼓励和支持使用节能型设备的企业;对于能耗高的非支柱性产业,可以限制其发展的规模,使北京市产业结构朝着有利于可持续发展的方向发展。政府和市场应该各司其职,政府该放手的要放手,特别是放松对能源价格的管制,交给市场去调节,政府则应该为市场构建良好的制度框架,而对于污染问题,应该完善排污制度,尽量让市场发挥其在治理污染方面的作用。只有政府和市场的职能同时得到有效的发挥,北京市产业结构调整政策才能真正发挥出良好的效果。

第四节 基于结构份额与效率份额的能源强度分析

大多数文献采用能源强度作为能源效率的指标,能源强度是指单位生产总值所消耗的能源数量,即

$$e = \frac{E}{Y} \tag{1}$$

其中,E 表示能源消费量(万吨标准煤),Y 表示生产总值(亿元人民币)。将 E 和 Y 分别按照三次产业进行分解,即

$$E = \sum_i E_i$$
$$Y = \sum_i Y_i \quad i = 1, 2, 3 \qquad (2)$$

由此将 e 进行分解,得到:

$$e = \frac{\sum_i E_i}{\sum_i Y_i} = \frac{\sum_i e_i \cdot Y_i}{\sum_i Y_i} = \sum_i e_i \cdot y_i \quad i = 1, 2, 3 \qquad (3)$$

其中, e_i 表示第 i 次产业的能源强度, y_i 表示第 i 次产业产值占生产总值的比例。

由 $e = \sum_i e_i \cdot y_i$ 可以看出总体能源强度取决于两个因素, 一个因素是各产业的能源强度,反映了各产业能源利用效率的提高;另一个因素是产业结构,反映了各产业在经济总量中所占的比重。因此,对能源强度的分析,首先应该着眼于对产业结构以及产业能源效率变化对能源强度影响的分析。

令 $e^n(n = 0, 1, 2, \cdots, N)$ 表示第 n 期的能源强度, e^0 表示基期的能源强度,则有

$$e^n = \sum_i e_i^n \cdot y_i^n, e^0 = \sum_i e_i^0 \cdot y_i^0 \quad (i = 1, 2, 3; n = 1, 2, \cdots, N) \quad (4)$$

为了分析结构变化和效率变化对能源强度的影响份额, 将 e^n 进行分解:

$$e^n = \sum_i e_i^n \cdot y_i^n = \sum_i e_i^0 \cdot y_i^0 + \sum_i e_i^0 \cdot (y_i^n - y_i^0) + \sum_i (e_i^n - e_i^0) \cdot y_i^n \qquad (5)$$

由此,能源强度的变化可以分解为:

$$\Delta e = e^n - e^0 = \sum_i e_i^n \cdot y_i^n - \sum_i e_i^0 \cdot y_i^0$$
$$= \sum_i e_i^0 \cdot (y_i^n - y_i^0) + \sum_i (e_i^n - e_i^0) \cdot y_i^n$$
$$(i = 1, 2, 3; n = 1, 2, \cdots, N) \qquad (6)$$

其中, $e_i^0 \cdot (y_i^n - y_i^0)$ 表示第 i 产业在总产品中所占比重变化导致能源强度的变化量, $\sum_i e_i^0 \cdot (y_i^n - y_i^0)$ 表示由于整体经济结构变化导致能源强度的变化量,则能源强度变化中的结构份额为:

$$\frac{\sum_i e_i^0 \cdot (y_i^n - y_i^0)}{\sum_i e_i^n \cdot y_i^n - \sum_i e_i^0 \cdot y_i^0} \quad (i = 1,2,3; n = 1,2,\cdots,N) \quad (7)$$

其中，$(e_i^n - e_i^0) \cdot y_i^n$ 表示由于第 i 产业能源利用效率变化而导致能源强度的变化量，$\sum_i (e_i^n - e_i^0) \cdot y_i^n$ 表示由于全部产业能源利用效率变化而导致能源强度的变化量，则能源强度变化中的效率份额为：

$$\frac{\sum_i (e_i^n - e_i^0) \cdot y_i^n}{\sum_i e_i^n \cdot y_i^n - \sum_i e_i^0 \cdot y_i^0} \quad (i = 1,2,3; n = 1,2,\cdots,N) \quad (8)$$

为计算当年能源强度变化中的结构份额和效率份额，取第 $n-1$ 期为基期，则当年能源强度变化中的结构份额为：

$$\frac{\sum_i e_i^{n-1} \cdot (y_i^n - y_i^{n-1})}{\sum_i e_i^n \cdot y_i^n - \sum_i e_i^{n-1} \cdot y_i^{n-1}} \quad (i = 1,2,3; n = 1,2,\cdots,N) \quad (9)$$

当年能源强度变化中的效率份额为：

$$\frac{\sum_i (e_i^n - e_i^{n-1}) \cdot y_i^n}{\sum_i e_i^n \cdot y_i^n - \sum_i e_i^{n-1} \cdot y_i^{n-1}} \quad (i = 1,2,3; n = 1,2,\cdots,N) \quad (10)$$

能源强度变化中的结构份额(公式(9))和效率份额(公式(10))分别表示了从基期以来能源强度变化总量中，经济结构变化和能源效率提高分别提供的贡献率；当结构份额和效率份额为正值时，说明其推动力与能源强度的变化是同向的；如果是负值，则表示其影响力方向和能源强度的变化方向是相反的。

依照上述计算方法，根据历年《北京统计年鉴》和《中国能源年鉴》数据，我们计算出了北京市1996—2010年能源强度变化中的结构份额和效率份额，如表6.5所示。

表 6.5　北京市 1996—2010 年能源强度变化中的结构份额和效率份额

年份	结构份额	效率份额
1996	-0.092578944	1.092578944
1997	-0.019170792	1.019170792
1998	-0.029598784	1.029598784

(续表)

年份	结构份额	效率份额
1999	-0.333381086	1.333381086
2000	0.039643295	0.960356705
2001	0.234820349	0.765179651
2002	0.13735948	0.86264052
2003	-0.136861115	1.136861115
2004	-0.38521775	1.38521775
2005	0.252286125	0.747713875
2006	0.327391782	0.672608218
2007	0.141328178	0.858671822
2008	0.140308252	0.859691748
2009	0.255466282	0.744533718
2010	-0.061123547	1.061123547

为了更直观地看到效率份额和结构份额所占的比例,我们做出了北京各年当期能源强度变化幅度中的结构份额和效率份额,如图6.1所示。

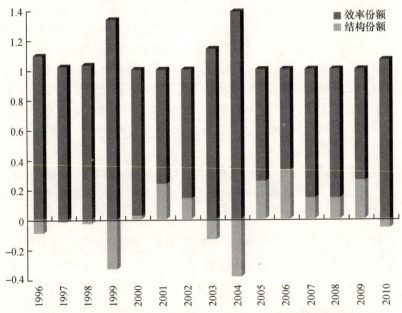

图6.1 北京市1996—2010年能源强度变化中的结构份额和效率份额

从图中我们可以清楚地看到,在所有的年份中效率份额对能源效率的影响要远远大于结构份额对能源效率的影响。其中在1999年和2004年,结构份额对能源的效率影响是负的,也就是说,经济结构的变化实际上反而促使了能源强度的上升。北京市能源强度的下降完全来自效率额,即各产业能源效率的提高。1996—2010年15年间结构份额的累积是0.47,而效率份额的累积达到了14.52,所以说北京市在1996—2010年期间,能源效率的提高绝大部分都是由各产业能源效率的提高所推动的。

通过以上分析我们可知道:能源强度下降基本上完全来自各产业能源效率的提高,因此有必要对各产业的效率份额进行分析。按照效率份额的计算方法:

$$\frac{(e_i^n - e_i^{n-1}) \cdot y_i^n}{\sum_i e_i^n \cdot y_i^n - \sum_i e_i^{n-1} \cdot y_i^{n-1}} \quad (i = 1,2,3; n = 1,2,\cdots,N)$$

按照上述的公式我们可以计算出北京三次产业的效率份额,如图6.2所示。

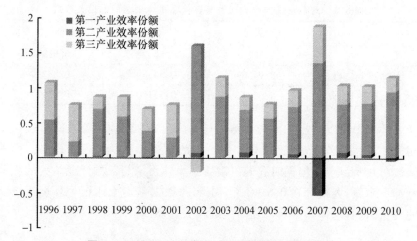

图6.2 1996—2010年北京三次产业的效率份额

从图中我们可以看到第一产业的效率份额所占的比例很小,而第二产业的效率份额所占的比例很高,基本上都达到了0.5,而第三产业的效率份额所占的比例一直比较稳定,居于中间的问题,由此我们看出北京的能源效率的提升主要归结于第二产业的效率提升,第二产业的效率提高不仅抵消了其他产业能源消费波动以及产业结构变化导致能源强度上升的影响,而且推动了能源强度持续快速的下降。因此,针对北京产业发展规划,能源消耗强度研究的主要着眼点应该放在第二产业特别是工业能源消耗强度的下降方面。

第五节 北京市产业结构与环境污染关系的研究

一、三次产业比重对环境效应的相关性分析

很多环境经济学认为,产业结构是影响环境的重要变量。产业结构的变化不仅会影响经济的效能,还会对环境产生较大的影响。北京市的产业结构及其演变对环境的影响状况又是如何的呢?本节将运用相关分析方法,利用产业和环境数据,对三次产业结构与环境质量之间的相互作用进行分析,然后从整体上分析三次产业结构演变的环境效应。

表6.6是用 EViews 做出的三次产业比重与各种环境污染之间的相关系数。

表6.6 北京市三次产业比重与各种环境污染之间的相关系数

	废气排放	污水排放	固体废弃物排放
第一产业比重	-0.77348	0.57425	0.92875
第二产业比重	-0.94503	0.55389	0.83710
第三产业比重	-0.9483	0.55780	0.83027

从表中可以看出三次产业结构与气体污染和固体污染之间有较强的相关性,除了第一产业比重与气体污染的相关系数为0.77,其他的相关系数在0.8以上。但同时我们可以看到水体污染与三次产业结构的相关性都不明显,大概都在0.5—0.6。上面的数据基本上印证了环境经济学的观点,只有水体污染与产业结构的相关性不高。

二、三次产业结构与环境污染问题的协整回归

本节中产业结构方面的数据有第一产业生产总值、第二产业生产总值和第三产业生产总值。环境方面分别用废气排放量、废水排放量和固体废弃物排放量来分别描述大气环境、水环境和固体环境的污染情况。同时为了能够得到平稳变量又不改变序列的特征,我们对第一产业生产总值、第二产业生产总值、第三产业生产总值、废气排放量、废水排放量和固体废弃物排放量取自然对数,记为 Lnfir、Lnsec、Lnthi、Lnat、LnLiq、LnsoL。另外因为取对数,也可以反映各变量的长期变化的弹性。综合考虑到各产业的发展对环境的影响并不一定是当期的,或许有些污染在当期并没有表现出来或表现得不明显,但却能够在其一定的滞后期里对环境的污染达到最大,在加上协整分析的目的就是要分析产业结构的环境效应在长期的均衡,所以对各变量取对数,对考虑这样一种环境污染的滞后性也是很可行的。所以对各变量取对数后的指标与环境效应之间是有密切关系的。

用 ADF 单位根检验方法检验 7 个变量的平稳性。检验结果如表 6.7 所示。

表 6.7 ADF 单位根检验方法检验 7 个变量的平稳性结果

	水平			一阶差分		
	ADF	临界值	结论	ADF	临界值	结论
Lnat	0.877972	0.8780	不平稳	-3.385272	-2.9627	平稳
Lnfir	-3.705578	-2.9591	平稳	-2.550534	-2.9627	平稳
LnLiq	-1.988137	-2.9591	不平稳	-5.046382	-2.9627	平稳
Lnscc	0.216950	-2.9591	不平稳	-4.086677	-2.9627	平稳
LnsoL	-2.116838	-2.9591	不平稳	-2.860732	-2.6200	平稳
Lnthi	0.434649	-2.9591	不平稳	-4.244785	-2.9627	平稳

注:该检验是在 5% 显著性水平实现的。

由上表可以看出,7 个变量的原始序列除了 Lnfir 外都不平稳,而它们的一阶差分变量都是平稳的,即它们都是 I(1) 序列,因此可以在此基础上进行 Johansen 协整检验。利用 Johansen 和 Juselius(1990)提出的基于 Sims(1980)的向量自回归的多变量协整检验,我们得到协整检验结果如下。

1. 大气环境与产业结构的协整检验

Eigenvalue	Likelihood Ratio	5 Percent Critical Value	1 Percent Critical Value	Hypothesized No. of CE(s)
0.454345	44.45417	47.21	54.46	None
0.346803	25.67536	29.68	35.65	At most 1
0.301619	12.47318	15.41	20.04	At most 2
0.042444	1.34449	3.76	6.65	At most 3

如上表所示,检验表明在 1978—2010 年的样本区间内,各个变量之间不存在着一致协整的向量或长期的均衡关系。也就是说,北京市大气环境与北京市产业结构之间没有长期稳定的均衡关系。

2. 水环境与产业结构的协整检验

Eigenvalue	Likelihood Ratio	5 Percent Critical Value	1 Percent Critical Value	Hypothesized No. of CE(s)
0.533865	49.85892	47.21	54.46	None*
0.419454	26.19725	29.68	35.65	At most 1
0.234367	9.339861	15.41	20.04	At most 2
0.033655	1.061256	3.76	6.65	At most 3

如上表所示,检验表明在 1979—2010 年的样本区间内,各个变量之间存在着一致协整的向量或长期的均衡关系。该协整向量的系数估计为:

Normalized Cointegrating Coefficients: 1 Cointegrating Equation(s)

LNLIQ	LNFIR	LNSEC	LNTHI	C
1.000000	-1.382348	26.94656	-26.71266	-6.718498
	(0.30205)	(5.45645)	(5.37612)	
Log likelihood	187.6792			

所以协整关系式表示如下,其中等式下面括号内为渐进标准误差:

$$LnLiq = -6.718498 - 1.382348 Lnfir$$
$$(0.30205)$$
$$+ 26.94656 Lnsec - 26.71266 Lnthi$$
$$(2.30508) \qquad (5.37612)$$

由上式可以看出,各变量显著,LnLiq、Lnfir、Lnsec、Lnthi 之间存在着稳定的协整关系,协整关系得出,三次产业的发展对水环境都有影响,可以发现 Lnsec 与 LnLiq 之间存在正的协整关系,而 Lnfir、Lnthi、LnLiq 之间存在负的协整关系,即第二产业的发展带来水环境的一定程度的破坏,而第一产业与第三产业的发展会改善水环境。

3. 固体环境与产业结构的协整检验

Eigenvalue	Likelihood Ratio	5 Percent Critical Value	1 Percent Critical Value	Hypothesized No. of CE(s)
0.514269	48.23830	47.21	54.46	None*
0.407733	25.85320	29.68	35.65	At most 1
0.235072	9.615459	15.41	20.04	At most 2
0.041325	1.308285	3.76	6.65	At most 3

如上表所示，检验表明在1979—2010年的样本区间内，各个变量之间存在着一致协整的向量或长期的均衡关系。该协整向量的系数估计为：

Normalized Cointegrating Coefficients: 1 Cointegrating Equation(s)

LNLIQ	LNFIR	LNSEC	LNTHI	C
1.000000	2.097020	-91.73181	91.58016	3.246742
	(4.94412)	(167.169)	(166.716)	
Log likelihood	197.0981			

协整关系式表示如下，其中等式下面括号内为渐进标准误差：

$$LnsoL = 3.246742 + 2.097020Lnfir - 91.73181Lnsec + 91.58016Lnthi$$
$$(4.94412) \quad\quad (167.169) \quad\quad (166.716)$$

由上式可以看出，各变量显著，LnsoL、Lnfir、Lnsec、Lnthi 之间存在着稳定的协整关系，协整关系得出，三次产业的发展对固体环境都有影响，再进一步分析它们的协整检验结果，可以发现 Lnfir、Lnthi、LnsoL 之间存在正的协整关系，Lnsec 与 LnsoL 之间存在负的协整关系，即第一、三产业的发展会产生较多的固体废弃物污染固体环境，而第二产业的大力发展将对固体环境污染有一定的改善作用。

总之，由上述的结果可以看出，北京市生态环境中的大气环境与产业结构之间没有长期稳定的关系，但对于北京市水环境和固体环境，产业结构则是影响其环境质量的长期稳定的因素。而且在北京这样的长期稳定关系呈现出这样的特点：对水环境而言，影响程度较大的是第三产业和第二产业，第二产业的发展会污染水体，而第三产业却对水体污染有一定的改善作用。对固体环境而言，影响程度较大的也是第二产业和第三产业，第二产业能够改善固体废弃物的排放，而第三产业的加速发展将对固体废弃物的排放有着一定的阻碍作用。

对于上面的结果我们可以发现北京市产业结构与环境污染之间的特殊关系。第一产业对于环境的影响几乎是微不足道的。值得我们注意的是北京市第二产业的发展只会对水污染有加重作用,而对于固体废弃物的排放有一定的改善作用,第三产业在发展的同时也会增加固体污染,但会减少对水体污染的压力。

三、政策建议

研究结果表明,不同的产业结构决定了环境污染的程度,因此需要对北京市的各产业提出调整和优化,使得北京市经济的高速发展与环境保护更好地协调起来:首先加快科学技术在农业中的运用,在农村广泛推广循环经济,改变农业尤其是种植业对环境的影响。其次优化能源消耗结构,加强企业的清洁生产和废弃物无害化处理的循环经济理念,打造"资源节约型、环境友好型"的新北京。引进循环经济理念,大力推广清洁生产在当前的工业活动中的应用,减少单位产品能源消耗和污物排放量;对于产业之间有前后关联的,应尽量合理配置使之成为产业链、产品链,实现各产业间的废弃物资源化,更好地实现循环经济理念。积极发展知识经济,鼓励高新技术产业的发展,严格限制重工业等高耗能重污染产业,实现工业的产业结构从生产型向社会经济与生态环境综合效益型转变。最后整顿第三产业,关闭一批对环境污染大的服务机构,把第三产业打造成"真正"的对环境影响小的第三产业,并且积极培育第三产业中如金融服务业等有很大潜力的产业为城市的主导产业。

第七章　北京市最优产业结构测算

第一节　引　言

在现有的文献中,大多数学者对于最优产业结构的研究是从产业结构的高度化和合理化的角度进行分析的。李博、胡进(2008)利用大道定理对产业结构高度化和产业结构均衡化的关系做了详细的描述。李惠媛(2010)认为,产业结构优化的实质,就是合理化基础上的高级化。黄茂兴、李军军(2009)分析研究了技术选择、产业结构升级和经济增长三者之间的关系,建立了1991—2007年中国31个省份的面板数据模型。实证研究表明合理的资本和技术选择有助于提升产业结构升级。Ju,Lin和Wang(2009)从理论角度分析了封闭经济中最优产业结构的动态变化,构建了一个可追溯的、无限期的一般均衡模型,分析认为资本的不断增长是推动产业结构变化的动力。此外,同产业结构相关的实证研究大多揭示了现实产业结构同其他经济变量之间的关系。比如,干春晖、郑若谷、余典范(2011)在测度产业结构合理化和高级化的基础上,从实证的角度探究了产业结构变迁与经济增长的关系,进而分析了二者对经济波动的影响。刘伟、李绍荣(2002)研究发现,在一定的技术条件下,一个经济通过专业化和社会分工会形成一定的产业结构,而产业结构在一定意义上又决定了经济的增长方式。此外,国外也有学者做了大量研究。塞尔奎因(1994)分析了产业结构变化的原因,进一步探讨经济增长的根源。Michael Peneder(2003)运用实证方法研究了工业结构对国民经济总收入和经济增长的影响。Vittorio Valli 和 Donatella Saccone(2009)认为,国民经济的增长有两方面的动力——行业内部劳动生产率的提高和资源在行业之间的再分配。

但是,我们发现只有少数学者不断尝试从另外的角度研究最优产业结构。采用直接研究法的学者很少,比如从生产者和消费者的优化动机和市场均衡的角度直接定量分析最优产业结构。其中,彭宜钟、李少林(2011)认为,最优产业结构就是能够同时实现以下目标的结构:各个产业在生产过程中都对生产要素进行了充分有效的配置;各个产业对生产要素的需求和使用量都达到了利润最大化目标所要求的最大限度;各个产业所选择的产量都能实现自身利润的最大化;代表性行为人按照跨期效用最大化原则来安排每一种产品的消费和投资;每一个产业的产出在被用于消费和再生产之后没有剩余。他们的贡献在于开发出了一个能够付诸实证检验和应用,且能够很好地刻画我国各产业最优增长路径的理论模型。

我们研究发现,之前的研究存在一些局限性:其一,探讨产业结构内生性问题的模型大都基本停留在理论层面,很难有效地用于实证研究(比如,Ju,Lin和Wang(2009)的理论模型);其二,同产业结构相关的实证研究基本局限于揭示现实产业结构同其他经济变量之间的关系(比如,产业结构同经济增长、经济波动和经济周期等的关系);其三,通过构造统计学指标来刻画产业结构优化程度的研究基本都以某些主观认识(比如,认为服务业和高附加值加工业产出所占比重越高越好等)作为隐含前提;其四,采用了均衡直接研究法的学者(彭宜钟、李少林,2011)只建立了两时期离散模型的均衡。

为了克服现有研究成果的上述局限性,我们在彭宜钟、李少林(2011)的基础上将模型扩展到连续无穷期,得到各产业最优增长路径、最优产出收敛速率,同时对北京产业结构进行测算和实证分析。

第二节 理论模型

一、产业结构的含义和产业分类

产业结构是指各个产业的构成、联系及其比例关系。产业结构在国民经济中占举足轻重的地位,与经济增长、经济周期和资源利用效率均有密切的关系。各个产业部门的构成、联系和比例关系各不相同,对经济的贡献也不相同。

在经济研究中,对产业分类的常规方法有:两大领域、两大部类分类法,三次产业分类法,资源密集度分类法和国际标准产业分类法。其中,按照两大领域、两大部类分类法可以将产业部门分为物质资料生产部门和非物质资料生产部门两大领域。按照三次产业分类法,根据社会生产活动历史发展的顺序可分为第一产业、第二产业和第三产业。其中,第一产业是指农业(包括种植业、林业、牧业和渔业);第二产业是指工业(包括采掘业,制造业,电力、煤气、水的生产和供应业)和建筑业;第三产业是指除第一、第二产业以外的其他各业。本章中,我们采用的是三次产业分类法进行研究。

在解释了产业和产业结构的划分之后,我们需要对最优产业结构的含义给出界定。这里,我们需要事先确定经济中的最优目标,因为任何所谓的最优产业结构都是与其需要达到的优化目标相对应的,这是一个相对"最优"的概念。

二、最优产业结构的定义界定

我们做如下定义,所谓的最优产业结构就是能够同时实现以下四个目标的产业结构:(1) 在生产过程中,各个产业都对生产要素进行了充分、有效的配置;(2) 各个产业都实现了其利润最大化的目标,此时,就业和产出也实现了最大化;(3) 在消费过程中,代表性消费者按照跨期(无穷期)效用最大化原则来安排每一种产品的消费和投资(这意味着社会中不存在过度消费,也不存在过度投资);(4) 各个产业都达到均衡状态,即产出在被用于消费和投资之后没有剩余,微观个体的储蓄总额等于全社会总投资需求。

基于上述定义,我们开始研究并提出一个关于最优产业结构实现机制的理论模型。

三、最优产业结构的理论模型

(一) 生产者利润最大化

我们采用三次产业分类法进行研究,即划分为第一产业、第二产业和第三产业。在经济研究中,每个产业的生产过程都可以抽象为所对应的生产函数,而生产函数的相异性可以用生产函数中不同的参数(每个参数代表着生产函数的一个特征)来表示。本章中,我们假设所有产业的生产函数都服从柯布-道格拉斯形式,生产者使用劳动和资本两种要素进行生产。我们按照生产函数中 α 和 A 的相异程度来区分三次产业——农业、工业和服务业。

每个产业都被视为一个独立的决策单元,都基于利润最大化原则对生产要素进行最优需求和配置。我们假设第一、二、三产业生产函数分别为:$Y_i = A_i L_i^{\alpha_i} K_i^{1-\alpha_i}$ ($i=1,2,3$)。生产者就是要选择投入多少资本和劳动力,生产多少产出来最大化自身利润,即:

$$\max_{K_i, L_i} \pi_i = P_i Y_i - R_i K_i - W_i L_i$$

同时,我们定义人均产出和人均资本存量分别为:$y_i = Y_i/L_i$, $k_i = K_i/L_i$。

我们可以得到最优性条件①(F.O.C.)为:

$$\begin{cases} \dfrac{\partial \pi_i}{\partial K_i} = (P_i + Y_i P_i') \mathrm{MPK}_i - R_i = 0 \\ \dfrac{\partial \pi_i}{\partial L_i} = (P_i + Y_i P_i') \mathrm{MPL}_i - W_i = 0 \end{cases}$$

其中,R_i为资本的名义价格,W_i为劳动力的名义价格,$P_i + Y_i P_i' = P_i \left(1 + P_i' \dfrac{Y_i}{P_i}\right)$,定义实际资本价格和实际工资分别为:$\gamma_{it} = \dfrac{R_{it}}{(1-N_{it})P_{it}}$,$\omega_{it} = \dfrac{W_{it}}{(1-N_{it})P_{it}}$,我们可以得到:

$$\begin{cases} \gamma_{it} = \mathrm{MPK}_i = f'(k_{it}) \\ \omega_{it} = \mathrm{MPL}_i = f(k_{it}) - f'(k_{it}) k_{it} \end{cases}$$

(二)消费者效用最大化

我们把各个产业作为单独的经济体,在每一个经济体中,单个主体既是生产者也是消费者,我们研究代表性消费者在连续、无限期里效用最大化的跨期消费行为。假设贴现率为正的常数,$0 < \rho < 1$,消费者所有效用的贴现和可以表示为$U_i = \int_{0}^{\infty} (C_i) e^{-\rho_i t} dt$。这里,需求是经济增长的持久动力,经济发展的最终目标是给消费者带来持久的最大化效用,满足以及全面提高总的社会福利水平。消费者同时面临消费和投资的权衡,在时间t,第i产业中消费者总收入为$\gamma_{it} A_{it} + \omega_{it} L_{it}$,此时收入除了用来消费外,其余的用来储蓄以增加资产,记t时刻,消费者总消费为C_{it},其面临的预算约束可表示为$\dot{A}_{it} = \gamma_{it} A_{it} + \omega_{it} L_{it} - C_{it}$。

---

① 经验证,二阶条件也可满足,使得利润取最大值。

各产业经济体中,消费者总量下的效用最大化问题为:

$$\max_{C_{it},A_{it}} U_i = \int_0^\infty U(C_i)\mathrm{e}^{-\rho_i t}\mathrm{d}t$$

$$\text{s. t.} \quad \dot{A}_{it} = \gamma_{it}A_{it} + \omega_{it}L_{it} - C_{it}$$

$$A_0 \text{ 已知}$$

对于每个代表性消费者而言,其在自己的预算约束下选择消费路径、资本存量路径和劳动力供给路径来最大化效用水平,我们将上述总量最大化问题化为人均最大化效用问题(这里,人均化后的贴现率记为 $\beta_i = \rho_i - n_i$):

$$\max_{c_{it},a_{it}} u_i = \int_0^\infty u(c_i)\mathrm{e}^{-\beta_i t}\mathrm{d}t$$

$$\text{s. t.} \quad \dot{a}_i = (\gamma_i - n_i)a_i + \omega_i - c_i$$

其中, a_0 已知。

(三)均衡求解

我们给出了三次产业的人均生产函数 $f(k_i) = A_i k_i^{\alpha_i}(i=1,2,3)$,以及单个代表性消费者的效用函数 $u(c_i) = \dfrac{c_i^{1-\sigma}}{1-\sigma}(i=1,2,3)$,此时假设效用函数是 CRRA 形式,消费者具有常数相对风险厌恶的偏好。将以上两式代入生产者利润最大化模型和消费者效用最大化模型中,用哈密尔顿方法联立求解,得到各个产业最优消费路径和最优资本积累路径:

$$\begin{cases} \dot{c}_i = \dfrac{1}{\sigma}(A_i\alpha_i k_i^{\alpha_i-1} - n_i - \beta_i) \\ \dfrac{\dot{k}_i}{k_i} = A_i k_i^{\alpha_i-1} - n_i - \dfrac{c_i}{k_i} \end{cases}$$

同时,令增长率为零,我们也可以得到每个产业作为一个经济体下的稳态,即经济向着此稳定状态收敛:

$$\begin{cases} c_i^* = \left(\dfrac{n_i + \beta_i}{A_i\alpha_i}\right)^{\frac{1}{\alpha_i-1}}\left(\dfrac{n_i + \beta_i}{\alpha_i} - n_i\right) \\ k_i^* = \left(\dfrac{n_i + \beta_i}{A_i\alpha_i}\right)^{\frac{1}{\alpha_i-1}} \end{cases}$$

(四)三次产业经济增长最优路径的收敛性

收敛性是经济增长中非常重要的概念,因为经济可以自动向其稳定状态或稳定增长路径收敛,一旦受到某种干扰,虽然暂时偏离,但长期趋势下经济依然可以回复到稳定状态或稳定增长路径。我们把收敛速度定义为,在稳定状态附近作一阶泰勒级数展开,然后解一阶线性微分方程组,得到特征向量的两个解,从而可以推导出三次产业经济增长最优路径的收敛速率公式:

$$\varepsilon_i = \frac{1}{2}\left[(\rho_i - n)^2 + 4\rho_i \frac{1-\alpha_i}{\sigma_i}\left(\frac{\rho_i}{\alpha_i} - n\right)\right]^{\frac{1}{2}} + \frac{1}{2}(\rho_i - n) \quad i = 1,2,3$$

同时,各个产业资本增长路径模拟模型为

$$\log[k_i(t)] = (1 - e^{-\varepsilon_i t})\log[k_i^*(t)] + e^{-\varepsilon_i t}\log[k_i(0)] \text{①}$$

各个产业产出增长路径模拟模为

$$\log[y_i(t)] = (1 - e^{-\varepsilon_i t})\log[y_i^*(t)] + e^{-\varepsilon_i t}\log[y_i(0)] \text{②}$$

第三节 实证研究及三次产业经济增长收敛速率的测算

一、基于柯布-道格拉斯生产函数的 SFA 模型

(一)估计各产业随机前沿的劳动产出弹性(α_i)的计量模型

本章采用两要素柯布-道路拉斯生产函数,假设各个产业生产函数具有常数规模报酬(CRS),满足线性约束"劳动产出弹性与资本产出弹性之和等于1"。为了在参数估计过程中简化这一约束,我们对资本变量和产出变量进行人均化处理。生产函数的解释变量(人均资本的自然对数)的参数估计值就是资本产出弹性估计值,从而,劳动产出弹性估计值就等于1减去资本产出弹性估计值。

我们建立如下计量模型,使用随机前沿方法(SFA)对各产业的劳动产出弹性 $\alpha_i(i=1,2,3)$ 进行估算。

$$\ln y_{it} = b_{0i} + b_{1i}\ln k_{it} + v_{it} - u_{it}$$

$$\gamma_i = \frac{\sigma_{u_{it}}^2}{\sigma_{u_{it}}^2 + \sigma_{v_{it}}^2}$$

$$TE_i = e^{-u_{it}}$$

---

① 此时 $k_i(0)$ 为各个产业经济初始时的人均资本存量。
② 此时 $y_i(0)$ 为各个产业经济初始时的人均产出量。

其中,$i=1,2,3$ 分别表示北京市第一、二、三产业,t 表示年份,在此我们取 1979—2009 年共 31 年的历史数据。y_{it} 表示北京市各个产业的人均实际生产总值(实际 GDP)(单位:亿元人民币),k_{it} 表示北京市各个产业人均年均资本投入量(单位:亿元人民币)。b_{0i} 为截距项,b_{1i} 为待估计的参数,即资本产出弹性,从而 $(1-b_{1i})$ 表示劳动产出弹性。误差项由两部分组成:第一部分 $v_{it} \in $ i.i.d. 并服从正态 $N(0,\sigma_v^2)$ 分布;第二部分 $u_{it} \in $ i.i.d. 并服从正半部正态分布 $N(\mu,\sigma_u^2)$,v_{it} 和 u_{it} 是相互独立的。$TE_i = e^{-u_{it}}$ 表示第 i 产业的技术效率水平,当 $u_{it}=0$ 时,$TE_i=1$,处于技术效率状态。

(二) 数据说明

本节选择了北京市第一、二、三产业从 1979—2009 年共 31 年的统计数据,相关数据来自国家统计局、《北京统计年鉴》(1979—2009)。北京市各个产业的生产总值 Y_i 按照 1978 年的价格基准进行折算得出实际 GDP(单位:亿元人民币),K_i 为北京市全社会固定资产投入量,也按照 1978 年的价格基准进行调整(单位:亿元人民币),L_i 为三次产业从业人员人数。基于此,我们算出了北京市各个年份人均生产总值 $y_i = Y_i/L_i$,人均资本存量 $k_i = K_i/L_i$。

(三) 回归结果分析

我们用 Frontier(4.1) 程序进行回归和分析,表 7.1 至表 7.3 分别给出了北京市第一、二、三产业随机前沿计量模型回归结果,表 7.4 给出了三次产业的劳动产出弹性(α_i)。

表 7.1　北京市第一产业 SFA 回归结果

	系数	是否显著(在 5% 显著性水平下)
b_{01}	-2.1072 (-10.9737)	显著
b_{11}	0.0685 (7.9275)	显著
γ_1	0.8136 (17.0422)	显著
log likelihood function	92.3460	
LR test of the onesided error	121.9376	显著

表 7.2 北京市第二产业 SFA 回归结果

	系数	是否显著(在 5% 显著性水平下)
b_{02}	1.3762 (25.2775)	显著
b_{12}	0.2698 (6.28611)	显著
γ_2	0.7962 (27.1272)	显著
log likelihood function	40.3460	
LR test of the onesided error	57.5536	显著

表 7.3 北京市第二产业 SFA 回归结果

	系数	是否显著(在 5% 显著性水平下)
b_{03}	1.3226 (35.2746)	显著
b_{13}	0.4731 (16.9285)	显著
γ_3	0.9931 (89.0422)	显著
log likelihood function	61.2840	
LR test of the onesided error	89.9376	显著

表 7.4 三次产业的劳动产出弹性(α_i)

	α_1	α_2	α_3
估计值	0.9315	0.7302	0.5269

从 SFA 回归结果看出,第一产业的劳动产出弹性(α_1)是 0.9315,第二产业的劳动产出弹性(α_2)是 0.7302,第三产业的劳动产出弹性(α_3)是 0.5269。我们可以看到,第一、二产业的劳动产出弹性远大于资本产出弹性,这是产业劳动密集度高的表现,劳动资本越高,资本产出弹性越小。而第三产业的资本产出弹性与劳动产出弹性大致相等,说明该产业正向着资本密集型转变。

二、对主观效用贴现率 $\rho_i(i=1,2,3)$ 的估算

主观效用贴现率 $\rho_i(i=1,2,3)$ 在一定程度上表示着第一、二、三产业的发展程度,决定着人们对当前效用和未来效用重视程度的对比关系。由于无法获得分产业的消费者对效用的主观看法,我们这里用市场上一年期存款利率表示人们对当前和未来看法的不同。这种做法隐含了一个假设:人们对三次产业产品的主观效用贴现率相同。本节中用 $\rho_i(i=1,2,3)$ 表示连续复利计算后的一年期存款利率。

三、人口增长率 $n_i(i=1,2,3)$ 和风险回避系数 $\sigma_i(i=1,2,3)$ 的估算

三次产业的人口增长率数据来自《北京统计年鉴》(1979—2009)。而风险回避系数 $\sigma_i(i=1,2,3)$ 表示三次产业产品对消费者的效用,反映出了第一、二、三产业产品的特性,这里我们使用彭宜钟、李少林(2011)测算出来的消费者风险回避系数 $\sigma_i = 14.9457$,同样地,我们假设三次产业之间没有差别。

四、三次产业经济增长收敛速度的模拟

基于上述估计变量,代入公式

$$\varepsilon_i = \frac{1}{2}\left[(\rho_i - n)^2 + 4\rho_i \frac{1-\alpha_i}{\sigma_i}\left(\frac{\rho_i}{\alpha_i} - n\right)\right]^{\frac{1}{2}} + \frac{1}{2}(\rho_i - n) \quad i=1,2,3$$

中,我们能够测算出从1979—2009年北京市三次产业经济增长最优收敛速率。之后,我们对比分析该最优的收敛速率与北京各产业实际经济增长率的相同趋势和差异,对比结果如表7.5和图7.1至图7.3。

表7.5 三次产业实际产出增长率和最优实际产出收敛率比较

(单位:%)

年份	第一产业		第二产业		第三产业	
	实际增长率	最优收敛率	实际增长率	最优收敛率	实际增长率	最优收敛率
1979	10.76	8.51	6.09	10.06	17.96	4.99
1980	7.50	8.43	-4.65	9.81	6.17	7.81
1981	53.66	6.31	5.95	9.84	9.99	5.05
1982	23.66	8.44	12.33	6.90	24.79	5.15
1983	13.08	4.91	13.53	8.19	23.79	10.37

（续表）

年份	第一产业		第二产业		第三产业	
	实际增长率	最优收敛率	实际增长率	最优收敛率	实际增长率	最优收敛率
1984	1.98	11.60	0.00	6.40	2.38	10.84
1985	0.41	16.43	0.94	8.00	9.38	8.07
1986	17.15	11.46	1.47	3.75	10.41	8.44
1987	26.46	10.94	0.66	3.41	5.22	7.96
1988	-11.22	12.56	-2.76	2.83	-7.20	11.89
1989	8.18	7.82	-1.29	-1.45	11.70	12.71
1990	-7.32	10.00	-0.71	5.82	20.30	8.00
1991	-1.87	14.26	7.96	3.21	9.16	6.12
1992	-8.09	32.54	1.94	-0.54	10.47	15.03
1993	0.64	-0.03	-1.24	-3.16	8.63	5.77
1994	-7.17	13.95	6.37	-1.03	19.98	14.46
1995	-8.57	5.34	-0.83	-2.19	13.60	12.28
1996	-2.25	7.61	3.88	3.40	15.74	10.95
1997	-1.46	-0.01	5.00	3.39	16.95	6.40
1998	0.04	4.39	7.29	4.03	15.38	5.08
1999	-2.27	4.57	10.04	10.02	7.55	6.33
2000	-1.17	7.03	7.23	10.03	16.94	4.95
2001	3.85	9.22	11.42	3.96	22.99	4.95
2002	1.86	3.97	18.74	10.01	15.33	4.94
2003	2.89	0.92	23.40	7.17	17.99	4.98
2004	-0.01	5.55	7.71	4.99	16.23	4.95
2005	-0.78	2.44	7.17	7.70	20.42	5.77
2006	11.40	-0.01	11.83	-2.14	19.28	4.95
2007	5.95	3.51	-0.42	3.97	12.67	5.03
2008	6.47	8.51	10.38	10.06	14.32	4.99
2009	2.69	8.43	15.88	9.81	10.22	7.81

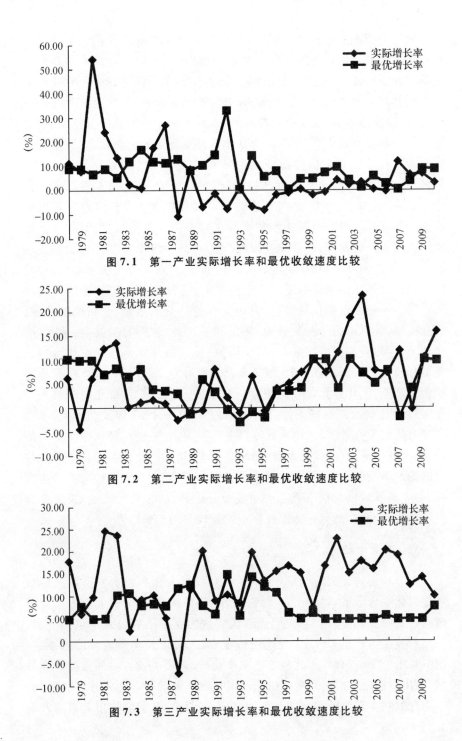

图 7.1 第一产业实际增长率和最优收敛速度比较

图 7.2 第二产业实际增长率和最优收敛速度比较

图 7.3 第三产业实际增长率和最优收敛速度比较

从以上图表的分析可以得到,北京市的三次产业实际增长率和最优收敛率之间大致保持着同向的走势,但是在不同年份也有很大的差异和波动。农、林、牧、渔业等组成的第一产业实际增长率在1979—1990年发展较快的同时波动较大,在1990—1999年明显减速,甚至很长时间在持续负增长,而在2000年后有小幅回升,保持了一个较平稳的低速增长;而第一产业最优收敛率在1979—1990年保持着稳定的较高值,实际增长率有向着最优收敛率靠拢的趋势,在1999—2009年,二者有较为同步的走势,以相对稳定的低速增长,说明第一产业发展成熟,产值相对稳定。包括采矿业、制造业、电力、燃气及水的生产和供应业以及建筑业等在内的第二产业实际增长率与最优收敛率有很好的拟合走势,这说明北京市第二产业发展态势良好,产业结构较优。在1989—1999年实际增长率波动大且水平低,但到了2000年之后,北京市第二产业又有了快速发展,比如房地产业等的高速增长和新兴工业高速化进程带动了第二产业的再次腾飞。第三产业涵盖的领域很广,其中主要包括交通运输、仓储和邮政业,信息传输、计算机服务和软件业,批发和零售业,住宿和餐饮业,金融业,房地产业,租赁和商务服务业,科学研究、技术服务和地质勘查业,水利、环境和公共设施管理业,居民服务和其他服务业,教育,卫生、社会保障和社会福利业,文化体育以及娱乐业。与第一、二产业不同,北京市第三产业实际增长率始终保持正的高增长率,在1997—1993年波动较大,明显大过最优收敛率的波动,说明此时第三产业发展不充分,结构存在不合理处。从20世纪90年代后期到2009年以来,第三产业以明显高于最优收敛率的趋势增长,尤其以金融业为代表的行业保持了很长时间的飞速发展,一方面反映出北京市第三产业逐步开始替代第一、二产业,成为全市经济的支柱和主导,另一方面经济有发展较热的趋势。

五、本节小结

本节通过对无穷连续期中,生产者利润最大化和消费者跨期效用最大化目标联合求解,得出了三次产业最优收敛速率,同时对北京市产业结构进行了测算和分析。三次产业最优收敛速率的估算公式中包括变量:三次产业资本产出弹性、主观效用贴现率、人口增长率和风险回避系数。我们基于1979—2009年北京市三次产业产出、资本投入量和劳动力等数据,应用随机前沿分析(SFA)估计出了三次产业的劳动力弹性;我们用一年期存款利率表示消费者主观效用贴现率;最后,我们测算出北京市产业层面的最优收敛率,对比了三次产业实际增长率。结果表明,各个产业的实际增长率与最优收敛速率之间保持一定的同向变动关系,同时二者在不同时期也存在明显差距。我们研究发现,北京市三次产业的实际增长率与最优收敛速率之间的相关关系和变化趋势能够清楚地反映出始于20世纪90年代的北京市三次产业结构的调整政策,在此期间北京经济波动幅度加大,可能原因在于1978年开始建立的市场经济制度在80年代末90年代初真正深入到行业间,私营企业对国有及集体所有制企业的冲击导致了企业、行业与产业结构间的资源重新分配,必然导致生产力和生产水平在一个时期内进入震荡调整期和适应期,该时期正是中国经济改革进程的一个缩影。进入2000年之后,新兴的经济体制已经初步适应了中国的经济环境,产业间相互协调和相互促进的巨大推动力开始显现,开启了北京市高速发展的10年,加上北京市作为全国的经济和政治中心,劳动力、资金等稀缺生产资料集中向首都汇聚,资金价格低、劳动力素质高等有利条件加速了北京市整体产业,特别是高新技术产业和金融业的高速发展,但不可忽视的是,同时期北京市土地资源作为生产资料之一,其价格也快速上涨,成为重要的民生问题之一。综上所述,各个产业的最优收敛率很好地刻画了北京市经济发展的走势以及产业结构的变化。

第八章　影响产业结构的外生变量研究

　　研究产业结构的学者普遍认为：经济增长影响产业结构，产业结构也促进或制约着经济增长。由此，为了达到宏观调控的目标之一——经济增长，优化产业结构成为重要路径。探寻优化产业结构路径的过程中，影响产业结构的因素成为不得不研究的领域。本章旨在为制定宏观调控措施优化产业结构指出若干可行意见，因此将对产业结构产生影响且宏观可调控的因素作为重点分析对象，来定性与定量也说明影响产业结构的因素及其影响路径与效果。

　　从供给与需求角度来分析影响产业结构的因素，主要有影响供给的自然资源、资本、劳动力、技术等生产要素的投入与分配，以及影响需求的私人投资消费需求、公共投资消费需求、国外投资消费需求等需求结构。再从每种要素与各部门的需求结构来分析，我们列出影响产业结构的因素较多，在用指标衡量时，指标数量庞大，其中某些指标关联性也较强，逐一分析工作量较大，意义较小。因此，本章首先选取 28 个城市，构建影响产业结构的 16 个指标，采用主成分分析法对这些指标进行成分划分，然后对每种成分所描述的经济内容进行分析，最后从各成分中选出影响较大、宏观可调的因素，针对北京市根据各因素专门构建指标进行定性与定量分析，从而得出结果，确定北京市影响产业结构的若干因素。

第一节　主成分分析法确定影响产业结构的重要因素

一、城市与指标的选择

　　本章进行主成分分析时选择城市的方法，是从 4 个直辖市、15 个副省级市、14 个沿海开放城市、4 个经济特区、长三角 16 个城市、中经网数据库中单列出的 21 个城市共 40 个城市中，按照各城市市辖区的 2010 年国民生产总值、2010年人均国民生产总值、2002—2010年的几何平均国民生产总值增长率、2010年第二产业与第三产业总产值占国民生产总值的比重四个指标进行排序,去除至少在三个指标中排名第30之后的城市,去除一些重要性数据不可获得的城市,得到27个与北京在国民生产总值,第二、三产业比重相对接近的样本城市,与北京共同进行主成分分析来划分影响产业结构的因素,如表8.1所示(编号随机)。

表 8.1 2010年主要城市与相关指标

编号	城市	GDP(亿元)	GDP 增长率(%)	人均 GDP(元)	第二、三产业产值比重(%)
1	北京	13 904.41	11.26	78 047.00	99.29
2	天津	8 561.46	15.68	79 556.00	98.97
3	沈阳	4 184.91	14.94	69 165.00	98.22
4	大连	3 432.21	14.89	87 962.00	97.59
5	长春	2 363.91	13.56	65 166.00	98.85
6	哈尔滨	2 581.95	14.28	54 559.00	96.69
7	上海	16 971.55	10.95	77 613.00	99.44
8	南京	4 515.22	13.95	65 010.00	97.86
9	无锡	2 986.56	14.76	86 582.00	98.92
10	常州	2 316.26	14.42	71 812.00	97.94
11	苏州	3 572.75	15.20	94 270.00	99.13
12	南通	1 392.81	14.41	60 169.00	96.70
13	杭州	4 740.83	13.08	78 072.00	98.01
14	宁波	3 062.16	13.24	90 459.00	98.36
15	温州	1 196.26	11.56	82 348.00	99.14
16	绍兴	466.70	12.19	71 836.00	98.43
17	福州	1 543.55	12.90	54 816.00	99.26
18	济南	2 959.84	13.71	69 601.00	97.59
19	青岛	3 230.57	16.89	117 264.00	99.29
20	烟台	1 860.27	20.23	103 884.00	96.80
21	武汉	4 559.11	14.28	65 075.00	99.31
22	广州	9 879.41	13.69	109 425.00	98.70
23	深圳	9 581.51	14.49	106 880.00	99.93
24	珠海	1 208.60	12.71	80 697.00	97.32

（续表）

编号	城市	GDP(亿元)	GDP 增长率(%)	人均 GDP(元)	第二、三产业产值比重(%)
25	汕头	1 199.52	11.20	23 747.00	94.86
26	重庆	5 850.61	14.38	31 980.00	94.66
27	成都	3 932.47	14.86	74 479.00	98.22
28	西安	2 762.92	13.92	42 573.00	97.09

注：数据来自中经网数据库。

值得说明的是，本章选择所列城市时用来排序的数据度量的是各城市市辖区的经济发展状况，但之后进行主成分分析时所用的数据是各城市总体数据。这是因为各城市各年份的数据不易获得，而市辖区的经济发展状况基本代表了各城市整体发展状况，所以以此作为依据选择与北京共同进行主成分分析的城市并无明显不妥。

从生产的供给与需求角度分析影响产业结构的因素，主要有影响私人消费投资需求与公共投资消费需求的人口结构、可支配收入水平、储蓄率、进口额、财政支出占 GDP 比重等，与影响生产要素的自然资源、人力资源、资本和信息技术等。针对以上所列因素，我们分别确定相应指标来进行衡量，包括 GDP、人均 GDP、城镇人均可支配收入、城镇人均消费支出、财政支出、财政支出占 GDP 比重、进口额、进口额占 GDP 比重、总用电量、万元 GDP 耗电量、从业人口占总人口比重、城镇职工平均工资、教育费用支出、教育支出占财政支出比率、外商直接投资额、年末金融机构贷款余额、年末金融机构存款余额。

其中，影响私人消费与投资需求的指标主要有人均 GDP、人均可支配收入水平、人均消费支出、城镇职工平均工资、从业人口占总人口的比重。前四个因素描述的分别是私人消费的能力与意愿和消费人群的年龄结构——因为数据难以获得，而从业人员多为中青年人，所以我们用从业人口占总人口的比重来大体代表人群年龄结构。而在人均可支配收入中除去人均消费支出，就得到对于储蓄率和个人投资的大体描述。影响公共投资与消费需求的指标有财政支出、财政支出占 GDP 比重、教育费用支出、教育费用支出占财政支出比重。影响外商投资与消费需求结构的主要指标为外商直接投资。影响生产要素的指标主要有 GDP、总用电量、万元 GDP 耗电量、外商直接投资、年末金融机构存贷款余额、教育费用支出、教育费用支出占财政支出比重等。事实上，各个指标影响角度是多样的,很难给出一个完全割离的划分标准,即使之后进行的主成分分析,也只是为了减小研究工作量的一种降维处理方法,并不具有划分的严格性,这里给出各个因素影响角度的划分只是为了说明本章选择各个指标的原因。

二、主成分分析

根据以上选取的 28 个城市,16 项指标在 2010 年的数据,使用 SPSS 软件包进行主成分分析。首先对所选数据进行标准化处理,排除样本量纲的影响。

$$\alpha_{ij} = \frac{x_{ij} - \bar{x}_j}{\mathrm{SE}_j} \quad i = 1,2,\cdots,28; j = 1,2,\cdots,16$$

其中,x_{ij} 为原始数据中第 i 个城市的第 j 个指标值,a_{ij} 为标准化后的指标值,$\bar{x}_j$ 和 SE_j 分别为第 j 个指标的均值及标准差。

经检验,标准化后的样本数据相关性矩阵 KMO 检验值大于 0.7,可以进行主成分分析。基于此相关性矩阵,抽取特征值大于 1 的成分作为主成分,得到三个主成分,可解释的总方差达到 80.36%。使用最大方差法进行旋转得到三个主成分及成分得分系数矩阵如表 8.2 所示。

第一,根据主成分分析结果,从成分得分系数矩阵中看出,成分 I 中得分较高的有 GDP、FDI、财政支出、教育费用支出、年末金融机构存贷款余额、总用电量、财政支出占 GDP 比重七个指标。其中 GDP、FDI、年末金融机构存贷款余额、总用电量与地区经济规模紧密相连,GDP 直接衡量地区的生产总值,FDI 指外商直接投资,衡量了外商投入地区的资本,年末金融机构存贷款余额代表了地区资本存量与使用规模,用电总量衡量地区耗能总量,与 GDP 正相关性极强。根据主成分分析中给出的相关系数矩阵,地区财政支出占 GDP 的比重与 GDP 正相关性较强,而财政支出与教育费用支出的绝对额也大部分取决于地区经济发展状况,因此虽然成分 I 中各因素直接描述的内容有所不同,但都受到地区经济规模的较大影响,因此在主成分分析结果中被划分到了一个成分之中。

表 8.2 解释的总方差

成分	初始特征值			提取平方和载入			旋转平方和载入		
	合计	方差的占比(%)	累积占比(%)	合计	方差的占比(%)	累积占比(%)	合计	方差的占比(%)	累积占比(%)
1	8.755	54.718	154.718	8.755	54.718	54.718	6.747	42.170	42.170
2	2.693	16.832	271.550	2.693	16.832	71.550	4.469	27.929	70.099
3	1.410	8.813	380.363	1.410	8.813	80.363	1.642	10.264	80.363
4	0.823	5.142	85.505						
5	0.681	4.259	89.764						
6	0.599	3.745	93.508						
7	0.393	2.455	95.963						
8	0.248	1.552	97.515						
9	0.129	0.807	98.323						
10	0.110	0.689	99.011						
11	0.087	0.546	99.558						
12	0.039	0.245	99.803						
13	0.018	0.110	99.913						
14	0.006	0.038	99.951						
15	0.005	0.029	99.980						
16	0.003	0.020	100.000						

GDP是衡量地区经济能力的总量指标,其与产业结构的关系类似于经济增长与产业结构的关系,具有不同阶段互相对应的特点,并且二者的相互作用的主次仍未有定论。年末金融机构存贷款余额与耗电总量对于产业结构的影响可以分别从资本存量与能源消耗两方面来考虑。资本存量在各产业的不同投入会引起产业结构的变化,耗电总量则涉及不同产业的资源利用率问题。事实上如果只从总量考虑,这两个指标更多的是与GDP相关,而GDP对产业结构的影响方式与效果,前文已经对经济增长与产业结构的关系进行过详细分析,此处不再赘述。

财政支出、财政支出占GDP的比重衡量的是投资与消费从私人转移到公共机构的程度。私人投资和消费结构与公共投资和消费结构有较大差异,这是因为私人目标是个体利益最大化,而公共投资与消费考虑得更多的是公平、福利等社会因素,二者的目标不同导致投资与消费行为有所差异。收入或支出从私人向公共部门转移,社会总体的投资与消费的需求结构发生变动,引发了产业结构的变动。但是在主成分分析中,这两个指标都与GDP相关性较强,因此虽然其衡量的是私人投资与需求向公共投资与需求的转移程度,但被划分到了地区经济规模这一成分当中。

教育费用的支出衡量的是地区对教育的投入,劳动力与技术是现代西方经济学理论中的主要生产要素,而教育对二者的影响十分重要。如果教育投入过少,劳动力素质与技术水平提高程度过低,地区经济中低素质劳动力与非技术密集型行业集中了大量劳动力,而需要高素质劳动力与技术集聚的行业发展则受到制约。反之,高素质劳动力与技术密集型行业得到快速发展,带动地区产业结构发展。

讨论到外商直接投资对于产业结构的影响,钱纳里的"双缺口模型"可作为理论依据。他认为,发展中国家在经济高速扩张的过程中,投资大于储蓄,出口大于进口,此时势必要引入外资弥补储蓄与外汇缺口,从而提高国民经济的增长。外商直接投资通过刺激出口、提高储蓄水平来拉动经济,而出口增加使得外贸行业规模扩大,相对非外贸行业的比重下降,储蓄使得消费品行业需求增加,其比重上升,非消费品行业比重下降,各行业的变动引起产业结构的变动,由此外商直接投资通过这两方面作用对东道国的产业结构产生影响。另一方面,赫尔希曼在"双缺口模型"中添加了"技术缺口",用来表示发展中国家在经济快速增长过程中对技术、管理、企业家才能等技术资源的欠缺,而"技术缺口"也只能引入以发达国家技术为载体的外资对其进行弥补,各行业因为技术需求的大小、技术引入的难易程度等问题受益于外资的程度不同,由此从另一方面引发了产业结构的变动。

综上所述,成分 I 主要描述的是地区经济规模。经济规模对于产业结构的影响不言而喻,按照罗斯托的理论,经济增长提高了人均收入水平,继而引起消费需求结构的改变,进而促进产业结构的演进与发展。成分 I 虽然大体形容了地区经济规模的发展,但是其中各因素对于产业结构的影响却有不同的方向、不同的路径与不同的效果。如 FDI 更多地表现的是外资对一个地区的投资偏好;财政支出占 GDP 比重更多地表现的是公共部门对私人部门进行收入转移时造成的全社会投资与需求结构的转移;教育费用支出结合财政支出更多地衡量的是地区对科学技术与整体劳动力素质的重视程度与投入力度;总耗电量结合各产业的耗电量与产值,可以较好地从地区总资源利用率的角度来衡量地区产业结构的发展程度与变动。

因此,根据成分 I 所含因素对于地区经济环境的多方面描述,我们可以从经济规模、外资偏好、政府收入对地区投资与需求结构的扭曲、教育与科技投入、资源利用率等多个角度建立更加准确与直观的指标来分析对产业结构产生影响的重要因素。

第二,在成分 II 中得分较高的因素包括人均 GDP、进口额占 GDP 的比重、人均可支配收入、人均消费性支出、在岗职工平均工资和从业人口占总人口比重,得分显著较低的因素为财政支出占 GDP 的比重。可以看出,以上因素与地区需求水平密切相关。

人均 GDP、人均可支配收入和在岗职工平均工资可以作为消费潜力的代表。人均 GDP 的提升一方面表示社会生产水平的提高,产品供给水平提高;一方面表示人均收入的增加,相应地消费需求也会增加。更具体地,人均可支配收入直接度量可用于消费的人均收入水平,而平均工资则衡量了城镇私人消费者的收入水平,本章所选取的城市普遍城镇化率较高,城镇居民消费性支出在城市总消费支出中占了绝大部分的比重,因此在岗职工平均工资指标在所选城市中能够更直接地反映私人消费潜力。这三个因素通过需求收入弹性作用于产业结构。人均收入水平增加时,需求收入弹性大的商品,其需求增加大于需求收入弹性相对小的商品,因而高需求收入弹性商品市场增长快于低需求收入弹性商品市场;反映在供给环节,从事高需求收入弹性商品生产的企业数量或规模增加,在一定时滞后表现为这一类商品供给增加,相关生产行业获得更有利的市场条件,从而使得产业结构发生变化。

人均消费性支出从总体上衡量了实际消费需求的大小,综合人均可支配收入水平可反映消费者消费习惯的差异。例如,一些地区的人均收入水平提高后,资金被更多地用于扩大再生产,一些地区则更多地转化为消费需求。这一指标可作为政策参考的依据,用来决定刺激需求增长还是刺激投资规模的增长。与人均可支配收入结合考虑,在人均消费性支出相对较低的地区,收入的增加更多地转化为投资,社会资源集中地投向生产部门而非消费部门,从而造成地区产业结构的差异。

从业人口占总人口的比重、财政收入占 GDP 的比重及进口额占 GDP 的比重直接反映了消费习惯的差异。本章用从业人口占总人口的比重近似替代了人口年龄结构因素,从人口结构角度反映了消费需求结构的两方面信息:一是高消费群体,即从业人口所代表的年龄阶段占总人口的比重,二是老年产品市场的需求旺盛程度。随着人口老龄化进程的加剧,从业人口占总人口的比重下降,人口年龄结构带来的消费者需求变动将更显著地刺激老年产品生产行业即老龄人口服务行业。财政收入占 GDP 的比重因素在这一成分中得分为负,反映总体消费需求中政府消费对私人消费的挤占。进口额占 GDP 的比重一方面反映了生产资料需求的结构,另一方面反映了消费需求的偏好,对依赖进口原料的相关行业的发展有直接的促进作用,同时受到消费者消费偏好的影响。进口额比重的增加反映相关行业的兴旺和相关产品的需求提高,这两方面的变动都将直接改变产业结构。

综上所述,成分 II 所代表的主要信息是私人消费者的实际消费需求,包含需求水平及需求结构信息,通过部门间需求收入弹性的差异来影响产业结构;此外,还包含了内外需求的关系信息,由进口额占 GDP 比重这一指标反映。

第三,成分 III 中得分较高的因素包括教育费用支出、教育费用支出占财政支出的比重、总用电量及单位 GDP 能耗。

根据前人研究产业结构调整的经验,总用电量指标及单位 GDP 能耗指标指示了区域生产结构及资源利用效率。单位 GDP 能耗的降低代表城市生产部门对自然资源的倚重程度降低,而造成能耗降低的原因,一是三次产业比重的变化,即第三产业的兴起导致的以消耗能源为主要生产方式的第二产业在 GDP 中所占比重下降。二是在第二产业内部,生产技术提升,资源被更合理地利用,生产率提高。这两者都是产业结构优化的表现形式。

教育支出及其在财政支出中的比重直接反映的是地方政府对教育事业的投入力度及重视程度。成分Ⅰ中已经提到,教育事业对就业结构有重大影响,人才被引导向高收入,同时对应着更高资源利用效率的行业;大力发展教育事业有助于提高劳动力素质,提升人力资本的生产效率;高等教育的科研成果转化也将有效提高生产部门的资源利用效率和生产技术。通过这些路径,教育事业投入对产业结构有多方面的优化作用,尤其是在我国经济与国际接轨的过程中,粗放型经济的发展模式受到限制,依靠能源与劳动力大量投入来刺激经济的方法亟需改善,政策对于各地区降低单位GDP能耗的要求逐步提高,其效果也逐步显现,尤其是体现在各地区对于教育投入的比重上。单位GDP能耗难以下降的地区对教育的投入力度也相对较高,这一方面体现了地区降低单位GDP能耗的需求,另一方面则体现了技术对于提高生产率的作用逐渐得到重视。因而高等教育对相关产业的知识溢出与单位GDP能耗的降低密切相关,这四个因素也由此被划入了同一个成分内。

综合来看,成分Ⅲ表示的是地区教育、科技投入和资源利用效率的状况,与成分Ⅰ稍有重叠的是教育部分,但因为教育绝对额更多地与GDP相关,所以其在成分Ⅰ中得分也较高。而成分Ⅲ中衡量的是教育投入力度,更多地表现了地区对教育的重视。我们可以从成分Ⅲ的这两大方面寻找指标进行对产业结构影响因素的分析。

三、主成分分析结论

为了寻找北京市提升产业结构的路径,本章选取了与北京现状尽量接近的全国28个大型城市作为样本,对诸多与产业结构相关的因素进行了主成分分析。分析结果显示,28个城市在所选指标间的差异主要体现在以经济规模、需求结构、教育技术为代表的三个主成分上。

基于本章寻找优化产业结构的外生变量的目的,我们对三个主成分进行进一步分析,从中找出容易受政策措施影响和控制的因素,进而提出对产业结构优化路径的建议。描述经济规模的成分中,教育投入、财政收支因素分别可由政府控制,外商直接投资则可通过货币政策及财政政策进行调控。成分Ⅱ中的消费结构则一方面受政府财政收支的限制,另一方面由市场自发调节。成分Ⅲ中的教育、技术因素也与政府支出及教育投入直接相关,除国内科研机构的成果转化外,外资投入的技术要素也对成分Ⅲ有重要影响。综上所述,下文中将围绕教育、外商直接投资、政府支出三个角度,分别探讨北京市产业结构优化升级的政策措施。其中,因为北京市义务教育普及较早,1999年人均受教育年数已接近10,因此采用高等教育来分析教育因素对北京市产业结构的影响。

第二节 北京市 FDI 对产业结构的影响分析

一、FDI 与产业结构关系的研究现状

对 FDI 与产业结构之间关系的关注始于1998年,若干论文中提出了通过调控外商投资来提升产业结构的观点。其依据一方面来自对中国东西部地区产业结构现状及吸引外资现状的比较(易薇,1999);另一方面来自对亚洲"四小龙"发展经验的借鉴(黄宇峰,1998)。李国平、杨开忠(2000)从产业空间结构的角度,对以往外商在华投资数据进行了分析,指出外商投资的产业集中度特征随时间由集聚向分散的趋势,并说明了外商投资对技术提升的作用。

钱纳里认为,发展中国家在产业结构提升过程中面临储蓄和外汇"双缺口",吸引外资是平衡这两个缺口的有效途径。Borensztein 等(1998)认为已完成工业化的国家对发展中国家的直接投资是技术输出的一种方式,外商资本比国内资本有更高的生产能力;但这种优势仅在人力资本处于低工资水平时可以保持。近期对 FDI 的研究认为,FDI 对东道国的影响程度还取决于东道国的金融市场发展程度;成熟的金融市场有利于国外资本融入本国市场,也降低了国外投资的进入门槛(Alfaro 等,2009)。实证研究也表明,FDI 的技术外溢效果在合资公司中体现得更明显,而在外资全资公司中则并不显著(Javorcik,2004)。王燕飞等(2006)认为,FDI 对我国产业结构演进的作用在不同时期表现不同。工业化初期主要起到创造就业的作用,而后则通过在工业部门的集聚拉动第二、三产业发展,就业替代效应增强。特别地,当东道国经济发展至一定程度时,FDI 投资可能与发展中国家的发展目标不一致,这时需要及时调控以使得 FDI 有效发挥提升产业结构的作用。FDI 对产业结构的作用机制还从"技术缺口"角度由赫尔希曼进行了补充。他认为 FDI 对东道国还起到技术要素投入的作用。此外,生命周期理论认为,FDI 是产品生命周期更迭的必然结果,成熟产业通过 FDI 的形式向发展中国家,即低成本地区转移,进而

改变发展中国家的就业结构。刘易斯认为,国外直接投资是利用发展中国家弥补发达国家自身劳动力不足而产生的。小岛清则认为,FDI 是投资国与被投资国比较优势差异的体现。资金由那些在投资国即将处于劣势的产业投向东道国相对具有比较优势或即将具有比较优势的产业,从而使东道国的相应优势得到利用(钟良、于军威,2005)。

从研究方法来看,普遍被采用的是分三次产业用 FDI 投资额对三次产业产值或就业人数进行双对数线性回归,进而分别得到三次产业 FDI 与产值及就业的关系,并得到三次产业间投入与产出的差异,进而论证 FDI 对三次产业间就业结构和生产率的调整作用。在数据的处理上,由于 FDI 与 GDP 数据可能同时具有趋势性,会干扰两者关系的判断,因此有学者使用取对数和差分使变量通过平稳性检验的方法排除这一干扰。此外,考虑到 FDI 与 GDP 可能存在滞后的相关性,有学者使用 VAR 模型或 SVAR 模型,加入滞后 1—2 期的自变量来观测 FDI 与 GDP 相互影响时的滞后性。也有若干直接对两变量进行格兰杰因果检验的研究,但只有少数在特定产业 10% 水平下显著,如对 1998—2008 年的全国数据研究表明,第三产业 GDP 对 FDI 有格兰杰因果关系,对应的 P 值为 0.09276。但多数研究中并没有统计数据或检验表明二者有显著因果关系。

二、北京市吸引外商直接投资情况的规模、行业分布及其与产业结构的关系

观察主成分分析中使用的数据,我们可以看到标准化后的数据显示,北京市实际利用外商投资的水平为 0.82,即高于所选城市平均值,但优势并不突出。相比之下上海、天津等大型一线城市,及苏州、大连等处于工业化加速阶段的城市在这一指标上优势更加明显。

(一) FDI 规模、趋势、结构及其与产业结构的关系

如图 8.1 所示,从 1987 年有数据记载以来,北京市年实际利用外资总额已由 0.9534 亿美元增长至 70.5447 亿美元(当年汇率),相当于当时的 70 余倍。特别地,在加入 WTO 后,北京市实际利用外资水平显著提升,增长速度明显高于前期。仅 2002—2011 年不到十年的时间里,北京市年实际利用外资就由 17.8964 亿美元增长至 70.5447 亿美元,翻了两番。

北京市实际利用外资额在三次产业的分配与北京市三次产业产值的比重十分相似。第一产业比重很小,第三产业投入数倍于第二产业,且近年来,第二产业比重有缓慢的下降趋势,第三产业则持续增长。

第八章
影响产业结构的外生变量研究

图 8.1　1987—2011 年北京市实际利用外资总额

从图 8.2 至图 8.4 可以看出,十年来北京市吸引外资的结构发生了变化。首先,制造业投资比重显著下降,仅余不到 10%,但制造业主营业务收入却占到全部外商投资企业主营业务收入的 30%,制造业利润总额也占到了北京市全部外商投资企业利润总额的 24%。这表明制造业外资企业在京发展日臻成熟,市场相对稳定并趋于饱和。注意到制造业外商投资新开业企业个数在近五年有下降趋势,表明制造业外资需求逐渐降低,这也印证了北京制造业市场趋于稳定的观点。结合北京市其他指标,如万元 GDP 能耗在全国处于较低水平,科研经费支出及科学技术投入处于较高水平,我们认为外资在北京制造业已逐渐脱离弥补技术缺口的角色。此外,2011 年新开业外资企业中,第二产业的企业平均从业人员数显著高于第三产业,分别为每家企业 390 人和 257 人,这也反映了第二、三产业间投入结构的差异。其次,批发和零售业在京投资规模和主营业务收入都有增加趋势。这表明外商投资需求正越来越多地受到本地消费结构和消费水平的影响。

本节认为外商在京投资和北京市三次产业结构变动趋势是有相互影响作用的。一方面,根据"双缺口"理论及其后对该理论的补充,外商投资能够弥补当地资金、技术不足的问题,从而与当地剩余劳动力结合提升相应行业的生产率、产值和就业水平,进而该行业所在的产业比重得到提升;另一方面,根据比较优势及产品生命周期的思想,在国外相对成熟的产品通过跨国投资的方式引入北京,作为北京市有发展潜力的行业,可以吸引大量消费,从需求角度增加了该行业在总产值中的比重。而从主成分分析结果可以看出,北京市在需求一项上得分较高,通过查看北京市最终消费数据也可以发现,北京市近年来最终消费在 GDP 中所占比重已经

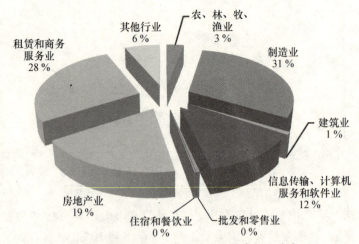

图 8.2　2002 年北京市实际利用外资行业分布

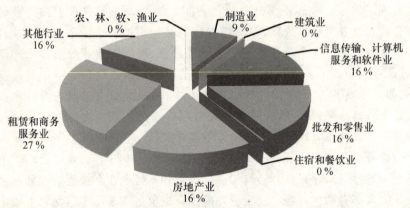

图 8.3　2011 年北京市实际利用外资行业分布

超过投资形成额。在这一指标上，北京市显著优于全国平均水平。而相比之下，北京市的万元 GDP 能耗、科研经费支出等表征技术水平的指标也显著优于全国平均水平。因此，我们认为北京市吸引外商投资中，居民消费水平对投资的吸引能力大于廉价劳动力和技术缺口的吸引能力。考虑到刺激居民消费的行业在第三产业较为集中，如零售业、流通业等，我们认为 FDI 有利于北京市第三产业的持续增长，进而优化北京市产业结构。相应地，北京市的产值结构变化也影响了 FDI 结构。本节认为，在发展中国家工业化初期阶段，外资的作用主要表现为填补资金、外汇、技术缺口，利用国外的比较优势，即资本和技术，以及国内的比较优势，即劳动

第八章
影响产业结构的外生变量研究

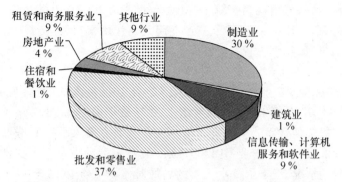

图 8.4 2011 年北京市外商投资企业主营业务收入行业分布

力和原材料,来降低生产成本,将产品出口,获得外贸收益。而在发展到一定程度后,一方面,特定产品在发达国家已接近其生命周期的衰退期,出口可得的收益受到限制,相反国内市场则正在成熟中,可能具有很大发展潜力;另一方面,国内科学研究导致产品生产工艺优化,技术进步,同时国内投资规模与日俱增,外资在资本和技术上的比较优势开始不明显。这时,FDI 需求将由被劳动力和原材料驱动渐渐转化成被当地消费潜力驱动。

为验证这一观点,本节首先对 2002—2011 年北京市 FDI 在第二、三产比重和 GDP 在第二、三产比重数据进行线性回归(由于北京市第一产业比重仅不到 1%,本章中多数研究没有加入第一产业,而使用了第三产业与第二产业的比重指标),得到方程如下:

$$GDP3/GDP2 = 2.0628 + 0.1611 FDI3/FDI2$$

其中,GDP3 表示第三产业产值,GDP2 为第二产业产值,FDI3 为第三产业实际利用外资,FDI2 为第二产业实际利用外资。方程的常数项、系数、方程本身分别在 1% 的显著性水平下显著,方程拟合优度及调整后的拟合优度大于 0.9。表明 FDI 在第二、三产的投入结构确实与 GDP 在第二、三产的产值结构具有正相关性。

(二)按产业分 FDI 对产业结构影响的定量分析

为进一步验证上文所述观点,本部分希望借用新经济增长模型剥离第二、三产业产值中来自 FDI 的影响。传统的生产函数表述为:

$$Y = f(A, L, K)$$

其中,Y 表示总产值,A 表示技术水平,L 表示劳动力投入,K 表示资本投入。本部分在此基础上加入变量 F 代表 FDI。函数形式选择传统的柯布-道格拉斯函数,并假定规模报酬不变(资本和劳动力),希望得到除资本、人力投入外,FDI 对北京市第二、三产业起到的作用,包括生产技术提升、管理模式引进等,得到方程:

$$Y_i/L_i = F_i^{\gamma}(K_i/L_i)\alpha, \quad i = 2,3$$

其中,Y_i 表示第 i 产业产值,L_i 表示第 i 产业就业人数,F_i 表示 FDI 对第 i 产业的投入,K_i 为第 i 产业的投资水平,由于数据限制,此处 K 用各产业的固定资产投资额代替。γ 代表在总投资和劳动力投入不变的情形下,FDI 在该产业的投入对该产业 GDP 的贡献。α 代表劳动力投入不变且外商投资额固定的情况下,单位资本投入的增加对 GDP 的贡献,$\beta = 1 - \alpha$ 表示资本投入不变且外商投资额固定的情况下,单位劳动力投入的增加对 GDP 的贡献。此模型旨在考察 FDI 与本地投资的异质性,如外商投资中生产技术、管理经验等与本地投资的差别,并试图考察传统的柯布-道格拉斯生产函数中技术水平要素(即除资本、劳动力之外的全部影响因素)在多大程度上能够被外商投资所解释。代入北京市 2002—2011 年相关数据,得到:

$$\ln(Y_2/L_2) = 0.27\ln(F_2) + 0.78\ln(K_2/L_2)$$
$$\ln(Y_3/L_3) = 0.17\ln(F_3) + 0.86\ln(K_3/L_3)$$

系数分别在 5% 显著性水平下显著,从而得到

$$Y_2 = F_2^{0.27} K_2^{0.78} L_2^{0.22}$$
$$Y_3 = F_3^{0.17} K_3^{0.86} L_3^{0.14}$$

考虑到投资活动具有一定滞后性,固定资产投资数据使用了滞后 1 期的数据,而 FDI 使用了当期与滞后 1 期的经验加权,权数分别为 1 和 0.5。

通过模型的参数估计,可以看出第二产业 FDI 对 GDP 的贡献程度高于第三产业。结合上文对第二、三产业 FDI 比重及第二、三产业 GDP 比重相关关系的检验,可以得出结论,FDI 在第二、三产业均有提高产出规模的作用,且第二产业 FDI 作用较第三产业更为显著;而 FDI 在第三产业比重显著高于第二产业的情况促进了产值结构变化,GDP 中第三产业的比重也因此提升;但由于第三产业的外资贡献不如第二产业,FDI 对产业结构的优化作用在减小中,相比之下,刺激本地第三产业投资将更容易拉动第三产业比重的增加。这一结果,也是符合上文通过图表反映出的结论的。第二产业绝大部分由制造业组成,市场成熟度较高,因而外资企业进入该行业或进行投资时有相对成熟的产销体系,更容易实现盈利。

(三)动态流图

尽管 FDI 在第三产业对 GDP 的贡献程度低于第二产业,第三产业

FDI 比重仍在逐年上升中。我们认为这正是由于北京市产业结构转变导致的投资需求改变。FDI 在行业间的分布正越来越多地受到本地经济发展情况的影响。因此,仅仅讨论 FDI 对 GDP 的贡献是不够的,我们需要进一步探讨影响外商投资需求的因素来明确 FDI 对产业结构的影响。本部分试图通过简化的系统动力学模型模拟近年来 FDI 与产业结构(第二、三产业)的关系。

系统动力学模型旨在模拟真实经济或环境的运行方式,常见于环境生态学、军事、产品生产等领域。新近出现的经济学相关研究中,对物流业使用系统动力学模型模拟三次产业间产品流、资金流的模型比较常见,此外对能源消费、环境经济问题的研究也常使用系统动力学模型。段小芳(2008)曾在硕士学位论文中使用系统动力学模型研究三种产业结构调整方案结果的预测,在前人研究的基础上(张妍、于相毅,2003),将 GDP、人口、能源消耗量及各类污染物排放量作为状态变量建立了经济系统与环境系统的关系图,并利用模型分别进行了三种政策组合下污染水平及经济发展水平的预测。赵玉林等(2008)基于系统动力学模型模拟了 1986—2005 年产值结构及劳动力结构变动系统。魏伟(2011)就中国制造业就业情况受外商直接投资的影响进行了基于系统动力学模型的模拟分析,提出了税收优惠、健全国内企业工资管理制度、控制市场开放度、增强产业配套能力等建议。

为了找出影响 FDI 需求的因素,我们从外商投资的相关理论入手。第一,考虑传统的"缺口"理论,吸引外资的要素包括本地的技术缺陷、资金供给不足等现象,用单位 GDP 的资本投入量表示;第二,考虑比较优势理论,即本地的劳动力富裕程度,用单位 GDP 的从业人员数表示;第三,考虑产品生命周期观点,即本地的消费需求与投资方所在地区的消费需求,用总出口额和最终消费额表示。同时,以上因素覆盖了外商投资企业价值链上的基本环节。从成本角度,劳动力富裕程度代表了劳动力市场的竞争激烈程度,竞争性越强则劳动力成本越低。本地的技术水平和资金充足性越低,则外来资本可得收益越高;同时,本地对产品的需求越旺盛,特别是与其他国家相比越旺盛,则外资企业有越广阔的盈利空间。北京市对第三产业的产品与服务的消费能力逐年提升,从表 8.3 中的数据也可以看出这种需求变化反映在 FDI 在相应行业的变动上。

表 8.3 2002—2011 年北京市实际利用外资行业分布

(单位:万美元)

年份	农、林、牧、渔业	制造业	建筑业	信息传输、计算机服务和软件业	批发和零售业	住宿和餐饮业	房地产业	租赁和商务服务业	其他行业
2002	5 508	54 682	1 472	21 771	807	279	33 917	49 323	11 498
2003	196	72 150	1 830	17 044	6 864	12 734	32 827	51 522	19 508
2004	1 022	112 681	1 300	27 166	6 373	1 038	36 370	103 005	19 399
2005	354	113 246	870	24 250	2 560	647	46 326	124 272	40 113
2006	544	105 590	1 254	44 341	24 378	1 882	72 242	174 342	30 618
2007	4 774	89 618	878	78 470	33 318	5 824	119 476	92 896	81 318
2008	2 032	150 056	1 715	105 396	34 677	3 357	78 787	132 541	99 611
2009	3 833	75 364	2 493	94 752	55 411	8 427	79 682	225 888	66 244
2010	1 246	68 496	411	95 453	66 032	3 525	141 728	175 580	83 887
2011	214	63 303	2 343	109 246	115 437	1 705	112 539	190 363	110 297

综上所述,我们关注两个主要变量——资本形成额与从业人员数的比值和出口额与最终消费的比值。本节认为 FDI 通过在各自产业对 GDP 贡献程度的不同和在各个产业投入规模的不同使北京市产业结构发生相应变化;产业结构的变化反映在本地消费结构、就业结构的改变上;进而消费结构的改变又引导了下一时期 FDI 的投入方向,并且就业结构的变化改变了行业间对资本和劳动力的需求程度,同样引导了 FDI 的投入方向。基于以上路径,绘制系统流图如图 8.5 所示。

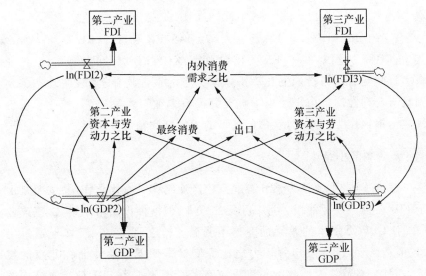

图 8.5　FDI 与 GDI 动态关系

其中,第二、三产业 FDI 及 GDP 为状态变量,它们的增长速度分别由速率变量 ln(FDI2)、ln(FDI3)、ln(GDP2)、ln(GDP3) 决定,其余变量为辅助变量。第二产业 GDP 的增长由上一期第二产业 FDI 和上一期第二产业资本与劳动力之比共同决定,第三产业 GDP 的增长由上一期第三产业 FDI 和上一期第三产业资本与劳动力之比共同决定。FDI 由同期该产业资本与劳动力之比和内外消费需求之比共同决定。内外消费需求之比为北京市最终消费与出口总额的比值。最终消费与出口总额分别受当期第二、三产业 GDP 的影响。本部分对 FDI 与 GDP 的动态关系进行了一定程度的简化,没有引入各产业从业人口和各产业总投资作为新的状态变量。

为验证动态关系合理性并测度相关系数,对关系图中各环节建立回归方程并估计参数。

FDI 与各产业 GDP 的关系已由上一部分的模型给出：
$$Y_2 = F_2^{0.27} K_2^{0.78} L_2^{0.22}$$
$$Y_3 = F_3^{0.17} K_3^{0.86} L_3^{0.14}$$

其余关系通过线性回归得到：

$$内外消费需求之比 = CONS/EX$$
$$\ln(CONS) = 3.67 + 0.46\ln(GDP3) + 0.19\ln(GDP2)$$
$$\ln(EX) = 9.33 + 0.36\ln(GDP3) + 0.59\ln(GDP2)$$
$$\ln(FDI2) = 9.86 + 20.83 CONS/EX + 1.11 KL2$$
$$\ln(FDI3) = 15.79 + 7.67 CONS/EX - 11.71 KL3$$

其中，CONS 为消费水平，EX 为出口总额，KL2、KL3 分别为第二、三产业资本投入与劳动力投入的比率。以上方程的系数均显著，表明动态关系图具有合理性。但由于数据不够充分没有单独引入第二、三产业总投资额数据单独作为状态变量，因此模型的灵敏度和精确度不足。

三、本节小结

综上所述，本节认为 FDI 对北京市产业结构具有优化作用，主要是由于 FDI 在第三产业的投入远高于第二产业，但这种作用由于第二、三产业 FDI 对 GDP 贡献率的差异而变得不明显。相应地，第二、三产业通过出口、消费需求、投资额与劳动力之比等变量影响下一期外商在北京的投资。因此，本节认为从政策角度可以有若干措施扩大 FDI 对产业结构的优化效果。首先，刺激居民对第三产业产品和服务的消费需求，则更多外商资金将投向第三产业，从而进一步扩大第三产业在总产值中的比重。其次，增加第三产业就业岗位，缩小第三产业资本与劳动力投入之比，也有利于吸引外资投向第三产业。

第三节 北京市高等教育对产业结构的影响分析

高等教育对产业结构的影响主要有两条路径，一是通过改变就业结构直接作用于产业结构，二是通过整体拉动经济增长影响产业结构。第一条路径的正面影响主要是短期作用，体现在各产业因为劳动力投入而产值增长、创新增加、人才市场达到供求平衡等方面；第二条路径则需长期作用，其正面影响主要是高等教育通过提高劳动力素质增加人力资本供给,从而拉动整体经济增长。根据库兹涅茨的理论,长期而稳定的增长伴随着产业结构的优化。

在分析北京市高等教育对产业结构的影响时,不仅要考虑高等教育本身对产业结构的影响,还要考虑北京市的独特环境背景。作为政治、文化、国际交流和创新中心,北京市集中了一批重点高校,培养了大批受过高等教育的人才,对全国范围内的人力资本供给增加都有较大贡献。但是近几年世界经济环境低迷,我国也受到波及,北京市大学生就业率下降,使原本就显露端倪的大学生就业问题日趋严重。与此同时,各产业劳动力市场上的缺口依然存在,人才结构的供求失衡问题显著。北京市劳动力市场上过剩大学生劳动力供给与低教育水平劳动力需求缺口的矛盾在我国经济较为发达的城市尤其具有代表性。

本节第一部分将对高等教育影响产业结构的相关理论进行综述与讨论,为后面定性与定量分析提供基础与背景。第二部分基于柯布-道格拉斯函数来分析北京市人均高等教育水平对不同产业产值增长的影响,以此提供分析的实证依据。第三部分是本节重点,将结合第二、三部分实证分析结果,北京市的高等教育结构与目前就业情况来综合分析北京市高等教育对产业结构的影响。

一、高等教育影响产业结构的理论与相关观点

高等教育对产业结构的影响,主要有两条路径,一是在短期内通过就业结构对产业结构产生作用,二是通过影响人力资本的投入长期作用于经济增长,继而影响产业结构。其中第二条路径主要基于人力资本理论,因此在叙述各种理论与观点之前,本部分简单介绍一下经济学理论框架中有关人力资本的重要观点。自舒尔茨(Thodore W. Schults)提出人力资本理论,认为人力资本的积累是社会经济增长的源泉,其对经济增长的贡献远远大于资本与土地等物质要素的贡献之后,贝克尔(Gary S. Becker)从微观角度对人力资本的投入与产出进行了分析,从人的出生到进入工作各阶段展开,强调了教育在人力资本形成过程中的作用。其后,丹尼森(Edward F. Denison)通过计量分析测算出1929—1957年美国的经济增长中有23%要归功于美国教育的发展。目前大部分学者有关人力资本的理论与研究分析方法主要从他们的观点展开。

综合国内外学者的研究,高等教育通过第一条路径影响产业结构的一般观点是,高等教育通过就业结构,与产业结构有互动性关系。高等教

育培养出不同专业、不同知识背景的劳动力,如果为产业提供了与需求对口的大量高素质劳动力,根据舒尔茨的理论,该产业对比其他相同物质资本投入的产业会得到更快速的发展。而缺乏高等教育为其培养知识技术对口劳动力的产业则会受到制约,发展速度较慢。另一方面,不同产业的人力资本需要产生不同类型的劳动力需求,不同类型劳动力的需求决定就业结构,就业结构的需求促使个人对高等教育的投资方向进行调整,从而产生不同专业的高等教育需求,需求影响供给,最终高等教育的结构发生变化。但产业结构对高等教育的这一反作用因为信息不对称、受高等教育耗时较长等问题存在严重的滞后性,而这种滞后性大多情况下会制约产业结构的升级与优化,为一国经济增长形成阻碍。一些学者也就高等教育与就业结构进行了专门分析,认为技术性更强的企业拥有受教育程度更高的员工。[1] 不同国家中,服务业与制造业中高素质劳动力与低素质劳动力所占比重大小不同,因此在不同产业中,相同教育程度的增加对产业产值增长的影响程度不同。这也就验证了单独针对北京市进行高等教育影响产业结构分析的必要性。

在第二条路径方面,国内外学者对教育对经济增长的影响进行了较为全面的定量与定性分析,主要集中于利用舒尔茨的理论从教育对人力资本的投入来考虑高等教育对经济增长的贡献。比较一致的观点是,教育对经济增长有较为显著的正效应。国内学者早期的观点比较统一,认为教育对经济增长有着显著的贡献,但在21世纪之后的文章,则出现了一些不同的观点,比如认为高等教育对经济增长贡献较低(宋华明、王荣,2005),而且高等教育对经济增长的贡献有从东部向西部地区递减的趋势等(解垩,2003)。该路径的另一阶段,即经济增长对产业结构的影响在之前的章节已经进行详细讨论,此处不再详述。

综上所述,大多数学者在考察高等教育与产业结构的关系时,主要是从理论入手分析高等教育与产业结构的互动性。少数学者在定量分析二者关系时,也多用不同受教育程度人数对三次产业相关指数进行格兰杰因果检验,得出的结果是教育对第三产业的发展没有显著影响(丁继勇,2007)。在分析区域方面,也大多从全国或某个省份入手,少有对北京市

---

[1] Ernst R. Berndt, Catherine J. Morrison, Larry S. Rosenblum, 1994, "High-Tech Capital Formation and Labor Composition in US Manufacturing Industries: An Exploratory Analysis", NBER Working Paper NO. 4010.

进行单独分析的情况。事实上因为北京有着独特的经济、教育环境与背景,对其进行分析是必要且有意义的。因此,本节将对北京市高等教育对产业结构的影响进行分析,首先基于柯布-道格拉斯生产函数进行定量分析,然后结合北京市的教育情况、劳动力市场供求状况进行定性分析,最终得出结论。

二、基于柯布-道格拉斯函数分析北京市高等教育对产业结构的影响

本部分运用柯布-道格拉斯生产函数分析高等教育对产业结构影响的基本思路是,通过多元线性回归来估计教育对不同产业产值的影响系数,然后对比高等教育在不同产业中对产值的不同影响分析高等教育对北京市产业结构的影响。因为北京市第一产业产值占比过小,同时高素质劳动力基本集中于第二和第三产业,因此在本次定量分析中只对第二产业和第三产业进行估计,而不对第一产业进行估计。如果估计结果中,第二产业中高等教育对产值的影响系数比第三产业大,则表示高等教育水平提高对第二产业的促进程度高于第三产业,反之亦然。

(一)生产函数模型

柯布-道格拉斯生产函数是经济学中使用广泛的一种生产函数,一般被用来分析劳动力、资本与技术水平对经济增长的影响。本部分将在柯布-道格拉斯生产函数中添加一个变量,即人均受高等教育年数来表示劳动力的受教育水平。添加变量后的模型如下:

$$Y = AL^{\alpha}K^{\beta}Q^{\gamma}e^{\mu}$$

其中,Y 表示产值;A 表示综合技术水平;L 表示劳动力;K 表示资本,一般用固定资产投资代表;Q 表示劳动力受教育水平,本部分用人均受高等教育年数表示;α 表示劳动力对产值的弹性系数,即一单位劳动力变量百分比引起产值的变量百分比。同理 β 是资本对产值的弹性系数,γ 是劳动力受教育水平对产值的弹性系数,e^{μ} 是干扰项,表示其他不可知因素对产值的影响。

经检验,K 与 L 存在多重共线性,因此需要对函数进行变形。假设规模报酬不变,$\alpha + \beta = 1$,在等式两边同除以 L,得到的等式如下:

$$\frac{Y}{L} = A\left(\frac{K}{L}\right)^{\beta}Q^{\gamma}e^{\mu}$$

生产规模报酬不变的假设会因为实际情况的不同而对分析结果产生

一些影响,但因为北京市的第二产业与第三产业发达程度比较接近,相同的假设对二者分析的结果产生的影响是近似的,而本部分重点在于分析高等教育对于第二产业和第三产业的影响有何不同,因此生产规模报酬不变的假设不会对对此结果产生重大影响。

对公式两边取对数,得到我们进行回归的最终模型:

$$\log\left(\frac{Y}{L}\right) = c + \beta\log\left(\frac{K}{L}\right) + \gamma\log(Q) + \mu$$

本部分所用的人均受高等教育年数,是根据《北京统计年鉴》中1998—2011年常住人口的受教育程度数据,结合常住人口年龄结构数据,以及《中国教育年鉴》中的高等教育数据综合计算而来的。具体计算方法是,首先利用常住人口受教育程度数据和高等教育的数据计算出6岁以上常住人口人均受高等教育年数,再除以6岁以上人口所占比例,就是北京市常住人口人均受高等教育年数。产值以亿元为单位,扣除了CPI 的影响,劳动力以万人为单位,资本以亿元为单位,使用《北京统计年鉴》中固定投资数据,扣除了固定资产投资价格指数的影响。其中因为2000年北京涌入大量外来人口,人均受高等教育年数大幅度降低,在1998—2011年波动较大,因此手动去除2000年的数据,减小数据因为外生因素产生的非规律性波动。

(二) 回归分析

本部分所用回归软件为 EViews 6.0,回归结果如下。

$$\log\left(\frac{Y_2}{L_2}\right) = 0.369 + 0.417\log\left(\frac{K_2}{L_2}\right) + 1.149\log(Q) + \mu$$

P 值:　　　(0.396)　　(0.043)　　　(0.007)

$$\log\left(\frac{Y_3}{L_3}\right) = 0.763 + 0.288\log\left(\frac{K_3}{L_3}\right) + 0.712\log(Q) + \mu$$

P 值:　　　(0.024)　　(0.010)　　　(0.005)

第二产业的回归结果中,γ 的估计结果为1.149,且 t 值显著,在5%的显著性水平下可以拒绝系数为零的原假设。该结果意味着人均受教育年数每增加1%,第二产业的产值增加1.149%,表明人均受高等教育年数对第二产业的发展有正效应。而依据回归结果,资本每增加1%,第二产业产值增加0.417%,表明资本对第二产业的影响较低,按照舒尔茨的理论,人力资本的边际产出效益大于物质资本的边际产出效益,因此要追加人力资本投资。否则,在人力资本投入不变的情况下,资本投入的不断增加会使得边际产出效益递减,造成资源配置不均而资源利用率低下。

根据生产规模报酬不变的假设,$\alpha+\beta=1$,由此可以大致推算出 α 的值为 0.583,即劳动力的投入对第二产业产值有 0.583 的贡献。表示技术进步的估计值并不显著,无法判断。综合来看,第二产业发展的当务之急是对人力资本大力投入,使得 γ 发挥充分作用,在提高劳动力素质的同时,劳动力数量与资本的利用效率也得到提高,第二产业才能快速发展,为我国产业结构升级与优化提供基础支持,成为经济增长的有效推力。

第三产业的回归结果中,β 的估计值为 0.288,说明固定投资每增加 1%,第三产业的产值增加 0.288%,与第二产业相比较大,但差距较小。第二产业与第三产业的 β 估计值说明资本在两个产业中的边际产出效益都较小,即资本已经不是两个产业作为生产部门的稀缺品,应该选择投入其他要素来增加产出。

γ 的估计值为 0.712,在 1% 的显著性水平上拒绝系数为零的原假设。α 的估计值为 $1-\beta=0.712$,与 γ 相同,说明在现实中,北京市的高等教育对第三产业的贡献与劳动力投入对第三产业的贡献是接近的。同时,高等教育对第三产业的贡献小于第二产业。

因为实证分析受到模型、计量方法、数据提取等多方面因素的影响,因此与实际一定有所差距,但可以给现实情况提供一定的参考方向。γ 的估计结果说明人均受高等教育年数对第三产业的贡献与劳动力投入区别不大,并且相比高等教育对第二产业的贡献较低。这个结果与现实是相符合的,主要考虑两个原因。

第一,虽然北京市的产业结构与经济发展状况受到宏观政策的影响较大,其自主发展能力与经济能力仍然较弱,产业结构高度与合理度仍不能与发达国家中的一些城市相比,但北京市在全国范围内发展程度还是较高的,大部分研究认为北京市处于后工业化阶段。根据钱纳里的六阶段理论,北京市的第二产业内部制造业由资本密集型转向技术密集型,因此第二产业的技术需求弹性较高。

第二,高等教育对各产业的影响力与各产业中低素质劳动力所占比重及其变化有关,如果第三产业吸纳了大量低素质劳动力,那么高等教育对第三产业的影响就有限。事实上回归结果的确体现了北京市第三产业对劳动力的需求特点。一方面,第二产业中为较低文化程度的劳动力提供大量就业机会的行业有建筑业、采矿业、部分制造业等,这些行业在北京的增长速度都相对稳定,就业人数比重在第二产业总就业人数中所占比重变化不大。第三产业中为较低文化程度劳动力提供就业机会的行业主要有批发零售业、住宿餐饮业、交通运输业以及近年来快速发展起来的物流业。其中2011年物流业产值占第三产业4.5%,从业人员占第三产业总从业人员6.7%,而其总产值增长速度在2010年与2011年的增长都高达近15%,对第三产业的产值增长具有较大的贡献。据2002年国家统计局的调查结果,物流业中大专以上的从业人员占比12.5%,意味着物流业吸纳了大量较低文化程度的劳动力。人均受高等教育年数对第三产业的贡献度小于第二产业的回归结果,在一定程度上受到这方面的影响。

另一方面,根据北京市人力资源与社会保障部的统计,自经济危机以来,北京市劳动力市场上较高文化程度劳动力供过于求的现象较为严重,而文化程度较低劳动力市场上却存在较大缺口。对应的岗位一般为服务员、营业人员、治安保卫人员、清洁工、简单体力劳动人员等对知识要求较小的职业。这从另一方面说明,人均受高等教育年数对第三产业的边际产出效益较小,因为相对第二产业,这些岗位更多比例出现在第三产业中,而这些岗位需要的员工并不要求受过高等教育。

根据生产规模报酬不变的假设,劳动力数量投入增加对第三产业产值增加的影响与高等教育接近,这与上面讨论的现象不谋而合,因为市场对低素质劳动力有很大的需求。第三产业包含大量不需要专业知识与技能的服务业,这些服务业提供的很多岗位对受教育程度要求较低,但北京市教育水平较高,人力资本投资成本决定高教育程度劳动力与这些就业缺口擦肩而过,成为过剩劳动力。这种现象与美国经济学家莱文所提出的"教育过度"极为类似,本节下一部分将对相关内容进行详细讨论。教育程度较高的劳动力增加对第三产业产生的效益较小,教育程度较低的劳动力增加对第三产业产值增加的效益较大,因此人均受高等教育年数与第三产业产值的弹性较小。

(三) 定量分析结论

第二产业与第三产业中,资本投入增加对产值增长的影响相差不大,相较而言,资本投入增加在第二产业中引发的产值增长较大。人均受高等教育年数则在第二产业中对产值增加的影响较为显著,且其边际产出效益大于1,因此在第二产业中加大人力资本的教育投入,能够使第二产业加速发展,促进北京市产业结构的升级与优化。相对地,人均受高等教育年数在第三产业中的作用则并不如第二产业明显,这与近几年快速发展的物流业等吸纳了大量较低文化程度劳动力的行业兴起有关,也与目前北京市第三产业的劳动力需求结构有关。结论意味着,其他因素不变时,随着北京市人均受高等教育年数的增加,第二产业的增长速度会快于第三产业。

因为本节所选择的数据时间跨度较短,因此在通过柯布-道格拉斯生产函数进行分析时,高等教育对产业结构的影响主要是通过就业结构作用实现的。1998—2011年高等教育对于人力资本的投入必然对整体经济增长有所影响,但整体经济增长作用于产业结构的时间较长,因此这一部分集中解释的是高等教育通过就业结构的路径对产业结构产生的影响,而对高等教育通过拉动经济增长的路径对产业结构产生的影响解释力较弱。

三、基于北京市高等教育现状与劳动力市场的定性分析

伴随着劳动力在地域之间的流通性增强,北京市独特的地位吸引了大批受高等教育的劳动力,而其本身又是全国文化中心,具有领先的教育水平,因此,北京市成为我国人才聚集地之一。其高等教育模式与特点是全国高等教育模式与特点的集中体现,其所凸显的高等教育与产业结构之间的有关问题也是我国其他地区今后极有可能普遍面对的问题,所以需要对北京市高等教育与产业结构之间就劳动力、劳动力所具有的知识与技能匹配问题进行分析,为今后高等教育促进产业结构优化与经济增长提供参考性意见。

高等教育对经济增长具有长期正效应是国内外学者比较统一的观点,而经济增长对产业结构的作用也在前面详述。因此,下文分析高等教育对产业结构的影响仍主要从就业结构的路径来进行。

(一)高等教育与劳动力供求情况

图8.6是北京市1978—2011年就业总人数与高等教育在校生数的变化趋势图。高等教育在校生数是毕业生数的滞后性体现,可以看出北京市高等教育劳动力在总就业人数中所占比例越来越高,即人均受高等教育年数越来越高。事实上,无论用在校生数还是毕业生数衡量北京总就业人口中受高等教育劳动力所占比例都不是最合适的,因为北京市吸纳了大量外地大学生,在校生数与毕业生数在数量上都显著超过实际留京毕业生,但考虑到还有其他地区大学生进入北京,且北京市吸纳的受高

等教育劳动力增加速度与在校生增加速度应当基本趋于一致,因此图8.6作为趋势与增速来理解是合理有效的。

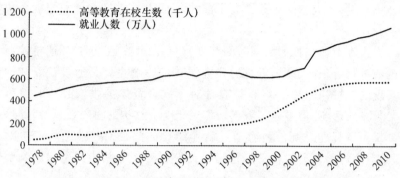

图8.6 北京市高等教育在校生数与就业人数增长情况

当高等教育人数在总就业人数中占比越来越大的时候,会出现美国学者弗里曼所提出的"教育过度"现象。他对于教育过度的定义是社会生产出的劳动力素质高于市场的需求,或劳动力具有高于其所从事工作需要的技术与知识,造成的一种社会资源浪费现象。之后美国学者莱文(1995)制定了三个标准来衡量社会是否出现教育过度:"(1)历史上的较高受教育程度的人,现在受相同教育程度的人的经济地位下降了;(2)受教育者未能实现其对事业成就的期望;(3)工作人员拥有比其岗位要求较高的经验技能。"事实上这三个现象总会存在,因为劳动力市场是有摩擦的。但如果这种现象大量并较长期地存在,则是社会资源的一种浪费。根据国内外学者的研究,弗里曼与莱文所说的教育过度现象在发达国家与发展中国家各阶段都存在,只是程度不同,地区的应对方法与能力也有所不同。近年来不断有学者讨论北京甚至中国是否出现教育过度现象,以北京为例,主要是因为劳动力市场上大学生就业问题较为严重。

图8.7是北京市公共人力资源服务机构所统计的2012年第二季度劳动力市场供求状况,因为很多招聘单位与求职人员没有进入该机构登记,该图只是部分地反映了北京市劳动力市场的供求状况。事实上,因为招聘单位提供的对劳动力文化程度无要求的岗位数过多影响表示效果,且该项并没有对应的求职人员,因此没有显示在图中。2012年第二季度进入公共人力资源服务机构登记的招聘单位所提供的对文化程度无要求的就业岗位有176 124个,远远超出了有文化程度要求的岗位数。可以看

出,北京市劳动力市场上对低文化程度劳动力的需求较大,且存在很大的缺口,从初中以下到大学专科,劳动力市场上都是需求大于供给的。而对大学本科及以上文化程度劳动力的需求则小于供给。如果将过剩的较高文化程度劳动力对应到这些劳动力需求缺口中的岗位,就出现了弗里曼与莱文所说的"教育过度"问题。

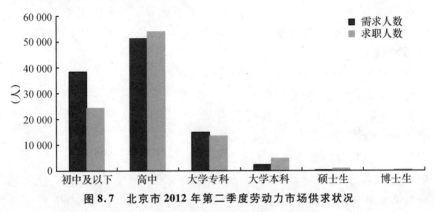

图8.7 北京市2012年第二季度劳动力市场供求状况

（二）北京市高等教育对产业结构的影响

按照北京市高等教育与劳动力供求情况,高等教育的快速发展势必在长期内对整体经济增长起到促进作用,经济增长通过市场本身的调节能力对产业结构的升级与优化起到作用。但是在短期内,北京市高等教育对产业结构的实际优化作用则有待考证。

高等教育能够提高整体劳动力素质,一方面各产业劳动力素质的提高能够增加产值,如通过柯布-道格拉斯生产函数对第二产业估计出来的系数为正,表明劳动力素质的提高对产值的增长有很大贡献。另一方面,劳动力素质的提高意味着雇佣劳动力成本增加,且低素质劳动力比例减小,产业中需要低素质劳动力的行业雇用不到足够的低素质劳动力,又无法以高成本雇用高素质劳动力,则该类行业的发展受到一定制约。北京市第三产业发展速度很快,其产值规模也遥遥领先,但与发达国家城市相比,其新型服务业、知识密集型产业发展还不够成熟,因此短期内需要大量低素质劳动力来满足服务业的需要,而北京市发展过快的高等教育提高了人均人力资本投入,使得该类服务业雇用低素质劳动力的成本升高,难度增加。因此短期内来看,高等教育的快速发展在某种程度上制约了第三产业的快速发展。

事实上，人力资本投入对第三产业的高技术行业仍然有正的贡献，但一方面因为第三产业整体发展并不成熟，导致仍有大量行业需要低素质劳动力，另一方面高等教育结构难以即时调整使得高素质劳动力不能完全适应第三产业中对于高素质劳动力的需要，因此人力资本投入在第三产业的边际产出效益并不像预期中的那么显著。因此，考虑到高等教育在第二产业与第三产业中的不同作用，可以说高等教育对产业结构的升级与优化作用是不均衡的，尤其是在第三产业没有起到应有的效果。

面对现状，北京市高等教育应当做出一些调整来应对当前所面临的问题。一方面，高等教育对于人力资本的投入在第二产业产生了正的影响，且北京市高等教育培养的高素质人才为其他地区经济增长同样提供了支持，因此高等教育的快速发展不应受到限制。另一方面，北京市内对于较低文化程度劳动力的需求也需要得到满足，因此应当大力推进高等教育的市场化，将高职、专科等非研究型人才培养计划交给市场，使其培养的高素质劳动力结构迅速适应不同产业、行业的需要，且市场化的运作能够显著降低人力资本的投资成本，促使人们结合个人实际情况进行职业与岗位选择。人力资本投资成本的降低使得雇用较低素质劳动力的行业压力减小，因为低素质劳动力数量的短缺而对各产业发展造成的制约将得到缓解。

四、本节小结

北京市高等教育对第二产业的促进比第三产业明显，而对第三产业的促进作用相对较低，主要有两个原因，一是北京市处于后工业化阶段，第二产业中制造业由资本密集型转向技术密集型，对技术需求弹性较高；二是在所分析数据期间，第三产业中吸纳了大量较低文化程度劳动力的行业近年来快速发展，对整个产业中的高、低素质劳动力占比产生一定影响。分析结果也从侧面说明北京市第三产业的发展成熟度较低，因此高等教育应当一方面增加对于人力资本的投入，保证研究型人才的高质量，另一方面将人力资本的投资部分交给市场，利用市场即时调节各产业、各行业对不同类型、不同素质人才的需要。

第四节 北京市财政支出对产业结构的影响分析

财政政策是政府干预经济的重要手段之一,在优化产业结构的过程中,财政政策可以通过多种方式发生作用。一般来说,政府可以通过财政收入与支出两种方式调整行业结构。通过财政收入,政府可以减免税收鼓励行业发展,通过财政支出,政府可以补贴或直接投资鼓励行业发展,对应地,增加税收和减少补贴与投资可以抑制行业发展。通过鼓励与抑制不同行业的发展,可以在市场经济自由发挥与政府干预同时进行的基础上加快产业结构升级与优化的进程,因此产业结构的优化路径与方向是十分值得研究的课题,本书之后也将进行较为详细的讨论,但在本节并不作为重点分析对象。在分析财政对于经济产生的影响时,毋庸置疑政府作为中心职能部门也会产生成本,尤其是随着经济形势的不同,不同政策与手段对同一目标极有可能产生正反两面作用,而在讨论对宏观经济的影响时因为不同政策互相影响、互相联系而变得更为复杂与不确定。鉴于本章以三次产业结构为讨论对象,并未细化到各行业部门,因此在本节对于财政支出对产业结构影响的讨论中,我们主要从宏观层面分析财政支出对于产业结构的影响。

采用支出法计算国民生产总值的方法,财政支出可以简单分为消费与投资两部分。由于政府的特殊职能,政府投资的作用一般被认为是弥补市场失灵的情况。当一些公共产品与服务具有很强外部性且收益率低,或者涉及国家安全,或者投资规模过大且投资周期长时,市场在其中无法有效发挥作用,因此需要政府介入经济活动。而政府消费主要指其为全社会提供服务时的支出,包括其免费或低价为社会提供的产品与服务。由于主体与其目标的不同,政府投资与私人投资结构、政府消费与私人消费结构分别有所差异,而财政支出对于产业结构的宏观影响主要体现在这两方面。财政支出水平影响到政府投资与政府消费能力,而政府投资与消费影响私人投资与消费,从而在一定程度上改变了原本的产业结构形态。

一、财政支出与产业结构的相关理论

与本节分析对象相关的研究主题一般有两种,一种是分析财政支出通过结构的不同对产业结构产生的影响,另一种是研究政府投资与消费

对私人投资与消费产生的影响。前者主要的研究思路是通过分析财政支出在不同领域的支出,如一般公共服务、教育、科学技术、文化体育与传媒、社会保障与就业、医疗卫生、节能环保与交通运输等,结合市场环境现阶段对应的产业结构发展趋势,来定性描述其对产业结构的影响。也有一些学者利用政府在不同行业的固定资产投资数据与三次产业的产值构造 VAR 模型来定量分析财政支出政策对于新兴产业、传统产业与落后产业的影响(张斌,2011)。而因为政府在三次产业的投资数据获取困难,少有学者定量分析财政支出对三次产业的不同影响。

另一种与本节内容相关的研究主题是政府投资与消费对于私人投资与消费的影响。就政府投资与私人投资的关系来说,一般学者认为有两种,一是互补关系,一是替代关系。互补关系是指政府投资涉及外部性强、收益率低等特点的投资项目时,可以提高私人投资的效率与报酬。如政府投资于交通设施、公共医疗、水电系统、环保等项目时,私人投资也可以降低相关成本与风险从而获益。替代关系是指政府投资来源于税收,政府投资大量增加时,资金过量引起利率增加使得投资成本提高,同时税收增加造成私人投资规模缩小,从而产生对私人投资的替代。当政府投资涉及私人投资参与的竞争性项目时,替代效应尤其容易产生。国内外学者对于二者的关系进行了大量定性与定量分析,基本一致的看法是互补效应与替代效应同时存在,但哪种效应更强则观点不一。一种认为互补效应更强,一种认为替代效应更强,也有观点认为在发达国家政府投资对私人投资的影响主要是替代作用,在发展中国家则是互补作用,还有一种观点认为随着经济环境的不同而两种效应的强弱关系不同(Robert,1990)。一般而言,这些结论都是定量分析的结果,在一定程度上受到数据来源与计量方法的影响。

而政府消费与私人消费的关系也主要有互补与替代两种。政府消费与私人消费成互补关系主要是指政府在公共服务、教育等方面的消费使得居民可支配收入增加,从而促进居民在其他产品与服务的消费增加。如政府在完善公共医疗制度时对医疗设施大量投入,从而使得居民对于未来的预期风险降低,减少储蓄而增加消费。政府消费与私人消费成替代关系主要是指,一方面,政府在提供免费或低价的公共产品与服务时,替代了原本对于这些产品与服务的私人消费;另一方面,政府消费同样来源于税收,税收增加使得居民可支配收入减少,从而减少了私人消费产生替代效应。针对这一点国内外学者也有大量的分析,基本的几种观点是互补关系更强、替代关系更强、无显著关系以及随着经济环境的不同互补关系与替代关系的强弱关系会发生变化。

以上无论是分析财政支出结构对产业结构的影响,还是分析政府投资与消费和私人投资与消费的关系,都鲜有直接针对北京进行分析的情况。因此,在分析财政支出通过政府支出对私人支出的扭曲对产业结构产生影响时,需要结合北京的经济背景进行分析。

二、北京市财政支出影响产业机构的定量分析

财政支出之所以对产业结构产生影响,是因为政府支出与私人支出在三次产业的投资与消费结构不同。虽然政府投资与私人投资、政府消费与私人消费的关系尚未有定论,但从宏观考虑,财政收入本身来源于社会收入,因此必然对私人投资与消费产生了替代作用,使得社会总投资与消费在三次产业的分布发生变化,从而对产业结构产生影响。本节主要通过国民生产总值支出法公式建立模型运用 EViews 进行回归,来对比政府投资、私人投资、政府消费、私人消费对第二产业与第三产业的不同影响系数,分析政府支出对于私人支出在三次产业的扭曲作用。同样,因为第一产业在北京市的比例过低,所以本节仍然只对财政支出对第二、三产业的影响进行分析。

(一) 模型与数据的选择

根据支出法计算国民生产总值的公式,我们构造以下模型进行分析:

$$Y_i = c + \alpha(PRIVC - PUBC) + \beta(PRIVI - PUBI) + \gamma \cdot EX$$

其中,Y_i 表示三次产业产值,PRIVC 代表私人消费,PUBC 代表政府消费,PRIVI 代表政府投资,PUBI 代表私人投资,EX 代表净出口,也就是产品与服务的净流出。α 为私人消费比政府消费每多出一单位时产业产值的增加量,同理 β 为私人投资比政府投资每多出一单位时产业产值的增加量。γ 为进出口每多出一单位时产业产值的增加量,此处不作为重点分析。值得注意的是,等式左边是第二产业与第三产业产值,而右边则是北京市私人消费、政府消费、私人投资、政府投资与净出口的总量。

我们选取的数据来自《北京统计年鉴》,其中政府投资的数据选用国家预算内固定资产投资,私人投资选用社会固定资产总投资减去政府投资的数据。因为资产投资价格指数 1978—1990 年数据缺失,因此统一用居民价格指数进行调整。

(二) 回归分析

回归结果如表 8.4 所示,且均显著。

表 8.4　回归结果

估计结果	c	α	β	γ	R^2
第二产业	68.37	0.77	0.21	0.49	0.96
第三产业	-72.16	3.17	0.77	2.35	0.97

私人消费比政府消费每多出一单位时,第二产业的产值增加 0.77,而第三产业的产值增加 3.17。私人投资比政府投资每多出一单位时,第二产业产值增加 0.21,第三产业产值增加 0.77。在第二产业与第三产业中,私人消费与政府消费的差值对产值的影响都比私人投资与政府投资的差值对产值的影响大;另一方面,无论是投资还是消费,私人支出比政府支出每多出一单位对第三产业的影响都大于第二产业。

以第三产业为例,在社会总消费一定的情况下,政府消费每增加一单位,私人消费减少一单位,因此私人消费减去政府消费的差值减少了两个单位,其他条件不变的条件下,第三产业的产值减少了 6.34 个单位。而要保持第三产业的产值不减少,则政府消费的增加必须保证私人消费等量增加,即政府消费对私人消费必须产生互补效应,且需等量互补,而这个条件较为苛刻,因此政府消费的增加会对第三产业产值产生负面影响。第二产业同理,但影响幅度较小。相对来说,政府投资的增加造成总投资结构的改变对于第二产业与第三产业的影响都相对较小。

图 8.8 和图 8.9 分别为 1978—2011 年第二产业和第三产业产值、政府消费与居民消费的变化曲线图。可以看出,1993 年前后居民消费增长开始大幅度超过政府消费,与此同时,第三产业的增长速度也加快,其产值超过了第二产业。事实上,1992 年北京修订了城市规划,其服务型的经济特征与生态型的发展模式得到确定,第三产业得到大力发展,因而增长速度迅速加快。到 2002 年,居民消费与政府消费的相对差距重新缩小,但房地产等金融行业急剧扩张,因此第三产业增长速度未减。由此可以看出,财政支出的宏观变量不能对产业结构产生决定性的影响,但政府消费的减小、居民消费的增加可以对第三产业产生较大的促进作用,对第二产业有相似的效果,但促进的程度较小。

第八章
影响产业结构的外生变量研究

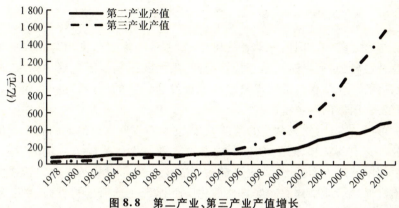

图 8.8　第二产业、第三产业产值增长

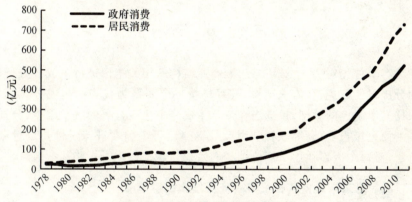

图 8.9　政府消费与居民消费增长

　　一般而言,居民消费与政府消费结构有着较大差别。政府支出大量集中在教育、社会保障与就业、医疗卫生、城乡社区事务等方面,而居民消费则主要集中在衣食住行与教育,可以说居民在第三产业产生了大量消费。政府消费相对居民消费在第三产业的消费相对比重较低,因此其增加会使得社会在第三产业的整体消费减小。政府投资类似,因为有大量投资集中在外部性强、投资收益率较低、私人投资较少涉足的领域,因而无论对第三产业还是第二产业在短期内都较难产生很大的回报,尤其是本节所用的回归方程没有考虑滞后与交互影响的问题,因此只能对宏观财政支出对产业结构的影响进行部分性的简单解释。

三、本节小结

结合之前一些国内外学者的研究,发展中国家财政支出与私人支出的互补性较强,而发达国家替代性较强,虽然我国仍属于发展中国家,但北京市的产业结构与发展规模已经接近发达国家的一些特点,因此部分具有发达国家的经济特征。

可以基本认为,只从量的角度考虑,北京市政府支出造成的私人支出向公共支出的转移作用,对产业结构的发展与优化造成了一定的阻碍。如果简单从这方面考虑,则政府应适当减少公共部门从私人部门转移的支出。但是产业结构的高度与合理化不仅体现在产值增长方面,更要细化到行业中,因此这只是一个较为宏观与粗略的结论。

第五节 本章小结

本章首先对28个城市与影响产业结构的相关指标进行主成分分析,划分出以经济规模、需求结构、教育科技三个要素为代表的主成分,然后根据易于调控的原则,挑选出在三个主成分中比较显著的三个因素,分别是外商直接投资、高等教育和财政收支。对每个因素进行定性与定量分析后,对每个因素作用于产业结构的效果与途径得出了一些基本结论。

一、北京市外商直接投资对产业结构的影响

通过对近年来北京市外商投资在第二、三产业的应用情况比较,可以看出外商投资对北京市第三产业比重的提升有积极作用,并利用 FDI 在第二、三产业的投入之比对第二、三产业 GDP 之比进行线性回归验证了这一观点。为进一步得到更精确的外商投资与产业结构之间的联系,在基于柯布-道格拉斯函数分别对 FDI 在第二、三产业的贡献进行定量分析后,得出 FDI 对北京市第三产业的贡献弱于第二产业的结论。因此,尽管 FDI 对北京市第三产业产值比重的提升有积极作用,但由于第二、三产业 FDI 对产值贡献程度的差异,FDI 对北京市第三产业产值比重的提升效果正在减小。根据前人的理论及实证研究,这很可能是由于 FDI 对东道国在不同条件下作用方式不同而导致的。最后通过绘制简化的系统流程图,更直观地描述了 FDI 与 GDP 之间的相互影响,并对图中所示关系利用回归方程进行了合理性验证。但由于数据有限等问题,动态系统的精

度和敏感度不足。最后,基于已有的理论及本节以北京市为对象的定性、定量分析,可以发现,刺激居民对第三产业产品及服务的消费需求,增加第三产业就业岗位等措施有利于吸引外资投向第三产业,从而继续扩大北京市第三产业产值在 GDP 中所占的比重。

二、北京市高等教育对产业结构的影响

高等教育对产业结构的影响主要有两种路径,一是在短期内,高等教育培养出不同结构的人才,通过就业结构对产业结构产生作用;二是通过影响人力资本的投入长期作用于经济增长,继而通过经济增长影响产业结构。第二种路径观点比较统一且确定,因此本节定量分析主要针对第一条路径。通过在柯布-道格拉斯函数中加入高等教育的变量进行回归,发现北京市高等教育对第二产业的促进比第三产业明显,且第三产业中高等教育的贡献与劳动力投入的贡献相当。主要有两个原因,一是北京市处于后工业化阶段,第二产业中制造业由资本密集型转向技术密集型,对技术需求弹性较高;二是在所分析数据期间,第三产业中吸纳了大量较低文化程度劳动力的行业近年来快速发展,对整个产业中的高、低素质劳动力占比产生一定影响。分析结果也从侧面说明北京市第三产业的发展尚未成熟,因此高等教育应当一方面增加对于人力资本的投入,保证研究型人才的高质量,为资本密集型产业转向知识密集型产业过程中的技术需求提供支持;另一方面将人力资本的投资部分交给市场,利用市场及时、有效、低成本地调节各产业、各行业对不同类型、不同素质人才的需要。

三、北京市财政支出对产业结构的影响

在分析财政支出对产业结构的影响时,本节并未具体从财政支出结构分析其对产业结构的作用,而只是从总量的角度考虑,对支出法计算国民生产总值的公式进行变化,分别以第二产业和第三产业的产值为被解释变量,以私人消费减去政府消费、私人投资减去政府投资为解释变量对公式进行了回归,得出当政府消费与私人消费、政府投资与私人投资的结构改变时,对第二、三产业产值产生的影响。结论是,社会总消费不变的情况下,政府消费的增加会对第三产业产值产生负面影响,与对第二产业的影响方向相同,但影响幅度较小。社会总投资不变的情况下,政府投资的增加对第三产业产生负面影响,且其负面作用大于第二产业。而在比

较消费与投资时,政府支出造成的消费结构的扭曲对产业结构优化的阻碍作用强于投资结构扭曲时的作用。因此,如果只从这方面考虑,则政府应适当减少公共部门从私人部门转移的支出,但是产业结构的高度与合理化不仅体现在产值增长方面,更要细化到行业中,因此这只是一个较为宏观与粗略的结论。

第九章 北京和东京产业结构案例分析

产业结构在某种意义上反映了当地的经济发展水平,标志着经济发展的不同阶段。通过参考和借鉴其他国际型城市产业结构的模式和经验对于北京未来优化产业结构路径的探索是有重要意义的。

第一节 选取东京的原因

日本属于发达国家,对亚洲甚至是整个世界经济的发展有着举足轻重的作用,而作为日本首都的东京是一个重要的国际性大都市,经过近半个世纪的发展和调整,现在的东京的产业结构已经较突出地表现出一个大都市应该具有的产业结构的普遍特征;而且东京城市化水平高,科技领域特别是电子产业发达,对北京和东京进行比较可以得出很多值得学习的经验。

北京与东京所处的经济运行环境有较多相似之处,具体反映为以下三点。

(1)中国和日本均是对世界经济发展影响力较大的亚洲国家,两个相邻的国家在历史上经济的发展有着千丝万缕的关系,而北京和东京分别是二者的首都,在全国的经济影响力很大。东京是日本的金融中心,日本国内大银行和外国银行的总部几乎全部集中在东京;北京是中国金融活动的决策地,中国的一行三会、四大银行的总部都在北京。

(2)两个城市在产业结构比重方面相似度较高,尽管各产业所占比重不尽相同,但总体上来说均为"三、二、一"的产业格局。

(3)产业结构是影响人口规模、人口素质和人口空间布局的重要因素。当代的北京和东京均面临着由于极度的人口膨胀而引发的一系列交通拥堵、就业紧张、住房困难、水资源紧缺等城市问题。

总之,当代北京正在经历与东京相类似的经济发展轨迹,研究东京世界城市产业结构的演变过程对北京有着极大的借鉴意义。

第二节 东京产业结构发展演变

一、东京产业结构演变道路

第二次世界大战后,随着经济的快速发展,东京的产业结构不断地调整和优化。东京产业结构变化大致可以分为两个阶段:第一阶段是1955—1970年,这段时期是日本经济的高速增长期。在此期间日本经济高速发展,是日本的城市化阶段,1955年日本的实际GDP已经恢复到了战前水平。在此期间,钢铁、造船、机械和化工等第二产业迅速发展,使得东京地区聚集了一大批企业、劳动力和人口。第二阶段是20世纪70年代中期到80年代末,这段时期是日本的产业升级阶段,主要表现为制造业的大幅度降低和金融信息产业的高速发展。在此期间对产业结构的调整奠定了当代东京各产业比例的基础。

二、东京产业结构现状

1. 不断缩小的第一产业

日本属于人多地少、土地等资源稀缺的国家,农林养殖业均为东京的附属产业。2011年东京的第一产业仅占总产值的0.05%。随着日本经济和城市化的高速发展,农业人口大量涌入城市,大量农业用地逐步变为工业用地,因此,第一产业在产业结构中处于如此地位是经济发展的必然结果。东京的农业大部分位于城区外围,很少有专业经营农业的农民,大部分是兼职农民,农产品也以和居民日常生活密切相关的水果、蔬菜为主,并且产量仅能满足东京的一部分需求。总之,东京的第一产业处于简单的维持状态。

2. 以制造业为主的第二产业

东京的第二产业不是以钢铁等大型化工企业为主,而是主要侧重于印刷业、机械运输业、食品加工业和精密的机械制造业。以2011年统计数据为例,东京制造业产值为74 236亿日元,占第二产业的60.9%,比重相当大。同时中小企业占很大比重。企业规模小、分工精细和合作密切是日本第二产业的重要特征。

3. 迅猛增长的第三产业

东京的第三产业的比重在20世纪60年代以后就超过第二产业并逐年增加,高速发展的第三产业是东京产业结构的重要特征。总的来说,东京的第三产业是以商业为支柱,以五大新兴服务业(租赁、信息、广告、工商业设计和经营管理咨询业)为生长点,以生产服务业为侧重点。部门结构的顺序依次是服务业(占第二产业产值的约37%)、批发零售业(占第三产业产值的约23%)、不动产业(占第二产业产值的约17%)、金融保险业(占第二产业产值的约14%)等。

第三节 北京和东京总体产业结构比较

一、北京和东京总产值比较

根据中国和日本的统计年鉴数据可得,北京市总产值占中国总产值的3%左右,东京的总产值占到日本总产值的18%左右,东京经济的发展对全国的影响力远远高于北京对全国的影响力。

图9.1将北京和东京近七年来的生产总值进行了简单的比较,根据图中显示数据可以看出,二者的总产值差距还是较为明显的。但是值得注意的是,2005—2011年,北京的总产值以较高的增长率呈现逐年上升的总趋势;但东京总产值总体较为稳定,特别是在2008年总产值有明显的下降趋势,下降原因是金融危机的影响,特别是在制造业、批发零售业和金融保险业下降幅度较大。

二、北京和东京产业结构比例比较

表9.1和图9.2均为北京和东京三次产业结构所占比例的对比,从中可以看出,北京和东京总体产业结构是一致的,即"三、二、一"的产业格局。但从各个产业比例来说,东京第一产业所占比重很小,农林水产业对生产总值的贡献很少;同时第二产业比重也不高并且在逐年降低,第三产业是东京总产值中所占比重最高的,占比80%以上并逐年增高,在2007年第三产业比例首次达到85%以上,可见东京的第三产业相当发达。北京的产业结构总体上是第一、二产业比重逐年降低,第三产业比重逐年升高,但和东京比较而言,第二产业比重还是较高的,占到四分之一左右,根据未来发展情况,北京的产业结构状况会越来越接近东京水平。

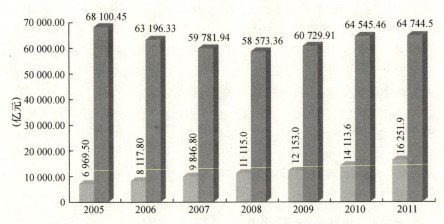

图 9.1 北京和东京总产值对比

注：由于东京产业总值一直占东京生产总值的至少 98% 以上，因此为了两城市产业结构比较方便，本章中将产业总值≈东京生产总值。

资料来源：《北京统计年鉴》，《东京统计年鉴》。

表 9.1 北京和东京三次产业结构比例对比

北京三次产业结构比例			(单位:%)	东京三次产业结构比例			(单位:%)
年份	第一产业	第二产业	第三产业	年份	第一产业	第二产业	第三产业
2000	2.5	32.7	64.8	2000	0.05	17.22	82.73
2001	2.2	30.8	67.0	2001	0.05	16.30	83.65
2002	1.9	29.0	69.1	2002	0.05	15.88	84.08
2003	1.7	29.7	68.6	2003	0.05	15.50	84.46
2004	1.4	30.8	67.8	2004	0.05	16.07	83.88
2005	1.3	29.1	69.6	2005	0.04	15.60	84.35
2006	1.1	27.0	71.9	2006	0.04	15.09	84.87
2007	1.0	25.5	73.5	2007	0.04	14.48	85.47
2008	1.0	23.6	75.4	2008	0.04	14.62	85.34
2009	1.0	23.5	75.5	2009	0.05	14.68	85.28
2010	0.9	24.0	75.1	2010	0.05	14.41	85.55
2011	0.8	23.1	76.1	2011	0.05	14.63	85.32

资料来源：《北京统计年鉴》，《东京统计年鉴》。

第九章
北京和东京产业结构案例分析

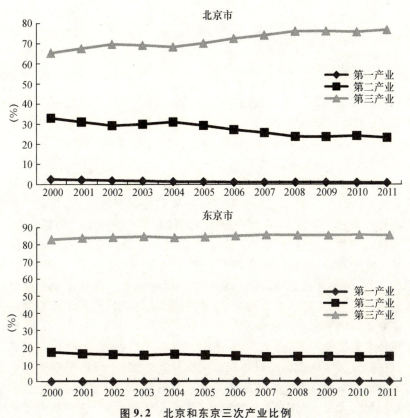

图 9.2　北京和东京三次产业比例

资料来源:《北京统计年鉴》,《东京统计年鉴》。

三、北京和东京三大产业就业人数比较

表 9.2 列举了 2005 年北京和东京三次产业从业人员构成的比较,可以看出北京和东京就业人员构成比例和两个城市各自的产业结构比例总体趋势一致,也为"三、二、一"的构成模式,并且东京第一产业的就业人员只有 2.9 万人,占总就业人数的 0.5%。

表 9.2　2005 年北京和东京三次产业从业人员构成对比

地区	就业人数(万人)				构成(%)			
	总数	第一产业	第二产业	第三产业	总数	第一产业	第二产业	第三产业
北京	878	62.2	231.1	584.7	100	7.1	26.3	66.6
东京	591.6	2.9	110.9	457.6	100	0.5	18.7	77.4

第四节 北京和东京具体行业比较

一、工业

虽然北京第二产业比重逐年下降,但是第二产业产值是逐年稳步增长的,在北京的第二产业中,工业所占比重较大,2011年北京工业产值为3 048.8亿元,占第二产业总产值的81%以上。北京市的工业经过50多年的发展,已经逐步发展成为包括机械、电子、汽车、石油化工、建材、冶金、医药、纺织服装和食品等35个行业,160个大种类,395个小种类较为完整的工业体系。随着对资源型工业发展的控制更加严格,北京的工业发展逐步倾向于以汽车、电子为主导的高新技术产业和现代化制造业。

和北京不同的是,东京第二产业产值及其在总产值中的比重一样是逐年下降的趋势。同样,在第二产业中,制造业的比重最大,从20世纪60年代以后,东京制造业的产值一直处于下降的状态。日本印刷业规模位居世界前列,其产值仅小于美国,是世界第二大印刷产业国。东京制造业中印刷业构成了东京产业结构中的主导产业群,无论是在企业数量、职工人数还是销售额等方面,在东京的几十个工业产业中,印刷业都排名第一,也就是说,印刷业已经成为东京的支柱产业之一,促进了东京产业结构的高度化发展。电子机械制造业是东京的第二大工业部门,它是在战后新崛起的大工业部门,生产规模大,发展速度快。由于大多数电子机械制造企业耗能少、污染小,同时要求高技术文化的工人,和东京资源少而科技发达的特点相吻合;同时,国内外市场对日本电子产品的需求量大,这些都促进了东京电子机械制造业的发展。

二、金融保险业

北京是中国重要的金融发展中心,2011年金融业的产值为2 215.4亿元,占第三产业比重为18%,同比增长19个百分点,是第三产业中比重最大的行业。《北京市"十二五"时期金融发展规划》中提到:"北京当前银行、证券、保险等机构协同发展,财务公司、金融租赁公司、消费金融公司、汽车金融公司、货币经纪公司等蓬勃发展,创业投资机构、股权投资机构不断集聚,村镇银行、资金互助社等新型农村金融机构和小额贷款公司稳步发展。43家外资法人金融机构入驻,外资参股或合资金融机构达到180余家。金融要素市场建设取得突破。中关村代办股份转让试点稳步推进,已有77家企业挂牌。中国技术交易所等国家级交易平台占据了金融要素市场的制高点。北京产权交易所加快集团化发展,成为全国第一大产权交易市场。中债信用增进投资公司、中债资信评估公司等债券市场中介机构在京设立。"

毋庸置疑,东京是日本的金融中心,2011年金融保险业产值为97 532亿日元,约为7 567.4亿人民币,占第三产业比重为13.7%。尽管金融保险业在产业结构中所占比重不是特别高,特别是2008年受金融危机的影响,东京的金融保险业同比下降了20个百分点,但是其发展总量还是很可观的。另外,东京金融机构的数目也是非常庞大的,鼎盛时期的1991年,拥有14 215万家金融保险机构,从业人员50多万人;外国银行119家,从业人员0.75万人;证券机构2 303家,从业人员9.33万人;保险机构4 726家,从业人员16.55万人。

三、服务业

近年来北京注重发展现代服务业,2011年服务业总量达到12 119.8亿元,总量持续位居全国第一,经济贡献率超过八成。2011年服务业增量达到历年最高值1 519亿元,占全市GDP新增量1 886.8亿元的80.5%,北京服务业占全市GDP比重达到75.7%,比全国高32.6个百分点,其中生产性服务业和文化创意产业引领作用明显。信息服务、科技服务、商务服务、文化创意产业均保持了两位数的增长速度,信息服务业实现增加值1 492.6亿元,同比增长22.9%,在服务业中增速排名第一;科技服务业实现增加值1 130亿元,同比增长10.4%。

东京服务业发达,2011年服务业总产值313 535亿日元,约为24 326.7亿人民币,占第三产业比重为44%。由于东京在日本经济中的特殊地位,信息、文化、学术等产业的比例很高,在东京服务业的结构中,这些行业的企业数和从业人员比重不断上升。

第五节 东京大都市圈和中国首都都市圈比较

一、东京大都市圈

1. 东京大都市圈概念

狭义的东京大都市圈是指以东京市区为中心,半径80公里,由东京都、埼玉县、千叶县、神奈川县共同组成的东京都市圈。东京大都市圈是世界五大都市圈（纽约、伦敦、巴黎、东京、北美五大湖）之一，其总面积达1.343平方公里，虽然只占全国面积的3.5%，但却是日本的政治、经济、文化中心，并逐步确立起全球三大金融中心的地位，同时也是日本最重要的交通与信息枢纽。

2. 东京大都市圈核心城市职能

参考卢明华、李国平、孙铁山编写的《东京大都市圈内各核心城市的职能分工及启示研究》，东京大都市圈各核心城市的主要职能如下：

（1）东京中心区。东京是整个东京大都市圈的核心，是政府、管理、行政、文化等机构以及金融业、服务业、印刷业、批发业等部门的集中地，发挥着政治中心、经济中心、文化中心等的职能。

（2）埼玉区域。埼玉区域主要接纳了东京都区部分政府职能的转移，目前已成为政府机构、居住、生活、商务集聚之地，在一定意义上成为日本的副都。其中，浦和市是埼玉的行政中心；大宫市作为埼玉的经济中心，商业、服务业较发达，发挥着重要的商务职能。

（3）神奈川区域。神奈川区域主要负责的是国际港口和工业的职能，附加商业和国际交流的职能。其中，横滨市拥有得天独厚的对外贸易港口——横滨港，同时各大企业的总部以及国家行政机关的密集，促进了当地的国际化和信息化交流的进程；川崎市主要负责生产制造和研发，川崎港主要为大企业运输原料和成品服务；厚木市主要负责教育和高技术产业职能。

（4）千叶区域。千叶区域同样负责国际港口和工业的职能，附加商务、国际交流等职能。其中，千叶市是该区域县厅的所在地，拥有日本最大的原料输入港；木更津拥有具有旅游和贸易性质的海港，同时其商务、研发职能正在加强；成田市拥有新东京空港，方便国际交流、国际物流，有利于商业职能的发挥。

（5）多摩地区。多摩地区主要负责接受东京都的部分功能（主要是大学、研发机构和高新技术产业）的转移，现已发展成为东京都大学、研发机构和高新技术产业的集聚地。其中，八王子市主要作为大学城，促进了研发的进程；青梅市则主要负责的是生产制造，另外附加研发；立川市在接受部分国家行政职能的转移的同时，其商业、商务职能也得到了一定程度的强化。

（6）茨城南部区域。茨城南部区域已形成以筑波科学城为主体的大

第九章
北京和东京产业结构案例分析

学和研究机构集聚之地。

二、中国首都都市圈

1. 中国首都都市圈概念

中国的首都圈包括北京和天津两个直辖市以及与其毗邻的河北省唐山、秦皇岛、廊坊、保定、承德、沧州和张家口7个地级市的行政区范围。首都圈的总面积为16.87万平方公里。近些年来中国高铁动车技术的日益成熟更是加强了北京和周边城市的交流，加快了中国首都都市圈的成熟步伐。

2. 中国首都圈核心城市职能构想

（1）北京市。北京作为首都，是中国的政治、经济和文化中心，是全国的交通和通信枢纽，人才、信息、技术等高级生产要素密集。因此，北京应建设成为国际大都市，充分发挥其职能，重点发展第三产业，尤其是旅游业、信息服务业、房地产业、金融保险业和教育文化产业等，第二产业应重点发展高新技术产业。

（2）天津市。天津是北方最大的港口城市，拥有全国最大的集装箱码头。因此，天津应建设成为国际化港口城市，可以考虑将北京部分汽车工业和轻工业的出口工业转移至天津，更加发挥好天津国际港湾和工业集聚地的职能，加强国际交流和国际物流，借鉴东京都市圈中横滨市的职能的发挥。

（3）唐山市。唐山是重要的能源、原材料工业基地，拥有丰富的矿产和港口资源，应充分发挥好工业集聚地的职能，将北京部分建材工业和机械工业等重工业转移至唐山，大力发展冶金业、机电业、建材业、化工业、机电业等工业，同时附加发展高新技术制造业，使其成为首都圈地区重要的重加工产业基地。

（4）秦皇岛市。秦皇岛是重要的能源、原材料基地，拥有全国最大的能源输出港口，同时拥有得天独厚的滨海旅游资源。因此，要充分利用拥有旅游和贸易性质的海港，加强其旅游文化和临港工业职能，同时分担天津港在北方港口的运输压力。

（5）承德市。承德是全国重点旅游城市，历史悠久，旅游资源丰富。因此，应重点发展旅游文化业，并附加发展污染小、消耗低的轻型工业和第三产业。

（6）保定市。保定是河北省重要的地区中心城市和轻工业生产基地,离北京较近,应成为北京部分政府机构的转移地,重点发展文化产业和轻工机械业。

第六节 东京产业结构对北京的启示

一、东京产业结构总体评价

东京的产业结构的发展所走的道路是积极大力发展第三产业,稳定发展第二产业,维持第一产业的一定产值。其产业结构表现出明显的"经济型"特征,少投入,多产出,生产率高。总体表现为知识技术密集度高,科技含量高,能源消耗低,污染少,经济效益好,企业规模小等特点。

二、北京产业结构存在问题

近年来北京优化产业结构成效显著,但结构内部仍有些问题有待改善。北京市的发展受到土地资源和水资源短缺的约束,而三次产业都有布局不够集中的情况;北京市的重型工业产业能源利用率相对偏低,这对首都的资源和环境是一个极大的挑战;制造业国际竞争能力弱,发展后劲不足;北京市知识密集型产业的发展与其科学教育事业处于全国的领先地位的情况不符,劳动密集型行业比重大,未充分发挥首都科研机构和高等院校数量居全国之首的优势。

三、东京发展经验启示

1. 合理的产业政策对产业结构的优化有良好的促进作用

日本是世界上最早致力于产业政策制定与产业结构设计的国家并取得了明显成效。李林杰写的《日本产业结构调整的经验借鉴》中提到:"日本的产业结构调整更多的是通过产业政策的引导来实现的。日本政府对产业结构调整的干预程度很强,其干预的主要手段就是提出明确的产业政策。运用科学的产业政策来推进产业结构的优化升级,是日本经济发展中国家干预的主要表现之一,它为战后日本经济的高速增长做出了巨大的贡献。"同样,作为日本首都的东京,产业政策在结构优化方面起了很大的作用。

北京应该借鉴这一点,有专门机构制定统一的产业政策,制定长期的城市发展综合规划,例如《北京市"十二五"时期金融发展规划》,指导产业的发展,有步骤有计划地推进产业结构的优化。

2. 加强创新对经济发展的贡献率,促进信息化发展,重视中小企业和创新性产业的发展

创新是东京产业发展之源。在东京,中小企业的发展是其重要特征之一。中小企业的发展对于繁荣经济和促进就业作用显著。它们规模不大,曾经一度发展艰难,之所以能存活至今并且生命力旺盛,是通过不断创新来提高自身的水平和市场适应能力,最终成为目前全国制造业中最关键的一部分。日本的科技水平含量高,通过不断的创新来实现电子产品在全球的领先地位,种类和功能多样,满足了不断延伸和拓展的国际销售渠道和需求。

北京应该加强创新水平,发展信息化等资源消耗低、环境污染小、生产力水平高的高科技产业和服务业,促进劳动密集型产业向技术密集型产业的转变,充分利用高校资源,提高人才创新水平,促进以中关村为代表的北京高新技术产业区的发展,借鉴、培养正确的模式和道路并因地制宜广泛推广。

3. 加强金融业的发展,继续发挥其北京市经济增长第一支柱型产业的作用

东京的金融业发达,虽然受到2008年金融危机的影响,但不可否认的是东京仍然是重要的国际金融中心之一,金融业的发展对增加产值贡献巨大。北京应该完善金融市场制度,健全金融机构体系,提高金融机构的国际竞争力,在保证银行业稳定发展的前提下,积极促进证券公司、保险公司、基金管理公司、货币经纪公司、财务公司、融资租赁公司等机构的发展,促进金融业的多元化。

人才是金融发展的决定性因素,因此应该积极培养专业人才,推动创建金融人才培育平台、金融职业认证平台、研究生联合培训平台、学位学历教育平台和海外人才引进平台,充分发挥高校人才的资源优势。

同时,吸取东京金融业遇到金融危机的教训,完善金融业风险机制。

4. 产业结构的调整注重绿色化和可持续

北京和东京均是人口众多的城市,在调整产业结构的过程中,都出现了诸如人口问题、污染问题、交通问题等许多城市问题,东京在每次的城市发展规划中,都遵循"交通先行"、"优先公共交通"的原则,同时对城市公共交通建设投入力度加大。北京应借鉴东京经验,发展道路,完善道路交通和公共交通基础设施,走新型工业化道路,继续有步骤地转移高耗能

高污染的大型工业,注重保护环境和绿色 GDP 的发展。

5. 积极扶植主导产业,发挥产业关联效用

没有主导产业,主次不分,不抓重点,产业结构的优化就会没有方向,各个产业的发展也就失去了活力。东京产业发展的成功,很大程度上归结于其扶植主导产业的成功,北京的优化产业结构过程中应该注重第三产业特别是服务业和金融业的发展,有主有次。

三次产业历来是有机的整体,第三产业的功能是服务,不论它占多大的比重,只能说明服务程度的变化,其对象永远不能脱离第一、第二产业,否则城市功能将无法发挥。因此产业结构优化要发挥三次产业间的相关性。

6. 因地制宜,积极发展特色产业,建立起符合自身的有北京特色的优化产业结构

同东京一样,北京也是一个人口众多、历史悠久的大都市,拥有丰富的旅游资源和劳动力资源,因此应该充分发挥其优势,大力发展旅游业和餐饮业等相关产业,促进产业的合理化调整,制定符合当地特色的特有的产业发展道路。

7. 加快首都经济圈的建设和规划

上文中已经详细介绍了东京大都市圈的具体情况和中国首都都市圈的具体设想,北京应借鉴东京大都市圈发展的成功经验,加强区域分工和合作,积极推进一体化过程,努力促进以北京为中心的都市圈的形成,加强北京的辐射范围,使得北京的发展不仅仅局限于北京郊区,而是包括天津、唐山、秦皇岛、保定在内的区域性的发展。

第十章 北京和纽约产业结构对比分析

第一节 纽约和北京概况

纽约市是全世界最大的都会区——纽约大都会区的核心,是全美人口最多的城市。自20世纪以来,纽约随着美国的逐步强大,在经济和金融方面越来越具有全球影响力和号召力。纽约作为一座国际大都市,除经济外的其他领域如政治、教育、媒体、娱乐与时尚都直接或间接地影响着全球各个角落。由于联合国总部也位于该市,纽约也被公认为世界之都。纽约常被称作纽约市(New York City),但其官方名称实为 The City of New York,其坐落于美国东北部,纽约州东南部。

与中国统计机构不同,美国政府和其他统计机构在考察地区经济数据时,主要依据地理位置和政治经济地域将美国国土划分为州、大都市统计区域、市和区(县)等范围。由于各个区域数据的可获得性不同,因此比较中美城市发展有一定困难。以纽约为例,该地名既代表广为人知的纽约市(New York City),又指纽约州(State of New York)。其中,纽约市下辖5个区(县,County):曼哈顿、布鲁克林、布朗克斯、皇后区和史坦登岛,共占地783.8平方公里,人口约800万;而纽约州则类似于中国的省级行政单位,管辖含上述5个区在内的62个区(县),共141 300平方公里,拥有人口近2 000万。此外,美国统计报告里另一个常用的区域单位为大都市统计区域(Metropolitan Statistical Area),纽约市所在的纽约—北新泽西—长岛(New York-Northern New Jersey-Long Island)大都市统计区域,占地17 405平方公里,拥有人口约1 900万,其地区生产总值位居全美所有大都市统计区域第一,相当于位居第二的洛杉矶大都市圈的1.73倍(2011年)。该经济圈内存在着广泛的多样性并有机地结合在一起,产生了积极的聚合效应,其在美国经济发展中扮演着十分重要的作用。

北京市作为中华人民共和国首都和直辖市,承担着十分重要的政治、

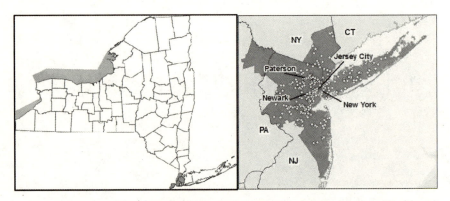

图 10.1　纽约市（左图右下阴影区域）、纽约州（左图）及纽约大都市统计区域（右图阴影区域）

资料来源：维基百科。

文化、教育和国际交流作用。北京坐落于华北平原北端，东南与天津相连，其余被河北省环绕。北京市下辖东城区、海淀区、朝阳区等14区2县，总占地16 410平方公里，拥有人口2 069.3万（2012年），从新中国成立以来其经济发展就受到党和国家领导人的高度重视，近年来经济发展尤为迅速，经济门类和产业结构不断向着世界先进水平靠拢，与纽约的对比分析，既是向其学习先进的城市组织管理经验，也是在借鉴其发展历程的基础上探索和建立具有中国特色的社会主义市场经济发展路径的必要手段和可靠方法。

第二节　经济发展水平对比

一、地区生产总值

由于美国国家统计机构没有统计州级以下行政单位的地区经济数据，且州级的统计机构也一般没有对县级、市级生产总值进行专门统计（王志平，2005），故大多数研究人员和部分政府工作人员均按照纽约州或纽约大都市统计区域的经济数据对纽约市的经济发展状况进行估算。在比较地区生产总值时，由于在土地面积和人口指标上纽约大都市统计区域和北京市具有更高的可比性，故本节将两者进行直接的比较。若把统计范围缩小到纽约市，推测其人均地区生产总值高于同期纽约大都市统计区域的统计数据亦是合理的。

自 1978 年十一届三中全会之后，社会主义市场经济被引入中国经济体制，经济发展步入高速增长轨道，各项指标逐步与国际接轨，具有较强的可比较性，故本节时间序列数据在可获得的前提下均以 1978 年为起始点。北京市作为我国首都，其拥有的人才优势、资源优势、政策优势以及较好的国民经济基础都是保证其又好又快发展的先决条件。经过 30 余年的发展，纵向对比来看北京市经济水平有显著的提高，2011 年地区生产总值比 1978 年增长了近 19 倍，但北京市在与纽约市的横向对比中仍处于落后地位。由于数据限制，本节对比了 2001—2011 年纽约大都市统计区域地区生产总值(Gross Metropolitan Product，GMP)和北京市地区生产总值(以当期汇率折算为美元计)，由图 10.2 可观察到进入 21 世纪后北京市经济发展的绝对劣势并没有缩小，反而在 10 年间略有扩大。2010 年纽约大都市统计区域的地区生产总值为 1.25 万亿美元，仅次于东京大都市统计区域，人均生产总值达到 6.4 万美元。同一时期，北京市地区生产总值为 1.41 万亿元人民币，人均地区生产总值为 73 856 元人民币，按照同期汇率计算，其地区生产总值相当于 0.208 万亿美元，人均地区生产总值相当于 10 910 美元，由此可见明显差距(见图 10.2 和图 10.3)。2010 年其地区生产总值约为纽约大都市统计区域的 16.64%，人均地区生产总值约为纽约大都市统计区域的 17.05%，可以合理地推测其与纽约市人均地区生产总值的差距更大。

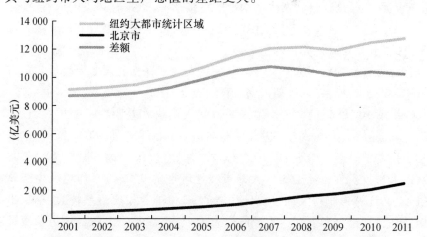

图 10.2　2001—2011 年纽约大都市统计区域与北京市地区生产总值
资料来源：《北京统计年鉴》，《中国统计年鉴》，美国商务部。

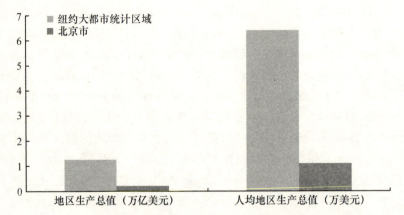

图 10.3　2010 年纽约大都市统计区域与北京市地区生产总值对比
资料来源:《北京统计年鉴》、《中国统计年鉴》,美国商务部。

二、人均收入

由于历史数据很难获取,对纽约市及纽约大都市统计区域的经济发展水平不能用地区生产总值这一指标进行单一的评估,本节进而引入个人收入(personal income)这一数据。个人收入指从各途径所获得的收入的总和,包括工资、租金、股利股息及社会福利等所收取得来的收入。衡量个人收入即是衡量居民生活水平的直接指标,也是直接决定消费、投资的变量,反映了该国个人的实际购买力水平,可以作为预测未来消费者对于商品、服务等需求变化的指标,对于评估一国经济好坏、把握经济周期有着极为重要的作用和意义。本节采用人均家庭总收入作为衡量北京市人均收入的指标,并以当期汇率折算到美元。

由图 10.4 可见自 1985 年来两地间人均收入差距在不断扩大,且并没有减缓势头,人均收入的差距正是居民生活水平差异的直接反映,也解释了拉动中国经济增长的三驾马车中"消费"为何一直不振。2010 年北京市人均收入仅相当于纽约大都市统计区域的 9%,与人均地区生产总值(上文计算为纽约大都市统计区域的 17.05%)相比落差较大,反映出居民并没有充分享受到其生产所带来的回报,部分生产所得作为税费进入政府和少数企业、个人。政府的资源二次配置并没有发挥应有的作用,最终并没有流转到广大个人消费账户中,而是以政府投资等形式继续刺激经济发展,保持中国经济的增长速度,而纽约则以个人消费和投资为拉动经济增长的主要动力。此种经济发展和利益分配方式体现了中美不同的经济发展阶段和发展方针,中国近年来强调的收入分配改革本质上是把居民所创造的财富返还给生产者的一种方式,是将"消费"这架马车重新委以重任的做法。从宏观上来看,居民消费是拉动经济增长和增进良性经济循环的最优选择,以消费为主要拉动力,辅以政府投资和对外贸易才能长时期地保持经济又好又快发展。以政府投资为主导的经济增长方式在一定时期内可以发挥出特定的效果,创造出不俗的成绩,但是以英美等发展历史悠久的国家经济作为参照,藏富于民才是符合历史发展方向的选择。中国经济从20世纪90年代开始经历了20年的快速发展,政府在调控资源和配置利益方面的贡献不可磨灭,如今改革进入深水区,如何突破瓶颈避免落入中等收入陷阱成为改革的重头戏,经济的多样化和地区的异质化日益显著,调动民间智慧进行资本和资源的分配具有更高的效率,如此就需要将收入返还到居民手中,真正把收入分配改革落到实处。

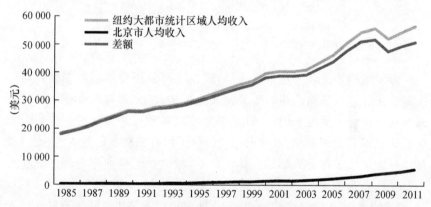

图 10.4 1985—2011 年纽约大都市统计区域与北京市人均收入
资料来源:《北京统计年鉴》,《中国统计年鉴》,美国商务部。

三、失业率

失业率是美国常用的反映经济形势的指标,美国民间和政府历来都高度重视这一指标的高低,其不但反映了区域内居民生活水平的质量,也间接影响了社会治安、国家稳定等政治因素(见图10.5)。2008年金融危机之后美国失业率一直偏高,曾接近于10%,居民对政府处理危机和刺激经济不力颇有微词,之后爆发的占领华尔街和罢工抗议活动也与过高的失业率与不平衡的收入分配有关。2012年美国大选中总统奥巴马和竞选人罗姆尼也围绕奥巴马政府的就业刺激措施展开过激烈的论战。

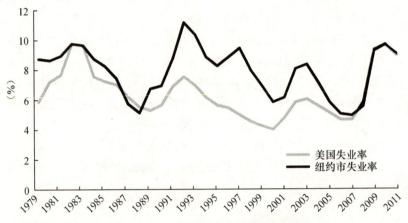

图10.5　1978—2012年美国与纽约市失业率
资料来源:美国劳工部。

由于纽约市失业率数据可获得,故在本部分用纽约市数据替代纽约大都市统计区域数据。相对于美国失业率来说,中国对失业率的统计方式和统计口径都大为不同,统计结果并不具备较好的可比性。中国失业率采用城镇登记失业率,从机制上就排除了没有主动登记的人群,而这类群体可能构成了失业人群的主体。此外,城镇登记失业率忽略了农村外出打工的剩余劳动力,虽然近年来农民工供给缺口加大,"民工荒"现象严重,但是中国正值经济转型期,产业结构和行业结构正经历着较大的变动,短期内的大量摩擦性失业和结构性失业没有被反映在数据中,造成了数据失真,仅能当作参考指标(见图10.6)。

美国以及纽约市的失业率真实地反映了美国经济周期:20世纪70年代末美国经历了大规模的产业结构升级,第二产业大量被第三产业淘汰,失业率猛增,在完成转型后,经济进入一个高速增长阶段,失业率下降;80年代末90年代初,美国发生金融危机,又卷入战争,失业率再次升高,反映出经济泡沫的破灭,之后美国借助于以IT业为代表的新型产业的发展,加上21世纪初美联储降低利率刺激经济,终于进入了较长的繁

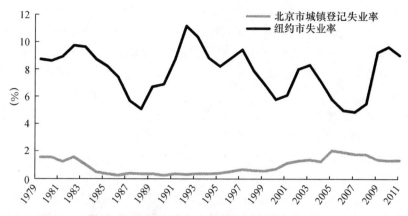

图 10.6　1979—2011 年纽约市和北京市失业率
资料来源:《北京统计年鉴》,美国劳工部。

荣期,直到 2008 年爆发新的金融危机,影响到实体经济的运作,导致了大范围失业。由图 10.5 可以看出,纽约市失业率与全美失业率在两个时期有较大差异:一是 1980 年以前,纽约失业率居高不下但全美失业率由低向高快速攀升;二是 20 世纪 90 年代及 21 世纪初,纽约市失业率一直大幅高于全美失业率。第一次偏差源于纽约早于全美开始了产业结构调整,1950—2000 年的五个十年间,纽约制造业的就业人数依次减少了 9.2 万人、18 万人、27 万人、15.8 万人、9.5 万人,减幅最大的便是 60 年代和 70 年代(陈志洪等,2003)。而全美这一进程则相对温和和滞后,导致了两个不同统计区域的偏差。第二次偏差历时较长,以 80 年代末的金融危机为爆发点,纽约市失业率甚至在 1993 年超过 10%,并一直居高不下,领先于全国,原因其一可能在于当时纽约金融服务业领先于全美其他城市的高速发展。1959—1969 年,纽约金融、保险与房地产业的就业人口增长了 22.8%,占纽约就业总人口的比例由 1959 年的 10.8% 攀升至 1969 年的 12.3%。1969—1989 年,生产服务业的就业人数从 95 万人增长至 114 万人,占就业人口的比例从 25% 增长至 31.6%;同期社会服务业的就业人数从 76 万人增长至 93 万人,占就业人口的比例从 20% 增长至 26.3%(刘锐、秦向东,2007)。如此高的就业比例在金融危机系统性风险的冲击下必然造成大规模的失业,且在经济复苏之前鲜有措施能使之下降。其二,20 世纪 90 年代纽约大部分大规模劳动密集型制造业已经外迁,低技能的劳动力面临长期的结构性失业,加之海外移民不断涌入纽约，劳动力供给出现较大剩余。20世纪90年代末美国开始发展文化产业和高新技术产业，新型的产业结构使得大部分低素质劳动力自动失业，而这部分劳动力由于历史的原因和与当地人的文化冲突（移民），不愿迁离大城市也缺乏动力或精力去学习新技能，造成了失业率的居高不下。

反观中国的失业率，从1978—2011年一直处于2%之下，不可否认的是30年来中国经济的高速发展创造了大量劳动密集型产业和工作机会，且30年间并没有剧烈的经济波动，中国依靠人口红利在国家发展和国际贸易中占有重要地位，由此推测失业率理应在低位保持小范围波动。但是正如上文提及的城镇登记失业率数据收集机制的问题，该指标并不能真实、客观地反映失业人口比例，低估了当期的失业人口数，忽视了这种低估会对经济、社会造成的恶劣影响。由于调查失业率的方法在欧美各国都比较成熟，我国政府应及时引进和改进失业率指标以使之切实反映我国真实的失业水平，以此作为经济指标衡量我国宏观经济的发展水平。

四、同期经济指标指数

除上述反映经济形势的指标外，纽约美联储还运用了同期经济指标指数（Index of Coincident Economic Indicators）来衡量当地经济的发展水平，该指数是对与整体经济运行相关的不同数据序列进行计算分析后得到的，指数的上升和下降与经济繁荣和收缩成正比。该指数的计算涉及就业水平、真实收入、失业率以及制造业每周平均工作时长等指标，但由于该机构没有给出具体的计算公式，故无法与北京市进行直接的对比。

由图10.7可知纽约市经济自1978年以来一直处于长期增长中，虽有波动起伏，但整体经济向好，经济具有良好的抗压性和反弹力，每次经济遭受打击后能迅速调整产业结构，恢复到正确的发展轨道上，包括2008年发生的自1929—1933年大萧条以来最严重的金融危机亦未对纽约经济产生毁灭性的打击，证明了其经济形式的多样、经济消化渠道的高效和畅通以及整体经济结构机制的健康与健壮，同时也间接说明了当地政府在危机发生后的快速反应和正确决策。以上各方面均值得北京市以及中国其他国际大都市学习，政府需要利用好货币、财政和行政手段适时、适度地调控经济，引导产业结构优化升级，疏通经济传导渠道，始终坚定不移地支持社会主义市场经济建设，给予市场充分的自由竞争，辅助

"看不见的手"进行市场资源配合,创造出高强度、高弹性、高效率的市场经济典范。

图 10.7　1978—2012 年纽约市同期经济指标指数
资料来源:纽约美联储。

由图 10.8 可以看出纽约市同期经济指标指数增长率有 4 次跌破零值,但最长不超过两年便强势反弹,证明了上文的研究分析。另外也可以看出 30 年来纽约市最严重的衰退出现在 20 世纪 90 年代初,由金融危机、第三次石油危机、海湾战争等一系列因素引起。该经济指标历时近两年才恢复到正增长。2000 年前后,纽约市经济再次陷入衰退,其原因可能为 IT 产业投资过剩和股票泡沫破灭。从 90 年代初开始,美国开始大力发展信息技术(IT)产业,信息产业私人固定资产净存量在 10 年内翻了一番(见图 10.9)。90 年代初,信息化产业投资额缓步上升,平均每年约为 1 200 亿美元,但到 1998 年该值猛增至 3 881 亿美元,次年则突破了 4 000 亿美元大关。2000 年,美国支出了 5 300 亿美元用在信息技术产业(王勇,2004)。由图 10.10 可看出 1999 年和 2000 年对信息产业的投资大幅增加,加速了泡沫的生成。大量的投资最终被证明没有被市场完全消化,供给的大量剩余必然会在厂商非理性的投资之后暴露无遗,大批厂商选择清除库存、降低产量、清退员工,居民可支配收入和消费信心受到双重打击,经济陷入衰退之中。

图 10.8 1978—2012 年纽约市同期经济指标指数增长率
资料来源：纽约美联储。

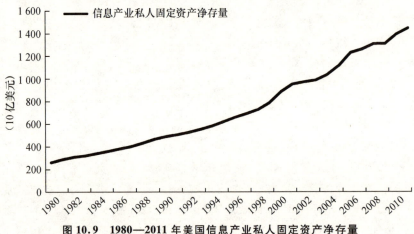

图 10.9 1980—2011 年美国信息产业私人固定资产净存量
资料来源：美国商务部。

投资额的大幅上升和民众的热情推高了公司股价，在 2000 年 3 月时，美国整体股票市值已相当于 GNP 的 181%，美国股民人数在 10 年间增长超过一倍，达到 8 000 万，同期股票投资收益增长 3.2 倍，达到 5 350 亿美元，道·琼斯指数和纳斯达克指数分别达到了历史最高点。股民对 IT 公司未来预期值的高估导致了"非理性繁荣"，股市的虚假繁荣远远超

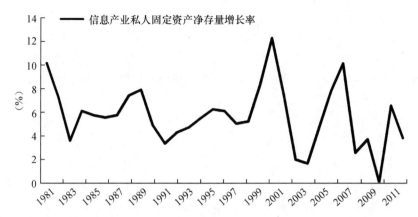

图 10.10　1980—2011 年美国信息产业私人固定资产净存量增长率
资料来源:美国商务部。

过实体经济的真正增长,这种泡沫必然会在投资者恢复理性后破灭。2001 年 10 月,纳斯达克指数从高峰时的 5 000 点跌落至 1 480.95 点,美国上市 IT 公司中有 79 家股价下跌超过九成,思科、雅虎、美国在线三家公司分别损失了 2 100 亿美元、1 020 亿美元和 920 亿美元(王勇,2004)。股市的崩盘严重打击了民众的消费信心,加上公司裁员后民众的收入水平降低,经济不可避免地陷入了衰退,2001 年的 9·11 事件更是使美国经济雪上加霜。面对疲软的经济形势,当时的美联储主席格林斯潘连续 11 次降息推动美国经济发展,当然这也被认为是 2008 年金融危机的导火索之一。

第三节　产业结构对比

对产业结构主流的经济研究主要采用各行业生产总值占地区生产总值比例或各行业就业数占地区总就业人口的比例来衡量各行业(产业)的经济地位并进行实证分析。由于纽约市历史地区生产总值数据不可获得,本节在进行产业结构分析时主要采用各行业就业数占地区总就业人口的比例这一指标。由于统计口径的不同,美国的产业门类与中国的统计结果并非一一对应,本节根据各国、各地区统计报告的详细描述解释对数据进行了细微调节,以使之更具可对比性。

纽约市的发展与美国历史密切相连。17 世纪时纽约作为贸易商埠建立并繁荣起来,成为联系欧美大陆重要的桥梁。大量的对外贸易为纽约市之后的经济发展奠定了坚实的人文基础和资本积累。19世纪中叶当工业革命来袭时,开放的纽约采用积极的姿态让工业革命的成果渗入生产生活的每一个角落。纽约以其资产和人力集中的特点大力发展劳动密集型、资本密集型制造业。其厂商小且繁多,生产部类涵盖面广,能够快速响应市场需求的变化。纽约制造业的稳定、繁荣期一直持续到第二次世界大战之后,第二产业(包括制造业)在二战后由于全美产业结构升级而开始衰落,纽约市也不例外。由图 10.11 可见,纽约市在研究的 50 年间服务与贸易业有大幅增长,其中服务业从业人口从 1950 年的 50.8 万人增至 2001 年的 146.5 万人,其比重从 14.6% 上升到 39.5%;与此同时工业就业人口大幅下降,其具体数据已在上文给出;金融、保险和房地产业就业人员有小幅上升,其中金融、保险和房地产业的发展举世瞩目。纽约华尔街作为全球金融中心,其影响力不断扩大,在就业人口仅上升了 3.4%(从 9.7% 至 13.1%)的情况下,其行业收益在 2000 年达到 1488.5 亿美元;政府部门从业人员也有上升,表明在工作效率相同或上升的前提下,纽约市更加注重公共物品的提供和维护;交通运输和公共事业与建筑业的产业结构比重出现小幅下降,在纽约市城市发展水平已经相对较高,并且其他部类快速发展的情况下,该类行业结构比例下降是可以理解的(陈志洪,2003)。纽约市工业(制造业)在研究期间就业人口下降迅速,解释了前文提到的产业结构变化导致失业率攀升的现象。同期贸易和服务业的大规模发展吸收了被工业淘汰的大规模摩擦性和结构性失业,展现了纽约市强大的包容性和吸收性,也符合时代发展的趋势。

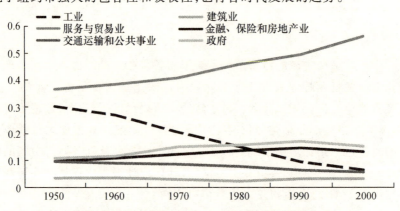

图 10.11　纽约市 1950—2000 年产业结构变化

资料来源:美国劳工局。

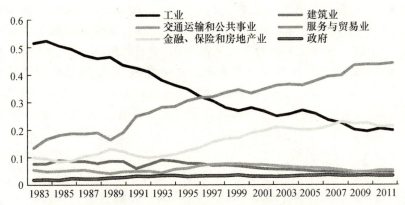

图 10.12　北京市 1983—2011 年产业结构变化

资料来源：《北京市统计年鉴》。

自 1978 年之后，中国进入了高速发展时期，改革开放 30 年的时间经历了其他国家近百年的发展历程，其产业结构变动方向与纽约市较为相似，但仍有不小发展空间。如图 10.12 所示，服务与贸易业占整体经济的比重由 13.5% 上升到 44.5%，其生产总值由 24.7 亿元人民币上升到 1 045.3 亿元人民币（以 1983 年为基准的 CPI 调整），但仍未达到 50%，与纽约市相比还有一定差距。这其中不乏计划经济时代忽视第三产业和闭关锁国发展战略的影响：计划经济时代强调第二产业项目的上马，首钢便是典型的代表性企业之一。城市内部大量聚集工业，特别是重工业企业是当时社会政治条件的需要。由于实行政府配置资源，包括生活资源，第三产业的发展一直受到压抑，其中最为主要的便是服务与贸易业。经过 30 余年的改革和释放，第三产业展现出了强大的生命力和发展潜力，逐步成为经济发展的主要动力和中坚力量。工业生产总值由 1983 年的 94 亿元人民币上升到 455 亿元人民币，其比重由 51% 下降到 19.9%，但仍有继续外迁降低比重的空间。新中国成立初期由于国防和社会历史等因素影响，党和政府大力推动工业，特别是重工业和军工的发展，与人民生活水平密切相关的轻工业和第三产业没有与需求相匹配；反观纽约市，其制造业以轻工业为主，与当时的社会经济紧密衔接，而且第三产业起点高，竞争充分，并没有被行政力量所打压。其大量劳动力由于没有"终身合同"的束缚，整体经济转型阻力小，速度快，能够快速适应经济的发展。值得注意的是，北京市金融、保险和房地产业的比重上升较快，30 年间上升了 10%，其生产总值也由 18.2 亿元人民币增至 491 亿元人民币,增幅达到 2 697.8%。纽约是世界经济中心和金融中心,其金融产业的发展速度和创新性大幅超前,中国金融业正在进行的利率市场化、金融衍生品工具引入以及网上金融业的发展都能借鉴华尔街金融业的经验教训,加以吸收并结合中国国情引入国内。房地产业的发展一直以来都受到政府部门的严加监控。90 年代商品房市场化之后房价一直保持增长,特别是在 2004 年之后其增长势头过于猛烈导致政府不得不采取行政限购等措施抑制房地产热。我国目前城市化率仅有 50%,经济的持续发展必然意味着从农村释放出的劳动力对住房需求的刚性,房地产既是一种投资手段又是人民赖以生存的物质保证,这样的双重属性必然会产生社会矛盾:投资者期望房价上涨已获得收益,而无房者则希望房价稳定或下跌以低成本在城市扎根生存,所以房地产既是一个经济问题,更是一个民生问题,虽然政府决心抑制房地产价格过快上涨,但是在刚性需求的刺激下房价仍未停止涨势,如何处理中国特色的房价问题变成政府工作的重点和难点。值得一提的是,金融、保险和房地产业的比重虽然有较大上涨,但该类别中房地产业所占比重较大,因此其他两个部门仍有上升空间。

第四节 纽约金融业概述及对北京的借鉴意义

纽约作为三大国际金融中心之首,在金融、证券等行业一直发挥着领导者的作用。华尔街更是被视为世界金融创新的源泉和最高殿堂,当然在 2011 年美国经济疲软、失业率居高不下的时候,一部分美国人民也把华尔街作为摧毁美国经济的"凶手"而发动了"占领华尔街"行动。对其评价的不一并不能否认纽约对全球经济、金融圈的巨大影响。在虚拟经济可以极大影响实体经济的今天,美国金融界巨头,投资银行如高盛、摩根士丹利,商业银行如花旗、美国银行,评级机构如穆迪、惠誉,私募股权投资机构如 TPG、贝恩资本等的投资策略和方向对于国际经济形势有着直接或者间接的影响。华尔街的发展可以追溯到 17 世纪,由于纽约作为重要的贸易港口,城市的金融部门在顾客需求的推动下发展迅速,工业革命之后的每一次金融危机都与纽约有着或大或小的关联。华尔街的员工如同高收益的金融产品一样,在享受着高工资、高奖金的同时也承担着高风险。图 10.13 以个人收入指标展示了自 1969 年以来纽约市金融、保险和房地产业从业人员的收入变动趋势,也更直观地展现了这个行业的发展。由图可见金融从业人员的收入在20世纪90年代初、21世纪初以及2007—2009年有明显的下降,与前文提到的历次金融危机切合,但是总体趋势依然为上涨,且2011年个人收入已经恢复并超越了2007年的最高水平,证明纽约以及美国经济通过制造业的回归、高新产业的带动和良好的经济基础已经实现或者部分实现了经济复苏。

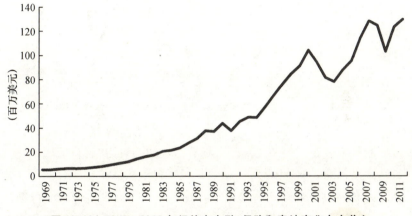

图 10.13　1969—2011 年纽约市金融、保险和房地产业个人收入
资料来源:美国商务部。

图10.14描绘了1970—2011年纽约金融及相关行业个人收入的增长率(变化水平),40年间金融及相关行业个人收入的增长率达到8.3%,但从2001—2011年该数据只有2.7%,可见两次金融危机对金融行业的打击力度。由图可见金融业个人收入水平的波动剧烈,增长率多次触及20%后短时期内跌破零值,非常清晰地反映出经济泡沫被鼓吹到极致后经济的迅速衰退,这种循环周而复始未见衰竭。金融业如果与实体经济脱轨,其波动与震荡对国家整体经济形势并不能产生太大影响。但事实正好相反,金融业是实体经济赖以生存的资金贷款来源,公司利润可能以某项金融资产的形式保值增值,大公司以股票和债券的金融形式吸引更多投资,故金融市场的不稳定和周期性对整体经济的影响不能忽视,这也正是我国需要借鉴和改革创新的要点。

图10.15显示了纽约市金融行业从业人员薪资回报占整体经济的水平,该数值一度高达35%,意味着金融行业所赚取的薪酬不但处于最高水平,且超出其他行业较大距离,造成了不同社会分工间收入方差的扩

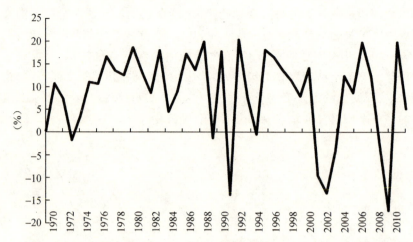

图 10.14　1970—2011 年纽约市金融、保险和房地产业个人收入增长率
资料来源：美国商务部。

大,过大的贫富差距使得一少部分人拥有强大的购买力,容易造成市场供求失衡,激化民众矛盾,进而危害社会稳定。我国在推动金融行业市场化的同时,政府部门需要做好监督工作,退出"运动员"角色的同时扮演好"裁判员"的角色,把行业回报额控制在合理的范围内,依法打击不法收入,最重要的是做好财富的二次分配,通过税收和其他渠道平衡居民生活水平。

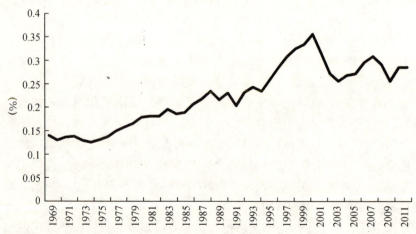

图 10.15　1969—2011 年纽约市金融、保险和房地产业个人收入占全体行业比重
资料来源：美国商务部。

图 10.16 和图 10.17 显示了北京市在改革开放之后,特别是 20 世纪 90 年代初之后金融及相关行业的快速发展,地区生产总值的平均增长率达到 12.9%,1993 年之后的平均增长率更是达到 16.5%,年增长率多次达到 25%,说明金融市场的需求旺盛以及涉及金融整体行业的发展。

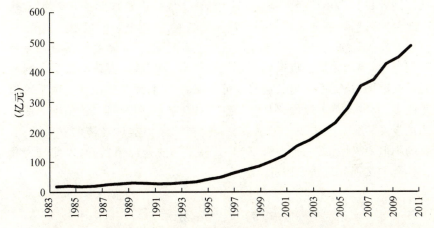

图 10.16 1983—2011 年北京市金融、保险和房地产业地区生产总值
资料来源:《北京统计年鉴》。

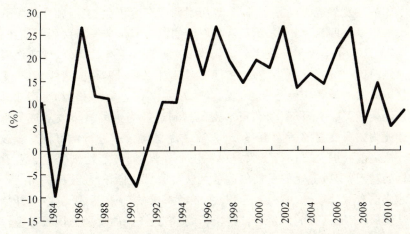

图 10.17 1983—2011 年北京市金融、保险和房地产业地区生产总值增长率
资料来源:《北京统计年鉴》。

我国金融业目前仍处于行政干预之下,其中占据重要位置的银行业

主要依靠存贷款利差和各项税费盈利,其增长较为稳定,业务风险较低,没有出现如纽约一样的剧烈波动。但是更多金融工具和衍生品被引入国内市场之后,金融的监管一旦出现疏漏就会对虚拟经济和实体经济造成双重打击,扰乱正常的市场秩序,这也是我国一直没有开放金融市场的重要原因。我国的实体经济基础仍不牢固,金融行业的监管仍不完善,贸然开放金融市场可能会造成外资热钱大量涌入,引起金融市场剧烈波动,从而危及实体经济,我国正处于经济快速上升时期,一旦遭受经济重创发展计划将被打乱,快速发展时期可能会被终结。但不可否认的是金融行业对活跃市场、拉动经济增长起着不可忽视的作用,北京市以及全国不可因噎废食,金融改革可以慢,但绝不能停,对金融创新应该监管,但绝不能人为地设置障碍。金融是一种手段、一种方法,是对实体经济的有效补充,我国不但要大胆引进,更要合理运用,最重要的是谨慎监管,以使其为我国社会主义现代化建设服务。

第五节 总结与启示

纽约市作为全球发展水平最高的大都市之一,其发展历程对于我国城市有着非常重要的启示和借鉴意义。纽约的发展经历了400余年,从一个贸易港发展成为国际大都市,经历了两次工业革命、美国独立战争和南美战争以及两次世界大战,经济与政治的跌宕起伏非一言两语可描述。北京市自1978年改革开放之后经历了30余年的高速发展,虽然成绩骄人但是对比纽约仍有不小差距,将两者进行对比是对差距的清醒认识,更是学习其发展历程中经验和教训的有效方法。工业革命后纽约市产业结构几经变迁,从一个以劳动和资本密集型制造业为主的城市发展成为以服务业为主要支柱的新型大都市,非常适合我国城市进行学习创新。改革开放之前我国主要进行了大规模的工业建设,制造业特别是重工业有较好的基础,为服务业的发展创造了大量需求,只因当时政策压抑第三产业才未能有效发展。1978年之后,在市场需求的刺激下,第三产业开始蓬勃发展,积压已久的创造力被集中释放,第三产业的发展为国民经济注入了新的活力,触发了新的增长点,拉动我国经济持续增长30余年。政府一向重视产业结构的优化调整,中国经济要保持又好又快增长必须调整产业结构以使之符合先进生产力的发展方向,符合市场的需求,符合人民日益增长的物质文化需要。在改革进入深水区后,产业结构调整也面临诸多阻力,各级政府必须以长远的眼光和客观的态度应对产业结构调整,冲破落后的既得利益枷锁,使产业结构的发展方向符合科学发展观的立场,建立起具有中国特色社会主义市场经济的新旗帜。本章以纽约市为参照物对比了其与北京市的发展历程和产业结构调整路径,对今后政府工作路线、方针的制定具有一定借鉴和启发意义。

第十一章 结论与启示

经济增长往往伴随着产业结构的升级演进。新中国成立后,北京市曾经历了一段过于注重第二产业的时期。1978年十一届三中全会召开后,北京市开始改变落后的产业结构观念,确立了"三、二、一"的产业结构基本思路,并在90年代初步形成这一产业格局。进入新千年,北京市继续强化自身高新技术产业和中国经济金融决策中心的优势,大力发展科技业、金融业等相关产业,促进北京市产业结构的优化调整。"十一五"以来,促进产业结构升级,优化产业空间布局,转变经济发展方式是北京市遵循的主要发展途径之一。在北京市实现"十二五"规划战略目标,直到2050年建成世界城市这一段相当长的时间内,产业结构的优化调整将成为北京市经济增长的持续动力之一。这也是本研究关注的主要问题。

本书首先梳理了北京市产业结构调整的历史演变,并根据前人的研究成果总结出具体的研究方法,通过建模和计量的方法分析了北京市产业结构变动与经济增长、经济波动的关系,深入到行业层面研究了各行业对经济波动的影响。北京市自新中国成立以来的经济发展较其他地区更为快速,产业结构从"一、二、三"到"二、三、一"到"三、二、一"的演进速度远高于全国的平均速度,体现出很强的示范作用和指导效应。尽管如此,北京市的产业结构还存在诸多不足,产业结构现状与一些国际大都市相比还存在差距。研究显示,北京市目前处于钱纳里模型的工业化阶段中的工业化高级阶段,经济增长与波动和产业结构之间存在明显的互动关系。具体到行业层面,批发零售业和零售业对经济的影响最为显著,而房地产业反而对经济波动没有显著影响,值得政策制定者思考和参考。

之后本书解析了北京市产业结构调整和可持续发展的关系,解释了北京市在产业发展过程中遇到的矛盾和困难,明晰了其在经济快速发展和资源环境的长期和谐共存中的平衡。北京市产业结构调整和可持续发

第十一章
结论与启示

展的研究结果表明,不同的产业结构决定了环境污染的程度,因此需要对北京市的各产业提出调整和优化,使得北京市经济的高速发展和环境保护更好地协调起来。通过对影响北京市产业结构因素的主成分分析,本研究发现外商投资对北京市第三产业比重的提升有积极作用,而高等教育对第二产业的促进较第三产业更加明显,且第三产业中高等教育的贡献与劳动力投入的贡献相当。在社会总消费不变的情况下,政府消费的增加会对第三产业产值产生负面影响,与对第二产业的影响方向相同,但影响幅度较小。在社会总投资不变的情况下,政府投资的增加对第三产业产生负面影响,且其负面作用大于第二产业。这些研究成果为相关产业政策的制定提供了详细的参考。

最后,本书对东京市和纽约市的产业结构调整进行了案例分析,并将其与北京市的经济数据做了时间序列和横截面的对比分析,试图为北京市的产业结构调整路径寻找可供学习和参考的经验。国际经验表明,合理的产业政策、创新、区域一体化有助于产业结构的优化调整。在推动北京市产业结构优化调整的过程中,不可忽视"京津唐"地区的一体化所产生的动力,这将有助于北京市乃至整个地区的产业结构优化调整与合理布局。

参考文献

[1] 北京市金融工作局会、北京市发展改革委编,2011:《北京市"十二五"时期金融业发展规划》。
[2] 北京统计局编,2012:《2011年北京统计年鉴》,中国统计出版社。
[3] 北京统计局编,2013:《2012年北京统计年鉴》,中国统计出版社。
[4] 曹卫、郝亚林,2003:《产业融合对我国产业结构调整的启示》,《经济体制改革》第3期。
[5] 曾峥,2008:《我国经济周期性波动对产业结构的影响》,《财经问题研究》第4期。
[6] 陈书通、耿志成、董路影,1996:《九十年代以来我国能源与经济增长关系分析》,《中国能源》第12期。
[7] 陈彦玲、王宗起、胡丽霞,2003:《北京远郊区县经济发展的差异分析——经济发展不平衡性的测定与发展特色评价》,《工业技术经济》第4期。
[8] 陈志洪、高汝熹、官锡展,2003:《纽约产业结构变动及对上海的启示》,《上海经济研究》第10期。
[9] 戴学珍,2002:《论京津空间相互作用》,《地理科学》第3期。
[10] 丁继勇,2007:《教育结构,产业结构和就业结构的关系研究》,南京航空航天大学。
[11] 东京都总务局统计部编,2011:《东京都内经济增长率预测平成23年度》。
[12] 东京都总务局统计部编,2011:《东京市民经济核算年报平成21年度》。
[13] 东京统计局编,2012:《东京2011统计年鉴》。
[14] 董利,2008:《我国能源效率变化趋势的影响因素分析》,《产业经济研究》第1期。
[15] 段霞,2008:《首都国际化进程研究报告》,中国经济出版社。
[16] 段小芳,2008:《运用系统动力学对三种产业结构调整方案结果的预测研究——以武汉市为例》,华中科技大学。
[17] 冯飞、王晓明、王金照,2012:《对我国工业化发展阶段的判断》,《中国发展观察》第8期。
[18] 干春晖、郑若谷、余典范,2011:《中国产业结构变迁对经济增长和波动的影响》,《经济研究》第5期。
[19] 宫清华、杨蕾、黄广庆,2011:《基于线性规划理论的资源约束条件下产业结构模

型研究》,《科技管理研究》第 12 期。
[20] 郭克莎,1999:《总量问题还是结构问题?——产业结构偏差对我国经济增长的制约及调整思路》,《经济研究》第 9 期。
[21] 国家统计局综合统计司编,1999:《新中国 50 年统计资料汇编》,中国统计出版社。
[22] 韩智勇、魏一鸣、范英,2004:《中国能源强度与经济结构变化特征研究》,《数理统计与管理》第 1 期。
[23] 贺灿飞、王俊松,2009:《经济转型与中国省区能源强度研究》,《地理科学》第 4 期。
[24] 黄茂兴、李军军,2009:《技术选择、产业结构升级与经济增长》,《经济研究》第 7 期。
[25] 黄宇峰,1998:《FDI 在亚洲"四小龙"产业结构现代化中的作用及其对我国的启示》,复旦大学。
[26] 纪玉山、吴勇民,2006:《我国产业结构与经济增长关系之协整模型的建立与实现》,《当代经济研究》第 6 期。
[27] 姜立杰、黄际英,2001:《论 20 世纪七八十年代纽约市产业结构的转型》,《东北师大学报》第 2 期。
[28] 蒋选主编,2003:《面向新世纪的我国产业结构政策》,中国计划出版社。
[29] 蒋昭侠,2005:《产业结构问题研究》,中国经济出版社。
[30] 解垩,2003:《高等教育对经济增长的贡献:基于两部门内生增长分析》,《清华大学教育研究》第 1 期。
[31] 莱文,1995:《高科技,效益,筹资与改革》,人民日报出版社。
[32] 雷新军,2003:《日本经济发展过程中的政府作用》,专修大学出版局。
[33] 雷新军、春燕,2010:《东京产业结构变化及产业转型对上海的启示》,《上海经济研究》第 11 期。
[34] 李博、胡进,2008:《中国产业结构优化升级的测度和比较分析》,《管理科学》第 2 期。
[35] 李国平、卢明华,2002:《北京建设世界城市模式与政策导向的初步研究》,《地理科学》第 3 期。
[36] 李国平、杨开忠,2000:《外商对华直接投资的产业与空间转移特征及其机制研究》,《地理科学》第 2 期。
[37] 李惠媛,2010:《基于面板数据模型的我国产业结构优化升级的影响因素分析》,浙江大学。
[38] 李俊,1993:《中国区域能源供求及其因素分析》,《数量经济技术经济研究》第 2 期。
[39] 李林杰,2001:《日本产业结构调整的经验借鉴》,《日本问题研究》第 2 期。
[40] 李文兵,2012:《结构转变与我国经济周期的微波化》,《贵州财经学院学报》第 2 期。
[41] 林兰、曾刚,2003:《纽约产业结构高级化及其对上海的启示》,《世界地理研究》

第 3 期。
[42] 林毅夫、蔡昉、李周,2002:《中国的奇迹:发展战略与经济改革》(增订版),上海三联书店、上海人民出版社。
[43] 刘秉泰、卢明华、李涛,2003:《东京工业结构演化模式及其驱动力研究》,《世界地理研究》第 1 期。
[44] 刘锐、秦向东,2007:《纽约产业发展的历史路径对上海启示》,《安徽农业科学》第 4 期。
[45] 刘树成,2000:《论中国的经济增长与波动的新态势》,《中国社会科学》第 1 期。
[46] 刘树成,2006:《中国经济周期研究报告》,社会科学文献出版社。
[47] 刘伟,1995:《工业化进程中的产业结构研究》,中国人民大学出版社。
[48] 刘伟,2009:《产业结构提升对中国经济增长的贡献——基于中国 1978—2007 年的经验》,《科学持续地发展生产力——世界生产力科学院中国籍院士文集》,经济科学出版社。
[49] 刘伟等,2009:《中国市场经济发展研究——市场化进程与经济增长和结构演进》,经济科学出版社。
[50] 刘伟、李绍荣,2002:《产业结构与经济增长》,《中国工业经济》第 5 期。
[51] 柳纪纲等,1998:《北京市区域经济功能定位及主导产业选择》,《都市问题》第 1 期。
[52] 卢建,1992:《中国经济周期实证研究》,中国财政经济出版社。
[53] 卢明华、李国平、孙铁山,2003:《东京大都市圈内各核心城市的职能分工及启示研究》,《地理科学》第 2 期。
[54] 路正南,1999:《产业结构调整对我国能源消耗影响的实证分析》,《数量经济技术经济研究》第 12 期。
[55] 马建堂,1990:《周期波动与结构变动》,湖南教育出版社。
[56] 孟为,2012:《北京服务业总量居全国之首》,《北京日报》2012 年 2 月 13 日。
[57] 彭宜钟、李少林,2011:《辽宁省最优产业结构测算》,《财经问题研究》第 12 期。
[58] 蒲勇健等,2000:《经济增长方式转变中的产业结构调整与产业政策》,华文出版社。
[59] 朴妍、马克明,2007:《不同规模城镇的扩展过程分析——以北京为例》,《生态学报》第 5 期。
[60] 齐爽,2012:《基于产业数据比对的我国经济周期波动分析》,《统计与决策》第 5 期。
[61] 齐志新、陈文颖、吴宗鑫,2007:《工业轻重结构变化对能源消费的影响》,《中国工业经济》第 2 期。
[62] 钱纳里、鲁滨逊、塞尔奎因,1995:《工业化和经济增长的比较研究》,吴奇、王松宝等译,上海三联书店、上海人民出版社。
[63] 钱士春,2004:《经济增长与波动关系研究综述》,《经济学动态》第 4 期。
[64] 瞿宛文,2009:《超赶共识监督下的中国产业政策模式——以汽车产业为例》,《经济学(季刊)》第 2 期。

[65] 日本国土交通省编,1958,1965,1974,1986,1999:《第1次首都圈基计划》,《第二次首都圈基计划》,《第3次首都圈基计划》,《第4次首都圈基计划》,《第5次首都圈计划》。
[66] 萨托、索恩雷,2001:《城市规划对全球经济变化的回应:以东京为例》,张雯译,《国外城市规划》第6期。
[67] 沈金箴,2003:《东京世界城市的形成发展及其对北京的启示》,《经济地理》第4期。
[68] 沈蕾,2009:《建国以来北京市产业结构演进特点与动力机制分析》,《工业技术经济》第10期。
[69] 石柱鲜、何立波,1998:《日本经济增长速度转变时期经济结构的变化及同我国的比较分析》,《现代日本经济》第3期。
[70] 石柱鲜、吴泰岳、邓创、王晶晶,2009:《关于我国产业结构调整与经济周期波动的实证研究》,《数理统计与管理》第3期。
[71] 首都社会经济发展研究所编,1989:《首都发展战略研究》,经济管理出版社。
[72] 宋华明、王荣,2005:《高等教育对经济增长率的贡献测算及相关分析》,《高等教育工程》第1期。
[73] 苏东水,2005:《产业经济学》,高等教育出版社。
[74] 孙林,2004:《借鉴东京:上海未来产业结构的发展》,《上海经济》第1期。
[75] 谭成文、李国平、杨开忠,2001:《中国首都圈发展的三大战略》,《地理科学》第2期。
[76] 谭纵波,2000:《东京大城市圈的形成、问题与对策对北京的启示》,《国外城市规划》第2期。
[77] 汪斌,2001:《当代国际区域产业结构整体性演进的理论研究和实证分析》,《浙江大学学报》第5期。
[78] 王海建,1999:《经济结构变动与能源需求的投入产出分析》,《数理统计与管理》第6期。
[79] 王燕飞、曾国平,2006:《FDI、就业结构及产业结构变迁》,《世界经济研究》第7期。
[80] 王勇,2004:《21世纪初美国经济衰退探究》,《历史教学》第6期。
[81] 王玉潜,2003:《能耗强度变动的因素分析方法及其应用》,《数量经济技术经济研究》第8期。
[82] 王志平,2005,:《纽约市的GDP到底是多少》,《上海经济研究》第2期。
[83] 王治超,1990:《经济增长与结构转化》,《经济科学》第2期。
[84] 魏楚、沈满洪,2008:《结构调整能否改变能源效率——基于我国省级数据的研究》,《世界经济》第11期。
[85] 魏伟,2011:《论外商直接投资对中国制造业就业的影响——基于SD模型的系统分析》,《金融经济》第11期。
[86] 吴春波,1989:《东京都产业结构的特点及其对我国的启示》,《现代日本经济》第3期。

[87] 吴凤庆,2004:《产业结构与经济增长的偏离分析》,《山东工商学院学报》第2期。

[88] 吴巧生、成金华,2006:《中国工业化中的能源消耗强度变动及因素分析——基于分解模型的实证分析》,《财经研究》第6期。

[89] 西都、索恩里,2001:《变化的回应:以东京为例》,《国外城市规划》第6期。

[90] 杨昭,2008:《基于能源视角的产业结构调整》,浙江大学。

[91] 易薇,1999:《中西部地区利用外国直接投资的战略研究》,武汉工业大学。

[92] 袁鹏、程施,2010:《我国能源效率的影响因素:文献综述》,《科学经济社会》第4期。

[93] 原毅军,1991:《经济增长周期与产业结构变动研究》,《中国工业经济研究》第6期。

[94] 张斌,2011:《财政政策对产业结构动态冲击效应的实证分析》,《新疆财经大学学报》第1期。

[95] 张辉,2009:《北京市产业结构变迁对经济增长贡献的实证研究》,《经济科学》第4期。

[96] 张辉,2010:《从北京看我国地方产业结构高度化进程的主导产业驱动机制》,《经济科学》第6期。

[97] 张妍、于相毅,2003:《长春市产业结构环境影响的系统动力学优化模拟研究》,《经济地理》第5期。

[99] 张宗成、周猛,2004:《中国经济增长与能源消费的一场关系分析》,《上海经济研究》第4期。

[99] 赵春明,1995:《日本产业政策论析》,《现代日本经济》第4期。

[100] 赵晓丽、欧阳超,2008:《北京市经济结构与能源消费关系研究》,《中国能源》第3期。

[101] 赵玉林、李文超,2008:《基于系统动力学的产业结构演变规律仿真模拟实验研究》,《系统科学学报》第4期。

[102] 中国社会科学院编,2010:《产业蓝皮书:中国产业竞争力报告(2010)》,社会科学文献出版社。

[103] 钟良、于军威,2005:《FDI对东道国产业结构和产业组织的影响研究综述》,《经济经纬》第2期。

[104] 周勇、李廉水,2006:《中国能源强度变化的结构与效率因素贡献:基于AWD的实证分析》,《产业经济研究》第4期。

[105] 朱文宇,2009:《技术进步、资源配置与能源效率——基于中国的实证分析》,《经济研究导刊》第9期。

[106] 朱之鑫主编,2003:《国际统计年鉴2002》,中国统计出版社。

[107] Alan C. Stockman, 1988, "Sectoral and National Aggregate Disturbances to Industrial Output in Seven European Countries", *Journal of Monetary Economics*, 21, 387—409.

[108] Alessio, 2009, "The Structural Transformation Between manufacturing and Services

and the Decline in the US GDP Volatility", Universidad Carlos III de Madrid Working Papers, 2, 9—14.
[109] Ang B. W. and S. Y. Lee, 1994, "Decomposition of Industrial Energy Consumption: Some Methodological and Application Issues", *Energy Economics*, 16(2), 83—92.
[110] Ang B. W. and Zhang, 2000, "A Survey of Index Decomposition Analysis in Energy and Environmental Studies", *Energy*, 12, 1149—1176.
[111] B. S. Javorcik, 2004, "Does Foreign Direct Investment Increase the Productivity of Domestic Firms? In Search of Spillovers through Backward Linkages", *American Economic Review*, 3, 605—627.
[112] Barro Robert J., 1990, "Government Spending in a Simple Model of Endogenous Growth", *Journal of Political Economics*, 98, 103—125.
[113] Blanchard, Oliver J. and Simon, John A., 2001, "The Long and Large Decline in U. S. Output Volatility", MIT Dept. of Economics Working Paper No. 01—29.
[114] Burns, A., 1960, "Progress toward Economic Stability", *American Economic Review*, 50(1), 1—19.
[115] Chenery, Hollis B., 1960, "Patterns of Industrial Growth", *The American Economic Review*, 50, 624— 654.
[116] Denison, 1967, *Why Growth Rates Differ Postwar Experience in Nine Western Countries*, Washington Institution Publishing.
[117] Denison. E. F., 1962, "The Source of Economic Growth in the United States and the Alternatives Before US", Committee for Economic Development.
[118] E. Borensztein, J. De Gregorio and J. W. Lee, 1998, "How Does Foreign Direct Investment Affect Economic Growth", *Journal of International Economics*, 45, 115—135.
[119] Eggers, A. and Ioannides, 2006, "The Role of Output Composition in the Stabilization of U. S. Output Growth", *Journal of Macroeconomics*, 28(3), 585—595.
[120] Ernst R. Berndt, Catherine J. Morrison and Larry S. Rosenblum, 1994, "High-Tech Capital Formation and Labor Composition in US Manufacturing Industries: An Exploratory Analysis", NBER Working Paper No. 4010.
[121] Fisher Vanden K., Jefferson G. H., Ma Jingkui and Xu Jianyi, 2006, "Technology Development and Energy Productivity in China", *Energy Economics*, 28, 690—700.
[122] Garbaccio, R. F., Ho, M. S. and Jorgenson, D. W., 1999, "Why Has the Energy Output Ratio Fallen in China", *Energy Journal*, 20(3), 63—91.
[123] Gordon, R., 1986, *The American Business Cycle: Continuity and Change*, University of Chicago Press.
[124] Hill, R. C. and Fujita, K., 1995, "Osaka's Tokyo Problem", *International Journal of Urban and Regional Research*, 19, 181—193.
[125] Howarth R., L. Schipper, Pduerr, S. Strom, 1991, "Manufacturing Energy Use

in Eight OECD Countries: Decomposing the Impacts of Changes in Output, Industrial Structure and Energy Intensity", *Energy Economics*, 13.

[126] Howell, J. "Reflections on the Chinese State", *Development and Change*, 2006, 37(2).

[127] Huang, J. P., 1993, "Industrial Energy Use and Structural Change: A Case study of the People's Republic of China", *Energy Economics*, 15, 131—136.

[128] J. H. Stock and M. W. Watson, 2002, "Has the Business Cycle Changed and Why?" NBER Macroeconomics Annual 2002.

[129] Jiandong Ju, Justin Yifu Lin and Yong Wang, 2009, "Endowment Structures, Industrial Dynamics, and Economic Growth", World Bank Research Working Paper, No. 11.

[130] Kambara, 1992, "The Energy Situation in China", *The China Quarterly*, 131, 608—636.

[131] Kuznets, S., 1971, *Economic Growth of Nations: Total Output and Production Structure*, Cambridge University Press, Cambridge.

[132] Laura Alfaro, Sebnem Kalemli-Ozcan and SelinSayek, 2009, "FDI, Productivity and Financial Development", *The World Economy*, 1, 111—135.

[133] Lewis, 1954, "Economic Development with Limited Supplies of Labour", Manchester School of Social Science, 139—191.

[134] Matsumoto, K., 1991, *The Rise of the Japanese Corporate System*, Kegan Paul, Inc.

[135] Michael Peneder, 2003, "Industrial Structure and Aggregate Growth", *Structural Change and Economic Dynamics*, 14, 427—448.

[136] Naughton, B., "China's State Sector, Industrial Policies and the 11th Five Year Plan", testimony before the US-China Economic and Security Review Commission Hearing on the "Extent of the Government's Control of China's Economy and Implications for the US", May 24, 2007.

[137] Romer, David, 2001, *Advanced Macroeconomics*, McGraw-Hill Higher Education.

[138] Sassen, S., 1991, *The Global City: New York, London and Tokyo*, Princeton University Press.

[139] Stephen G. Cecchetti., Alfonso Flores-Lagunes and Stefan Krause, 2006, "Assessing the Sources of Changes in the Volatility of Real Growth", NBER Working Paper No. 11946.

[140] Syrquin, M., 1994, "Structural Transformation and the New Growth Theory", in: Pasinetti, L. and Solow, R. M. (Eds.), *Economic Growth and the Structure of Long-Term Development*, St. Martin Press.

[141] Vittorio Valli and Donatella Saccone, 2009, "Structural Change and Economic Development in China and India", *The European Journal of Comparative Economics*, 6, 101—129.